AUTOMOBILE

国家示范性高等职业教育汽车类“十三五”规划教材

高等职业教育汽车类专业“双证课程”培养方案教材

汽车材料

主　编　易　杰

副主编　夏　凯　李　琼　杨承阁

参　编　刘　丹　邹洪富　袁金海

　　　　葛　毅　刘　凯　王涣雄

華中科技大學出版社

http://www.hustp.com

中国·武汉

图书在版编目(CIP)数据

汽车材料/易杰主编.—武汉：华中科技大学出版社，2018.8
ISBN 978-7-5680-4500-1

Ⅰ.①汽…　Ⅱ.①易…　Ⅲ.①汽车-工程材料-教材　Ⅳ.①U465

中国版本图书馆 CIP 数据核字(2018)第 193151 号

汽车材料　　易　杰　主编
Qiche Cailiao

策划编辑：聂亚文
责任编辑：段亚萍
封面设计：孢　子
责任监印：朱　玢
出版发行：华中科技大学出版社(中国·武汉)　　电话：(027)81321913
武汉市东湖新技术开发区华工科技园　　邮编：430223
录　　排：华中科技大学惠友文印中心
印　　刷：武汉首壹印刷有限公司
开　　本：787 mm×1092mm　1/16
印　　张：12.5
字　　数：335 千字
版　　次：2018 年 8 月第 1 版第 1 次印刷
定　　价：38.00 元

AUTOMOBILE
国家示范性高等职业教育汽车类“十三五”规划教材
高等职业教育汽车类专业“双证课程”培养方案教材

编审委员会

前言 QIANYAN

进入21世纪以来，汽车工业作为支柱产业大大推动了我国的经济发展。到2017年为止，中国汽车产销量已经连续九年排名世界第一。预计到2020年，中国的汽车产量将达到4000万辆。作为《中国制造2025》战略部署的主要支点之一，汽车工业持续、快速、健康的发展将为实现中国制造业强国目标奠定坚实的基础。

材料是人类生产和生活所必需的物质，人类社会的发展伴随着各种材料的不断开发和利用。目前，世界上已存在的自然材料和人工材料有近百万种，自然材料仅占1/20，其余均为人工材料。在当前社会中，绝大多数的生产和生活用品是采用人工材料制造的，人工材料在材料科学的发展中有着极其重要的地位。在现代社会里，材料技术、能源技术、信息技术被称为现代技术的三大支柱，而能源技术和信息技术的发展，在某种程度上又依赖于材料的进步。因此，材料科学的发展在现代工业社会中占举足轻重的地位。

随着家庭平均汽车保有量的迅速增长，汽车给整个社会带来的能源、环境、交通和安全的压力日益加大。尽管汽车在轻量化、电动化、排放控制技术和安全技术方面已经有了长足的进步，尤其是近几年互联网和通信技术在汽车的独立驾驶和智能化方向提供了极大的发展和创新空间，但诸多的发展也给汽车产业带来无限的挑战和机遇。因此，行业的快速变化亟须培养一大批不仅懂专业技术，更熟悉跨界知识的创新型人才。

根据湖南省教育厅《关于实施湖南省卓越职业院校建设计划的通知》(湘教通〔2015〕167号)、《关于申报2015年湖南省卓越职业院校建设等职业教育省级重点项目有关事项的通知》(湘教通〔2015〕214号)、《关于公布2015年度湖南省卓越职业院校立项建设单位名单的通知》(湘教通〔2015〕371号)有关精神，湖南工业职业技术学院将进行首批卓越职业院校建设，其汽车技术专业群也将在汽车创新型人才培养等多方面进行改革与探索。在历经数年卓越职业院校建设成果的基础之上，为了满足汽车领域人才培养的多学科交叉性、行业化、工程化和国际化需求，立足汽车行业现有先进材料技术，紧跟国际前沿，把握创新特点，根据汽车领域最新材料技术成果及发展方向，编写本书。

书籍是知识传播的介质，也是人才培养及创新意识传承的基础。正如湖南工业职业技术学院校训“立德、敬业、精技、创新”所阐释的，本书秉承湖南工业职业技术学院汽车技术专业群的人才培养方针，主要面向高等职业院校汽车前后市场相关学科的教学，同时也可为汽车行业工程人员提供参考。相信本书会对汽车行业相关领域的学生、企业工作人员和技术工作者产生重要的启发作用。

编　者

2018年6月

目录 MULU

项目一
汽车材料的使用

1

【学习目标】

1. 了解汽车材料的应用；
2. 掌握汽车应用材料的组成；
3. 了解汽车应用材料的发展趋势。

【任务单】

1.汽车上用到了哪些材料？

2.汽车工程材料就是汽车制造过程中所使用的材料，包括各种（　　　　）、（　　　　）及（　　　　）。

3.汽车应用材料的发展趋势是怎样的？

1.1 汽车材料的应用

汽车是一个复杂的机械系统。通常，一辆汽车约由3万个零部件组装而成。汽车上每个零件的生产制造都涉及材料问题。据统计，汽车上的零部件采用了4000余种不同的材料加工制造。从汽车的设计、选材、加工制造，到汽车的使用、维修和养护无一不涉及材料(见图1-1)。

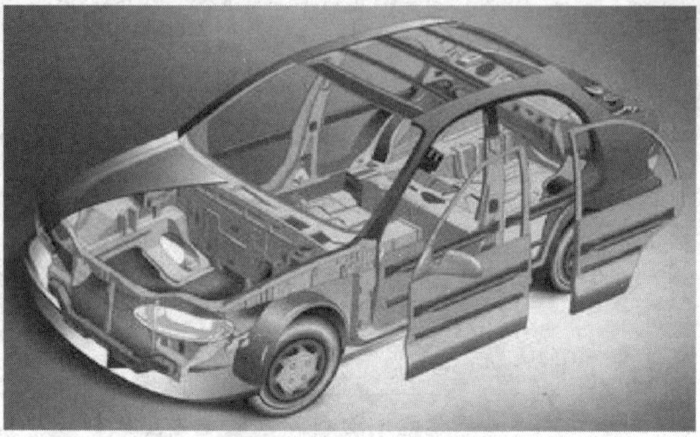

图1-1　汽车材料的应用

汽车材料包括制造汽车各种零部件用的汽车工程材料，以及汽车在使用过程中使用的燃料和工作液等汽车运行材料。以现代轿车用材为例，按照重量来换算，钢材占汽车自重的55%～60%，铸铁占5%～12%，有色金属占6%～10%，塑料占8%～12%，橡胶占4%，玻璃占3%，其他材料(油漆、各种液体等)占6%～12%。现代汽车要满足安全、舒适、自重轻、污染排放低、能耗小、价格低等要求，材料是首要考虑的方面。

汽车工业的发展一直是与汽车材料及材料加工工艺的发展同步的。现代社会中，人们对汽车的要求从代步、运输逐渐转向多功能。目前，大量新型材料，如高分子材料、复合材料等的迅速发展，为现代汽车的发展提供了必要的条件。此外，复合材料将使传统的以汽油、柴油作为汽车燃料的状况发生根本性的变革。

1.2 汽车应用材料的组成

按照用途来分，汽车应用材料可分为汽车工程材料和汽车运行材料两种。

1.2.1　汽车工程材料

工程材料主要是指用于机械、车辆、船舶、建筑、化工、能源、仪器仪表、航空航天等工程领域中的材料。它既包括用于制造工程构件和机械零件的材料，也包括用于制造工具的材料和具有特殊性能的材料。工程材料按其组成特点和性质可分为金属材料(如钢铁、铝合金)、有机高分子材料(如塑料、橡胶)、无机非金属材料(如陶瓷、水泥、玻璃)及复合材料(由前三种材料中的两种或两种以上的材料复合而成，如钢筋混凝土、碳纤维增强塑料)四大类。

广义的汽车工程材料是指汽车在设计、制造、装配、使用、维修与保养整个过程中要使用到的各类材料，特别是汽车各零部件制造时用到的各类机床设备、工具等，几乎包括了机械工程所有的材料。狭义的汽车工程材料主要指汽车制造及运行过程中所用到的材料，包括各种金属材料、非金属材料以及复合材料。

1. 金属材料

金属材料是最重要的工程材料，包括纯金属和以金属为基的合金。以金属元素为主体的金属材料，原子间的结合键基本上为金属键，具备金属晶体的基本特性。金属材料是目前汽车上应用最广泛的工程材料（见图 1-2）。工业上，一般把金属材料分为两大部分：黑色金属材料和有色金属材料。黑色金属材料是指钢铁材料；有色金属是指钢铁材料以外的所有金属材料，如铝、铜、镁及其合金。按照特性来分，有色金属又可以分为轻金属、重金属、贵金属、稀有金属和放射性金属等多个种类。

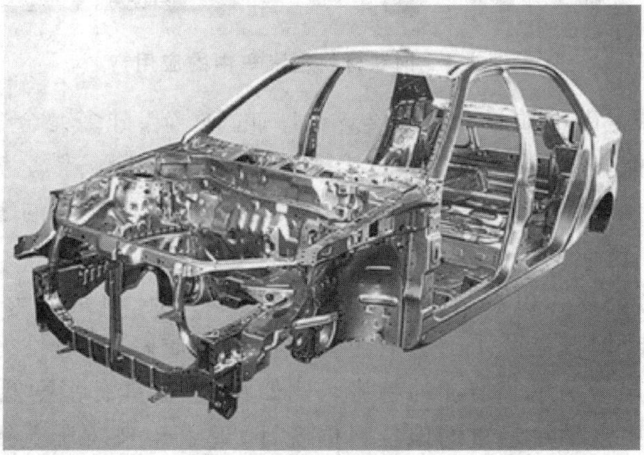

图 1-2 金属材料在汽车中的应用

由于黑色金属的工程性能比较优越，价格比较便宜，故在工程上应用最广、用量最大，是最重要的工程金属材料（见图 1-3）。长期以来，以钢铁为代表的金属材料一直是构成汽车结构的主要材料，构成汽车的三万多个零部件中约 86% 为金属材料，而在金属材料中，钢和铸铁材料占了 80%。中型载货汽车上钢铁材料约占汽车总重量的 3/4，轿车上钢铁材料则超过总重的 2/3。

图 1-3 黑色金属

钢铁材料最大的特点是价格低廉，比强度（强度/密度）高，便于加工，因而得到广泛的应用。钢在汽车上的应用很广泛，各类螺栓和螺母、齿轮、弹簧、连杆、传动轴和曲轴、支架、法兰及车身覆盖件，大多由各类碳素钢或合金钢制成（见图 1-4）。

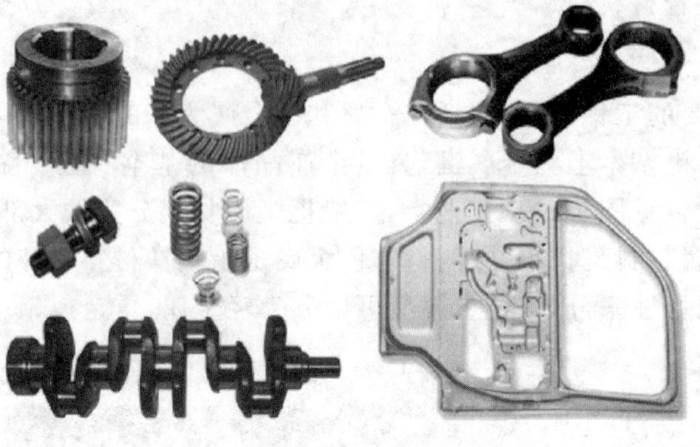

图 1-4　钢铁材料在汽车中的应用

工业上常用的铸铁是碳的质量分数在 2%～4%的铁、碳、硅多元合金。有时为了提高其力学性能或物理、化学性能，还可加入一定量的合金元素，得到合金铸铁。铸铁在机械制造中应用很广，机床床身、工作台、箱体、底座等形状复杂或受压力及摩擦作用的零件，大多用铸铁制成。铸铁在汽车上也得到广泛应用。

有色金属及其合金已成为机械制造业、建筑业、电子工业、航空航天、核能利用等领域不可缺少的结构材料和功能材料（见图 1-5）。有色金属因具有质轻、导电性好等钢铁材料所不及的特性，在现代汽车上的用量呈逐年增加的趋势。例如：铝合金具有密度低、强度高和耐蚀性好的特性，在轿车的轻量化中占举足轻重的地位。据统计，近十年来轿车上铝及其合金的用量已从占汽车总重的 5%左右上升至 10%左右（见图 1-6）。此外，采用新型镁合金制造的凸轮轴盖、制动器、方向盘等部件，可以减轻重量和降低噪声。在轿车制造行业，采用铝、镁、钛等轻金属代替钢铁材料来减轻汽车自重，已成为轿车轻量化的一个重要手段。

图 1-5　有色金属材料

2. 高分子材料

高分子材料为有机合成材料，也称聚合物，它是由大量分子量特别高的大分子化合物组成的，每个大分子都包含大量结构相同、相互连接的链节。高分子材料可分为天然高分子材料（如

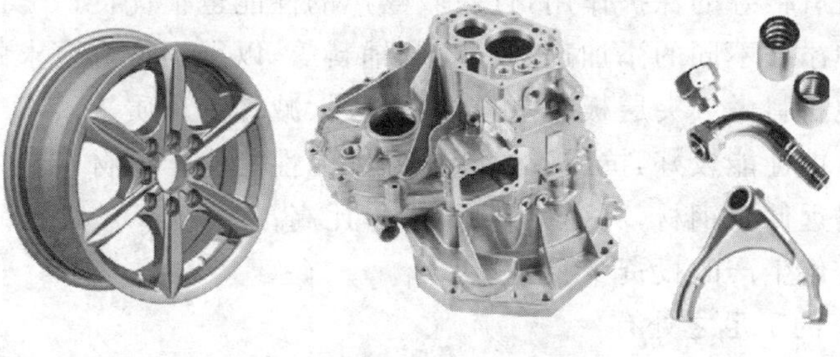

图 1-6 汽车中的铝合金部件

蚕丝、羊毛、油脂、纤维素等）和人工合成高分子材料。后者因具有较高的强度、良好的塑性、较强的耐腐蚀性、很好的绝缘性和较轻的质量等特点，很快成为工程上发展最快、应用最广的一类新型材料。在工程上，根据高分子材料的力学性能和使用状态，一般将其分为塑料、合成纤维、橡胶、胶黏剂和涂料等种类。汽车高分子材料主要包括车用橡胶和工程塑料（见图 1-7）。

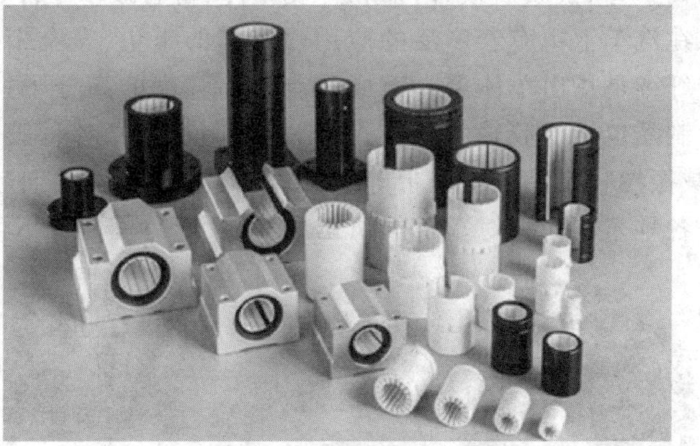

图 1-7 工程塑料

塑料是以合成树脂为主要原料，并加入某些添加剂，在一定的温度和压力下，能塑造各种形状制品的高分子材料。塑料正式应用于汽车始于 20 世纪 60 年代石油化工工业的兴盛期。现代汽车上许多构件，如汽车保险杠、汽车内饰件、高档车用安全玻璃、仪表面板等零部件，均采用工程塑料制造。与钢铁材料相比，工程塑料具有更高的安全性，并降低了造价，较大地改善了汽车的安全性、舒适性和经济性（见图 1-8）。

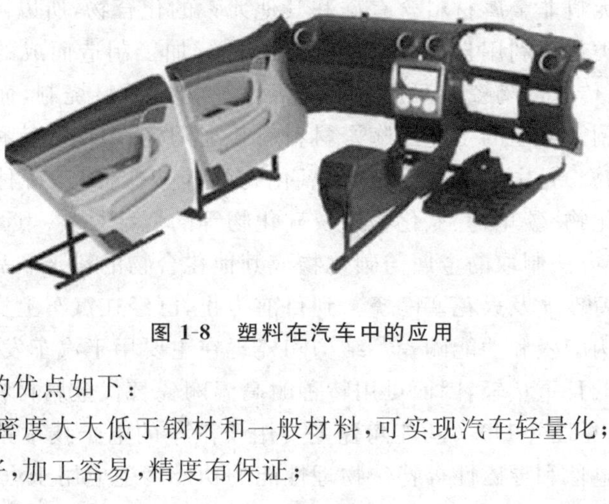

图 1-8 塑料在汽车中的应用

塑料应用于汽车的优点如下：

（1）密度低，塑料密度大大低于钢材和一般材料，可实现汽车轻量化；

（2）塑料成型性好，加工容易，精度有保证；

(3) 对驾乘人员有很好的保护作用,且吸收噪声的性能也很优良;

(4) 可在塑料中添加不同的添加剂、硬化剂、辅料等,以得到符合要求的塑料;

(5) 可以和其他材料做成夹层板等复合材料,大大减轻汽车质量;

(6) 塑料的耐腐蚀性能较好,抗酸、碱、盐等腐蚀的性能优于钢材;

(7) 塑料的价格远低于钢材,可循环利用,性价比高;

(8) 塑料汽车零件生产的投资少,见效快。

塑料应用于汽车的不足之处有:

(1) 耐热性较差;

(2) 耐疲劳性能差;

(3) 强度较低;

(4) 热固性塑料的再生性差。

由于塑料具有诸多金属和其他材料所不具备的优良性能,因而在汽车上的应用很广,常用于制作汽车的各种结构零件、仪表面板、内饰和外装零件、耐磨减摩零件、隔热防振零件等。

其他高分子材料在汽车上也有着广泛的应用。汽车的坐垫、安全带、内饰件等多数是由合成纤维制造的。合成纤维是指由单体聚合而成具有很高强度的高分子材料,如常见的尼龙、聚酯等。汽车所用橡胶制品包括橡胶轮胎、传动带(V 带、同步带)、各种胶管、密封制品(胶黏剂、油封、密封胶条等)、减振橡胶制品及安全带等(见图 1-9)。各种胶黏剂起到连接、密封等作用,并可简化制造工艺。各种车用涂料对车身的防锈、美化及商品价值有不可忽视的作用。

图 1-9　橡胶材料在汽车中的应用

3. 陶瓷材料

陶瓷材料属于无机非金属材料,是不含碳氢氧结合的化合物,主要为金属氧化物和金属非氧化物。由于大部分无机非金属材料含有硅和其他元素的化合物,所以陶瓷材料又称为硅酸盐材料。陶瓷材料是人类最早利用自然界提供的原料进行加工制造而成的材料,具有耐高温、硬度高、脆性大等特点。传统的陶瓷多采用黏土等天然矿物质原料烧制,而现代陶瓷则多采用人工合成的化学原料烧制。典型的工业用陶瓷材料有普通陶瓷、玻璃和特种陶瓷(见图 1-10)。

普通陶瓷(传统陶瓷)是主要成分为硅、铝氧化物的硅酸盐材料;特种陶瓷(新型陶瓷)是主要成分为高熔点的氧化物、碳化物、氮化物以及硅化物等的烧结材料。近年来,还发展了金属陶瓷,主要指用陶瓷生产方法制取的金属与碳化物或其他化合物的粉末制品。陶瓷材料最早在汽车上的应用主要是车窗玻璃及火花塞陶瓷。到目前为止,已经在汽车上实际使用的陶瓷部件约有 30 种,主要包括结构陶瓷和功能陶瓷。结构陶瓷现在主要用于汽车发动机中,由于陶瓷耐高温、磨损和腐蚀,热导低且重量轻,因而可用特种耐高温陶瓷替代金属材料制造发动机的燃烧室部件和热交换器零件(见图 1-11)。功能陶瓷主要用于汽车的电子技术系统,一些具有绝缘性、介电性、半导体性、压电性和导磁性等特殊物理性能的功能陶瓷应用于汽车调控敏感部件,如各

图 1-10 陶瓷材料

类传感器、加热器和过流保护器等(见图 1-12)。近年来,一些特种陶瓷也用于制造发动机部件或整体、气体涡轮部件等,可以达到提高热效率、降低能耗、减轻自重的目的。

图 1-11 结构陶瓷

玻璃的主要成分是 SiO_2。汽车上使用的玻璃制品主要为车窗玻璃,要求其具有良好的透明性、耐候性(对气温变化不敏感)及足够的强度和很高的安全性。因此,车用玻璃必须是安全玻璃,主要有钢化玻璃、区域钢化玻璃、普通复合玻璃和 HPR 夹层玻璃(high penetration resistance)等几种类型。其中,HPR 夹层玻璃是指具有高穿透抗力的夹层玻璃,采用这种玻璃,当车受到撞击时,乘客若撞到车窗玻璃上,玻璃不会被击穿,从而避免了乘客因玻璃碎裂而受伤的危险。在欧美国家,已规定前挡风玻璃只允许使用 HPR 夹层玻璃。

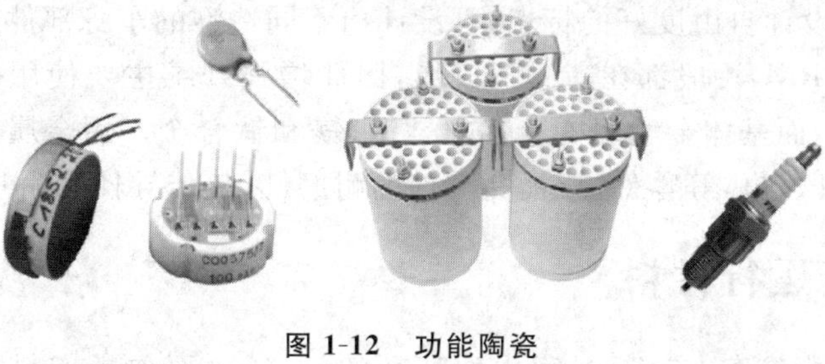

图 1-12 功能陶瓷

陶瓷材料的主要特性有:

(1) 具有极高的硬度和优良的耐磨性,弹性模量高,刚度大;

(2) 抗拉强度很低,抗压强度很高,塑性和韧性低,脆性大;

(3) 熔点很高，导热性和抗热震性都较差；

(4) 化学稳定性高，抗氧化性优良；

(5) 大多数陶瓷具有高电阻率，少数陶瓷具有半导体性质；

(6) 许多陶瓷具有特殊的性能，如光学性能和电磁性能等。

4. 复合材料

复合材料是由金属材料、陶瓷材料或高分子材料等两种或两种以上的材料经过复合工艺而制备的多相材料，各种材料在性能上互相取长补短，产生协同效应，故复合材料的综合性能优于原组成材料，能满足各种不同的要求（见图 1-13）。

图 1-13　使用了复合材料的概念车

复合材料一般由连续相的基体和被基体包容的相增强体组成。按基体材料的种类来分，复合材料可分为非金属基复合材料和金属基复合材料两大类。非金属基复合材料是指以聚合物、陶瓷、石墨、混凝土为基体的复合材料，其中以纤维增强聚合物基和陶瓷基复合材料最常用；金属基复合材料是指以金属及其合金为基体，与一种或几种金属或非金属增强相人工结合成的复合材料。增强材料一般有玻璃纤维、碳纤维、硼纤维、芳纶纤维、石棉纤维、碳化硅纤维、晶须、金属丝和硬质细粒等。

纤维增强塑料（FRP）典型的材料为玻璃钢，全称为玻璃纤维增强热固性塑料（GFRP）。它是一种以高分子环氧树脂为基体，以玻璃纤维或碳纤维等为增强体，经过复合工艺制成的复合材料。玻璃钢的应用特点有：

(1) 玻璃钢与钢材相比，可使汽车车身质量减轻 60%；

(2) 吸收冲击能的性能较好，当汽车发生碰撞时，可减少或避免对人体的伤害；

(3) 玻璃钢抗振动衰减性能优于金属，弹性较好，可用于制造汽车弹簧；

(4) 利用玻璃钢设计自由度好的特点，可设计出不同造型的车身部件或结构。

纤维增强金属（FRM）一般都在高温下成形，因此增强纤维主要使用碳纤维、硼纤维、碳化硅纤维和氧化铝纤维，而基体金属用得较多的是铝、镁和钛合金。用金属基复合材料制造汽车发动机的活塞顶、连杆、缸体等零件，可提高零件的耐磨性、热传导性和耐热性，并减小热膨胀。

1.2.2　汽车运行材料

汽车运行材料是指汽车在运行过程中所消耗的材料，主要包括燃料、润滑油和工作液等。因为汽车轮胎在运行过程中属于易耗品，所以一般也将其归于运行材料范畴。这些材料大多属于石油产品。据统计，全球石油产品的 46% 为汽车及相关工业所消耗。

1. 燃料

汽车传统燃料主要为车用汽油和柴油。目前正在开发的代用燃料主要有醇类、天然气、液化石油气、电能、太阳能和合成燃料等，这些代用燃料有的可单独使用，有的则与汽油、柴油混合使用。

汽油作为点燃式发动机(汽油机)的主要燃料，其使用性能的好坏对发动机工作的可靠性、经济性以及使用寿命有极大影响。汽油是从石油中提炼出来的密度小、易挥发的液体燃料。对于汽油的使用性能，主要从蒸发性、抗爆性、化学稳定性、耐腐蚀性、清洁性等几方面考虑，从而保证了发动机在各种工况下的可靠启动、正常燃烧和平稳运转。

轻柴油(可简称柴油)是车用高速柴油机的燃料。与汽油相比，轻柴油的密度大，易自燃。由于柴油机与汽油机的工作方式不同，对于柴油，主要从低温流动性、燃烧性、蒸发性、黏度、耐腐蚀性和清洁性等方面要求其使用性能。

据预测，石油资源只能供全世界使用到2040至2050年。进入21世纪以来，针对环境和能源形势的日趋恶化，世界范围内的环保呼声越来越高，开发使用被称为“绿色能源”的清洁代用燃料也成为汽车燃料发展的趋势。

目前，较普遍使用的汽车清洁代用燃料有天然气、液化石油气、电能、氢、太阳能、醇类、醚类和合成燃料等。由于天然气、液化石油气、醇类、醚类和合成燃料的相对分子质量比汽油、柴油小得多，有利于与空气的混合、燃烧，其尾气中的一氧化碳(CO)、碳氢化合物(HC)、二氧化碳(CO_2)等污染物比汽油、柴油低得多。除此之外，人们还正在尝试利用无污染的太阳能、电能驱动汽车。

2. 汽车用润滑油

润滑油作为汽车各相对运动零件摩擦表面间的润滑介质，具有减小摩擦阻力、保护摩擦表面的功能，并有密封、吸收和传散摩擦热及清洗零件的作用。汽车润滑油主要有发动机润滑油、齿轮油和液力传动油。由于汽车可运行的地域辽阔，各地区的气候条件相差很大，因而对汽车用润滑油的要求比一般的润滑油更高。

汽车发动机润滑油的主要功用是对汽车摩擦零件(曲轴、连杆、活塞、气缸壁、凸轮轴、气门)进行润滑。除此以外，性能优良的发动机润滑油还应具有冷却、洗涤、密封、防锈和消除冲击负荷的作用。

车辆齿轮油是用于变速器、后桥齿轮传动机构及传动器等传动装置机件摩擦处的润滑油。它可以降低齿轮及其他部件的磨损、摩擦，分散热量，防止腐蚀和生锈，对保证齿轮装置正常运转和齿轮使用寿命十分重要。

润滑脂是指稠化了的润滑油。与润滑油相比，润滑脂蒸发损失小，高温高速下的润滑性好，附着能力强，还可起到密封的作用。

3. 汽车用工作液

汽车用工作液主要包括制动液、防冻液、液力变扭器液、动力转向器液、减震器液和电解液等，此外还包括空调制冷剂和风窗玻璃清洗液等。

制动液是汽车液压制动系统中传递压力的工作介质，俗称刹车油，是液压油中的一个特殊品种。

发动机冷却液是发动机冷却系统的冷却介质。其中防冻冷却液不仅具有防散热器冻裂的功能，而且具有防腐蚀、防锈、防垢和高沸点(防开锅)的功能，可以有效地保护散热器，改善散热效果，提高发动机效率，保障汽车安全行驶。

减震器液是汽车减震器的工作介质。它利用液体流过节流阀时产生的阻力起到减震作用。

制冷剂是汽车空调器的工作介质。它在空调器系统中循环达到制冷的目的。

4. 轮胎

轮胎的主要作用是支撑全车重量，与汽车悬架共同衰减汽车行驶中产生的震荡和冲击，支持汽车的侧向稳定性，保证车轮与路面有良好的附着性能。

汽车轮胎以橡胶为原料制成，世界上生产的橡胶约 80%用于制造轮胎。轮胎的费用占整个汽车运行成本的 25%左右。轮胎使用性能的好坏，直接影响着车辆的安全性、行驶稳定性和经济性。随着车辆行驶速度的不断提高，对轮胎的技术要求和安全要求也更高。掌握轮胎特征，正确地使用、养护轮胎，可以延长轮胎的使用寿命，降低汽车的运行成本。

不同类型的轮胎有不同的结构特点和使用性能，按汽车轮胎组成结构不同，可分为有内胎轮胎和无内胎轮胎；按胎面花纹不同，又可分为普通花纹轮胎、越野花纹轮胎和混合花纹轮胎；按胎体帘布层的结构不同，又可分为斜交轮胎和子午线轮胎。

1.3 汽车应用材料的发展趋势

一辆汽车有 3 万多个零件，这些零件使用了 4000 余种不同的材料加工制造，其中 80%左右是金属材料。金属材料之所以在汽车上得到广泛的应用，是因为金属材料具有许多良好的性能。

1. 钢铁材料的应用与发展

钢铁材料由于具有成本低廉、机械性能优良、可循环利用性能好等优点，目前仍旧是汽车用材的主体，占汽车车身质量的 60%～70%。在汽车用钢中，合金钢比例较高，国外不少汽车采用含 Cr、Ni、Mo 等元素的结构钢，但这些元素资源都比较稀缺，节约合金资源成为指导汽车材料开发和应用的方针。因此，在合金化方面，合金钢主要利用 V、Ti、Nb、B 等微量元素，向低合金化或碳钢化方向发展。随着粉末冶金工艺和技术的发展，高强度、高耐磨、耐热、形状复杂的烧结结构零件和高性能的减摩材料将大量应用于汽车制造中。

2. 轻质合金材料的应用与发展

用轻质合金代替钢铁材料是汽车轻量化的有效手段。目前，国内外应用于汽车的轻质合金主要有铝合金、镁合金和钛合金等。

铝合金材料是汽车轻量化的首选材料。在美国和欧洲国家，保险杠、油箱也将钢板改用为铝合金，保险杠用的新型铝合金也多次被开发。因此，欧美地区未来汽车的结构材料构成比例中，铝将成为主体。但在日本，主要使用的是钢板和塑料。

除了铝合金外，镁合金也是车用轻质合金材料之一。镁比铝更轻，且资源丰富，在汽车上的应用比例约占 0.3%，平均质量约为 5 kg。近年来镁合金的用量正在迅速增加。欧盟、日本、美国等国家和地区用镁合金以制造零部件为主，占汽车用镁合金用量的 80%以上。

随着低成本钛合金的开发及其加工技术的日渐成熟，钛合金在汽车材料上的应用得到了不断的发展。日本试制了 Ti-5Al-2Cr-Fe 合金曲轴。

3. 塑料及其复合材料的应用与发展

目前，塑料在汽车上的应用范围正在由内饰件向外装件、车身和结构件拓展。随着汽车工业的发展，各种新型、环保类汽车用塑料陆续问世。

今后的重点发展方向是开发结构件、外装件所用的增强塑料复合材料、高性能树脂材料与塑料，并提高材料的回收利用率。

4. 其他汽车材料和新兴材料

21世纪是高新技术的世纪，信息、生物和新材料代表了高新技术发展的方向。纳米技术与材料、智能材料、压电材料将是新兴的汽车材料。

随着科技水平的不断进步和发展，相信会有更多的汽车新型材料不断问世，不断应用于汽车行业之中。

思考与练习

1. 工程材料按组成特点和性质分为哪几类？主要性能有何区别？
2. 汽车制造材料和汽车运行材料各分为几大类？各自的主要用途是什么？
3. 在实现汽车轻量化方面，汽车工程材料应用有哪些发展趋势？

项目二
材料的性能

2

【学习目标】

1. 了解材料的性能；
2. 掌握材料的力学性能指标；
3. 学会力学性能指标的测试方法和应用。

【任务单】

1.材料的力学性能主要包括(　　　　)和(　　　　)。

2. 材料的工艺性能主要包括(　　　　)、(　　　　)、(　　　　)、(　　　　)以及(　　　　)。

3.什么是硬度？常用的硬度测定方法有哪几种？

2.1 金属的晶体结构

金属材料的种类很多，性能和用途也各不相同。金属的外在性能很大程度上是由金属内部的组织结构决定的。因此，研究金属内部的组织结构及形成规律，是了解金属性能、正确选用金属材料、合理确定加工方法的基础。

2.1.1 晶体结构的基本概念

1. 晶体与非晶体

固态物质根据其原子排列特征，可分为晶体和非晶体两大类。自然界中，除了少数物质，如普通玻璃、沥青、石蜡、松香等外，绝大多数固态物质都是晶体。

晶体与非晶体的区别有：

(1) 晶体一般有规则的外形，而非晶体没有规则的外形。

(2) 晶体有固定的熔点，而非晶体则没有固定的熔点。

(3) 晶体表现出各向异性的特征，而非晶体表现出各向同性。

2. 晶格

将每个原子视为一个几何质点，并用一些假想的几何线条将各质点连接起来，便形成一个空间几何格架。这种抽象的、用于描述原子在晶体中排列方式的空间几何格架称为晶格。

3. 晶胞

由于晶体中原子呈周期性规则排列，因此可以在晶格内取一个能代表晶格特征的且由最少原子排列成的最小结构单元来表示晶格，称为晶胞(见图 2-1)。

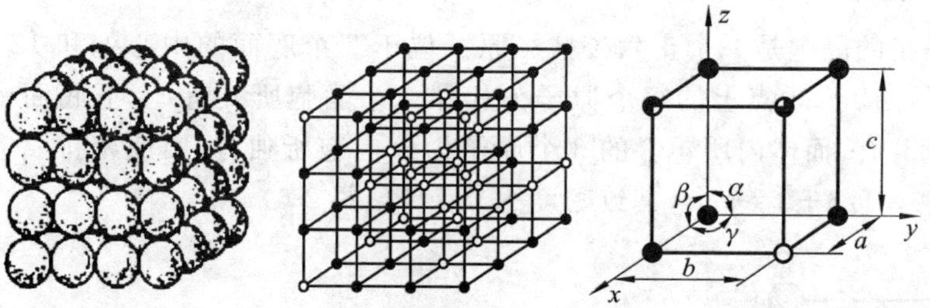

图 2-1 晶体的结构

2.1.2 金属的晶体结构类型

金属的晶体结构类型有体心立方晶格、面心立方晶格和密排六方晶格三类。

1. 体心立方晶格

体心立方晶格的晶胞是一个立方体，在立方体的 8 个顶角上和中心各有一个原子。8 个顶角上的每个原子为相邻的 8 个晶胞所共有，中心的原子为该晶胞所独有，因此体心立方晶胞中的原子数为 $1+8\times1/8=2$ 个(见图 2-2)。

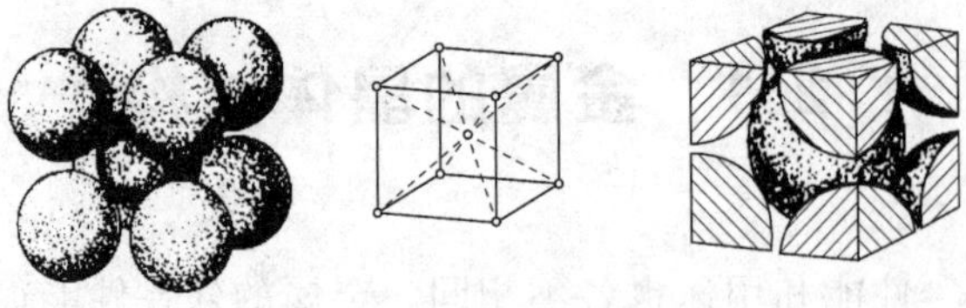

图 2-2　体心立方晶格

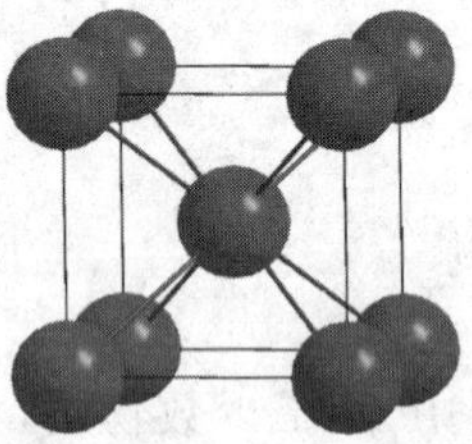

图 2-3　体心立方晶格的纯铁结构

纯铁(α-Fe)在 912 ℃以下时具有体心立方晶格(见图 2-3),属于这类晶格类型的金属还有 Cr、Mo、W、V 等,它们大多具有较高的强度和韧性。

2. 面心立方晶格

面心立方晶格的晶胞也是一个立方体,在立方体的 8 个顶角上和 6 个面的中心各有一个原子。8 个顶角上的每个原子为相邻的 8 个晶胞所共有,面中心的原子为相邻两晶胞所共有,因此面心立方晶胞中的原子数为 $6\times1/2+8\times1/8=4$ 个,其致密度为 0.74(见图2-4)。

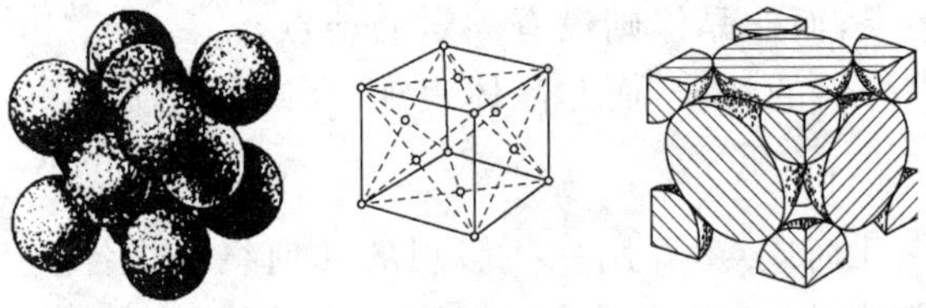

图 2-4　面心立方晶格

铁(β-Fe)在 912 ℃以上时具有面心立方晶格(见图 2-5),属于这类晶格类型的金属还有 Al、Cu、Ni、Au、Ag 等,它们大多具有较强的塑性。

3. 密排六方晶格

密排六方晶格的晶胞是一个正六棱柱。原子位于 2 个底面的中心处和 12 个顶点上,体内还包含 3 个原子。12 个顶点上的每个原子为相邻 6 个晶胞所共有,上下底面中心的原子为相邻的 2 个晶胞所共有,而体内所包含的 3 个原子为该晶胞所独有,因此密排六方晶胞中的原子数为 $2\times1/2+12\times1/6+3=6$ 个,其致密度为 0.74(见图 2-6)。

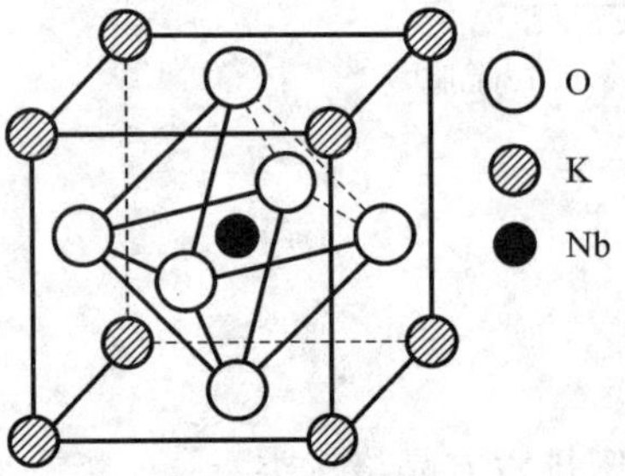

图 2-5　面心立方晶格的纯铁结构

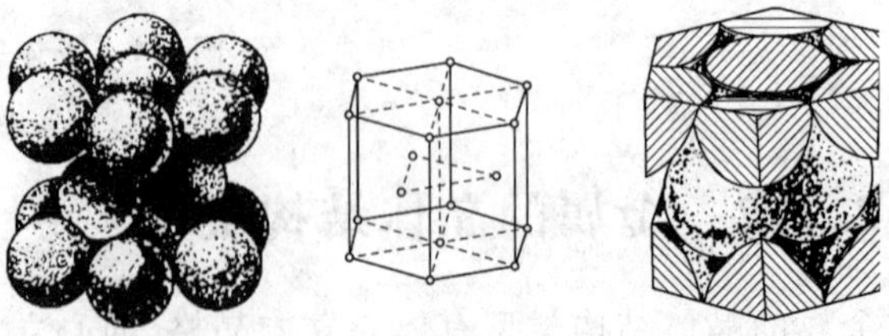

图 2-6　密排六方晶格

属于这类晶格类型的金属有 Mg、Zn、Be 等,它们大多具有较大的脆性,塑性较差。

2.1.3 金属的实际晶体结构

1. 单晶体和多晶体

晶体内的晶格位相完全一致的晶体称为单晶体。实际的金属晶体是由许多不同方位的晶粒所组成的。晶粒与晶粒之间的界面称为晶界。这种由多晶粒组成的实际晶体结构称为多晶体(见图 2-7)。

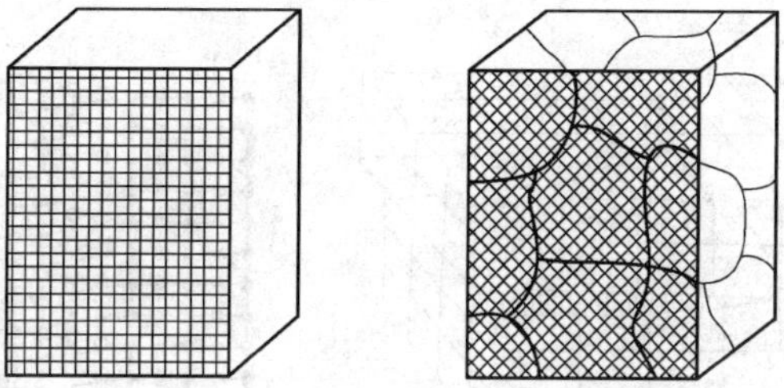
(a)单晶体　(b)多晶体

图 2-7　单晶体和多晶体

2. 晶体缺陷

晶体缺陷有点缺陷、线缺陷和面缺陷三类。

(1) 点缺陷。

点缺陷的特征是在三个方向上尺寸都很小,不超过几个原子间距。点缺陷一般包括间隙原子、置换原子和晶格空位(见图 2-8)。

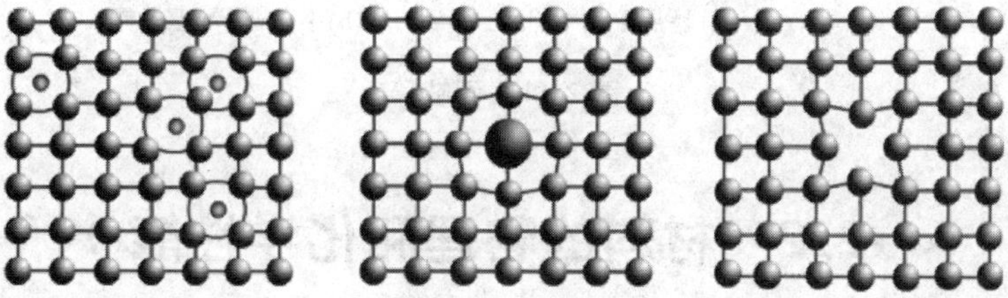
(a)间隙原子　(b)置换原子　(c)晶格空位

图 2-8　点缺陷

(2) 线缺陷。

线缺陷是指在一个方向上尺寸很大、另两个方向上尺寸很小的一种缺陷,主要是各种类型的位错。位错是晶体中某处有一列或若干列原子发生的有规律的错排现象。位错的形式很多,基本的类型有两种:刃型位错(见图 2-9)与螺型位错(见图 2-10)。

(3) 面缺陷。

面缺陷的特征是在一个方向上尺寸很小,而在另外两个方向上尺寸很大,主要指晶界和亚晶界(见图 2-11)。

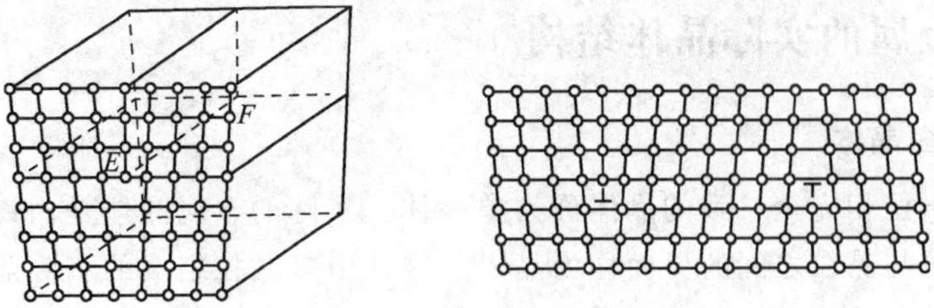

(a)立体图　　(b)平面图

图 2-9　刃型位错

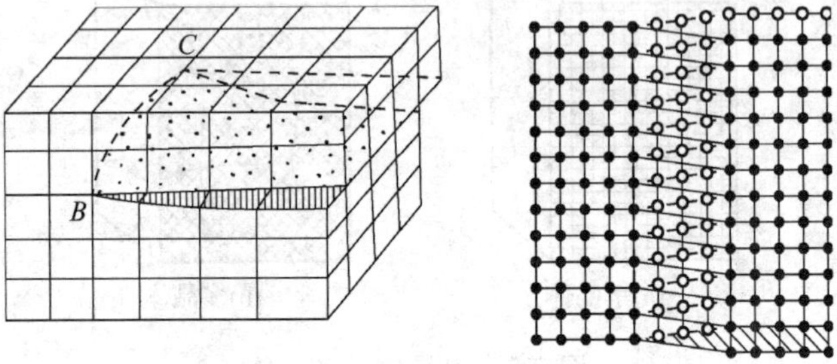

(a)立体图　　(b)平面图

图 2-10　螺型位错

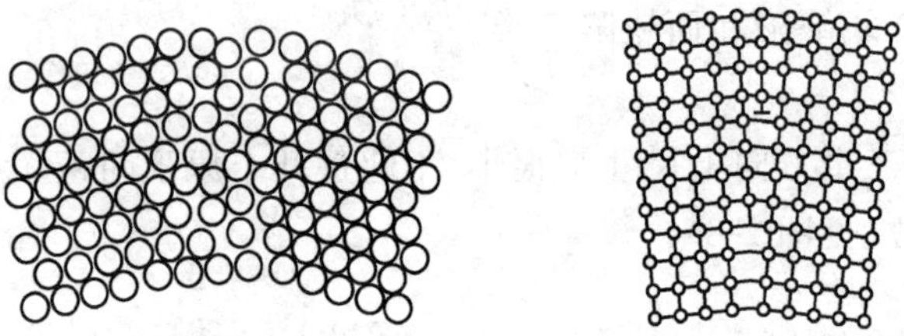

(a)大角晶界　　(b)小角晶界(亚晶界)

图 2-11　面缺陷

2.2　材料的物理和化学性能

使用性能是指材料在使用条件下所表现出来的性能，它包括物理性能(如密度、磁性、导电性、导热性等)、化学性能(如耐腐蚀性、热稳定性等)、力学性能(如强度、塑性、硬度等)。

2.2.1　材料的物理性能

1. 密度

密度是物体的质量与体积的比值。根据密度大小，可将金属分为轻金属和重金属。一般将密度小于 4.5×10^3 kg/m^3 的金属称为轻金属，而把密度大于 4.5×10^3 kg/m^3 的金属称为重金属。密度最大的金属是锇，密度最小的金属是锂。

2. 熔点

熔点指材料从固态变为液态的转变温度。工业上一般把熔点低于 700 ℃的金属或合金称为易熔金属或易熔合金，把熔点高于700 ℃的金属或合金称为难熔金属或难熔合金。熔点最高的金属是钨；熔点最低的金属是汞，在室温下呈液态。

3. 导电性

导电性是指工程材料传导电流的能力，其衡量指标是电阻率 ρ，ρ 越小，说明材料的导电性越好。纯金属中，银的导电性最好，其次为铜和铝。合金的导电性比纯金属差。

4. 导热性

导热性是指材料传导热量的能力，其衡量指标是热导率 λ，λ 越大，说明材料的导热性越好。金属材料的导热性与导电性之间有密切的关系，凡是导电性好的金属其导热性也好。因此，金属中银的导热性最好，其次为铜和铝。

5. 热膨胀性

热膨胀性是指材料热胀冷缩的特性，其大小可用线膨胀系数 α 来衡量，其含义是温度上升1 ℃时，单位长度的伸长量，单位为 $℃^{-1}$。

线膨胀系数的大小影响工件的精度，精密量具、零件、仪表、机器等，应选用线膨胀系数小的材料，以避免在不同的温度下使用其精度受到影响；机械加工和装配中也应考虑材料的热膨胀性，以保证构件尺寸的准确性。陶瓷的线膨胀系数小，金属次之，高分子材料最大。

6. 磁性

磁性是指材料能否被磁铁吸引和被磁化的性质。铁磁性材料（如钴、铁等）容易被外磁场磁化和吸引；顺磁性材料（如锰、铬等）在外磁场中只能微弱地被磁化；抗磁性材料（如铜、锌等）不但不会被外磁场吸引，还会削弱磁场。

2.2.2 材料的化学性能

1. 耐腐蚀性

耐腐蚀性是指工程材料在常温下，抵抗氧、水蒸气、海水及其他化学介质腐蚀破坏作用的能力。腐蚀作用对材料危害很大，因此，提高工程材料的耐腐蚀性能，对于节约工程材料、延长材料的使用寿命，具有现实意义。

2. 高温抗氧化性

高温抗氧化性是指工程材料在高温下抵抗氧化和腐蚀的能力。高温腐蚀可以产生各种各样有害的影响，它不仅使许多金属腐蚀生锈，造成大量金属的耗损，还破坏了金属表面许多优良的使用性能，降低了金属横截面承受负荷的能力，并且使高温机械抗疲劳和热疲劳性能下降。

2.3 材料的力学性能

材料在外力作用下抵抗变形或破坏的能力，称为材料的力学性能（也称机械性能）。力学性能主要包括强度、塑性、硬度、韧性及疲劳强度等。力学性能不仅可以为零件的选材、零件（构件）的截面尺寸设计提供主要依据，也可通过性能检测对产品的加工工艺进行质量控制，还能为挖掘材料性能潜力、发展新材料提供评价依据。

金属在加工和使用过程中都会受到外力的作用，这种外力通常称为载荷。载荷按照性质不同，一般可分为静载荷和动载荷(冲击载荷和交变载荷统称为动载荷)。静载荷指载荷的大小和方向不随时间发生变化或变化极缓慢的载荷。如汽车在静止状态下，车身自重引起的对车架和轮胎的压力属于静载荷。冲击载荷是指以较高的速度作用于零部件上的载荷。如汽车在不平的道路上行驶时，车身对车架和轮胎的冲击即为冲击载荷。交变载荷指大小与方向随时间发生周期性变化的载荷。运转中的发动机曲轴、齿轮等零部件所承受的载荷均为交变载荷。根据加载形式的不同，外加载荷也可分为拉伸载荷、压缩载荷、弯曲载荷、剪切载荷和扭转载荷等，如图 2-12所示。

金属材料在外加载荷作用下，形状和尺寸的变化称为变形。变形一般分为弹性变形和塑性变形。所谓弹性变形，是指构件受到外加载荷作用时产生变形，载荷卸除后能恢复原状的变形。而塑性变形则是指构件在外加载荷作用下产生变形，且当载荷卸除后不能恢复原状的变形，也称为永久变形。

金属材料的力学性能是设计和制造汽车零件的重要依据，也是控制汽车零件质量的重要参数。金属材料的选择离不开对金属力学性能的分析。如汽车轮胎紧固螺栓材料及规格的选择，就必须能够保证螺栓在使用过程中不会由于承受不住剪切而扭断，从而保证驾乘人员的安全，如图 2-13 所示。

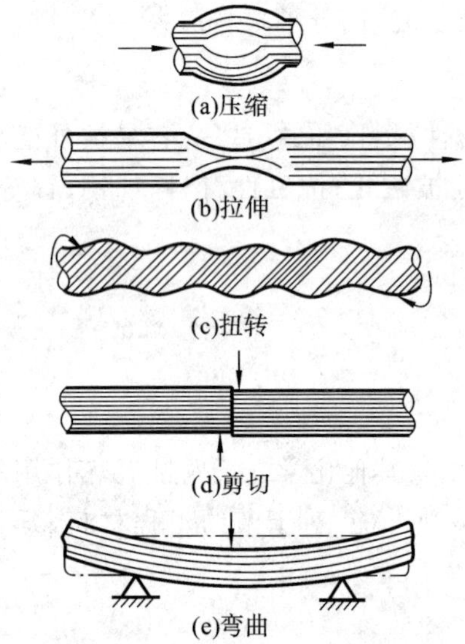

图 2-12　载荷的作用形式

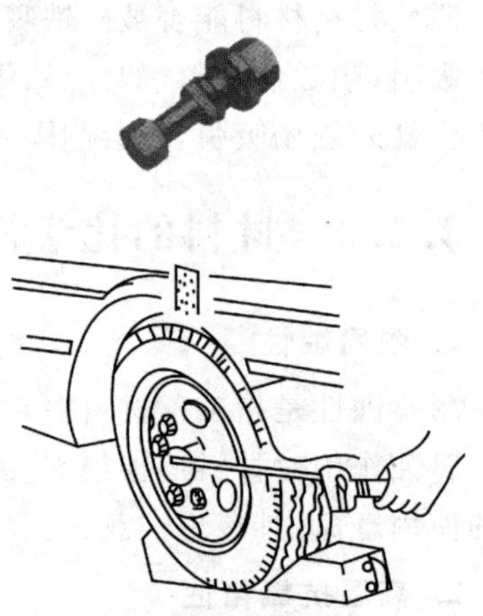

图 2-13　汽车轮胎紧固螺栓

材料的力学性能是指在力的作用下，其所显示的与弹性和非弹性反应相关或涉及应力-应变关系的性能，主要包括静态力学性能(强度、塑性、硬度)和动态力学性能(韧性、疲劳强度)。

2.3.1　强度与塑性

材料受到外力(载荷)作用时，引起尺寸与形状的改变称为变形。金属的变形一般分为弹性变形和塑性变形。物体在外力作用下产生变形后，当外力不大时，一旦去除外力，则物体恢复到原始的形状和尺寸，这种变形称为弹性变形；若外力去除后物体不能恢复到原始的形状和尺寸，这种变形称为塑性变形或永久变形。

金属材料在外力的作用下抵抗变形和断裂的能力称为强度。按外力作用的方式不同，强度可分为抗拉强度、抗压强度、抗弯强度和抗扭强度等。一般所说的强度是指抗拉强度，它是用静载拉伸试验方法测定的。断裂前材料发生不可逆永久变形的能力称为塑性。常用的塑性指标是断后伸长率和断面收缩率，一般也是通过拉伸试验测定的。

1）静载拉伸试验

静载拉伸试验是指用缓慢增加的拉力对标准拉伸试样进行轴向拉伸，直至拉断的一种试验方法。根据拉伸试验绘制出的拉伸曲线，即可计算出强度和塑性的性能指标。

拉伸试验前，将被测金属制成一定形状和尺寸的标准拉伸试样，图 2-14 所示为常用的圆形拉伸试样。将拉伸试样装夹在拉伸试验机（见图 2-15）的两个夹头上，沿轴向缓慢加载进行拉伸，试样逐渐伸长、变细，直到最后拉断。在拉伸试验过程中，拉伸试验机上的自动记录装置可绘出能反映静拉伸载荷 F 与试样轴向伸长量 Δl 对应关系的拉伸曲线，即 F-Δl 曲线，如图 2-16 所示为低碳钢的 F-Δl 曲线。

由图 2-16 所示的曲线可以看出，拉伸过程中试样表现出以下几个变形阶段：

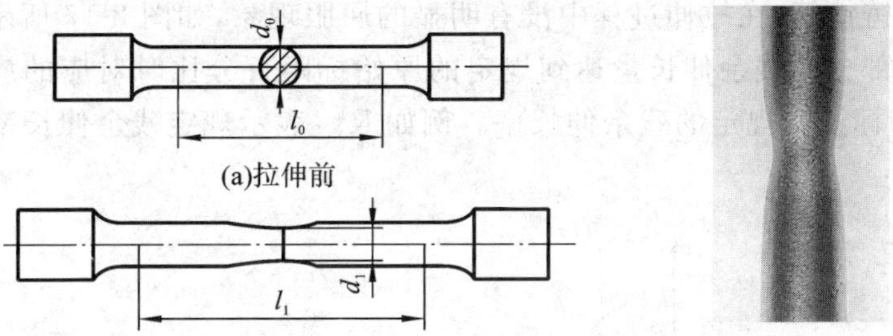

(a)拉伸前

(b)拉伸后

(c)拉伸试样的颈缩现象

图 2-14　标准拉伸试样

图 2-15　拉伸试验机

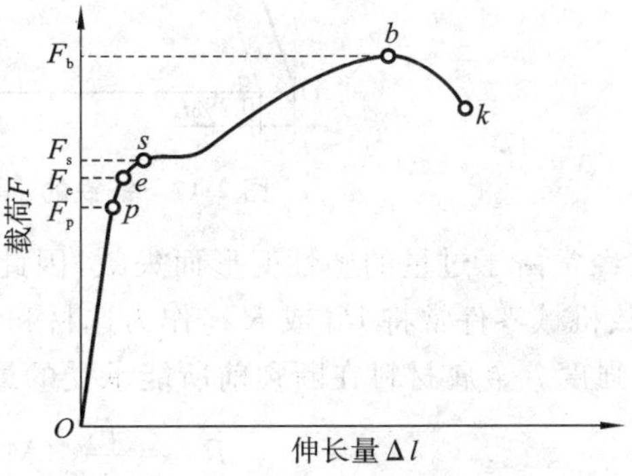

图 2-16　低碳钢的 F-Δl 曲线

(1) 弹性变形阶段（Op、pe 段）。当载荷不超过 F_p 时，拉伸曲线 Op 为直线段，试样的变形量与外加载荷成正比。如卸除载荷，试样立即恢复原状。在 pe 段，试样仍处于弹性变形阶段，但载荷与变形量不再成正比。

(2) 屈服阶段（es 段）。当载荷增加到 F_s 时，拉伸曲线出现平台或锯齿线，表明在载荷不增加或略有减小的情况下，试样继续伸长，这种现象称为屈服，s 点称为屈服点。

(3) 强化阶段（sb 段）。屈服阶段之后，继续增加载荷，试样继续伸长。随着试样塑性变形的增大，材料的变形抗力也逐渐增加，这种现象称为形变强化（或称为加工硬化）。

(4) 颈缩阶段（bk 段）。当载荷增加到最大值 F_b 后，试样的直径发生局部收缩，称为“颈缩”。此时变形所需载荷也逐渐降低，伸长部位主要集中于颈缩部位，如图 2-14(b)、图 2-14(c) 所示。当载荷达到 F_k 时，试样被拉断。

应该指出，做拉伸试验时，低碳钢等材料在断裂前有明显的塑性变形，这种断裂称为塑性断裂，塑性断裂的断口呈“杯锥”状，这种材料称为塑性材料。对于铸铁等脆性材料不仅没有屈服现象，而且也不产生颈缩，脆性材料的断口是平整的。

2. 强度指标

通过拉伸试验测得的强度指标有屈服强度和抗拉强度。

（1）屈服强度。金属材料开始产生屈服现象时的最低应力称为屈服强度，用符号 R_{eL} 表示。

$$R_{eL}=\frac{F_s}{S_0}(\text{MPa})$$

式中：F_s——试样发生屈服现象时的最小载荷(N)；

S_0——试样原始横截面积(mm^2)。

除退火和热轧的低碳钢和中碳钢等材料在拉伸过程中有屈服现象以外，汽车上使用的某些金属材料如高碳钢、铸铁等，在拉伸过程中没有明显的屈服现象，如图 2-17 所示。因此，当试样卸除载荷后，其标距部分的残余伸长量达到规定的原始标距百分比时对应的应力，即作为条件屈服强度 R_r，并附脚标说明规定的残余伸长率。例如 $R_{r0.2}$ 表示规定残余伸长率为 0.2%时的应力。

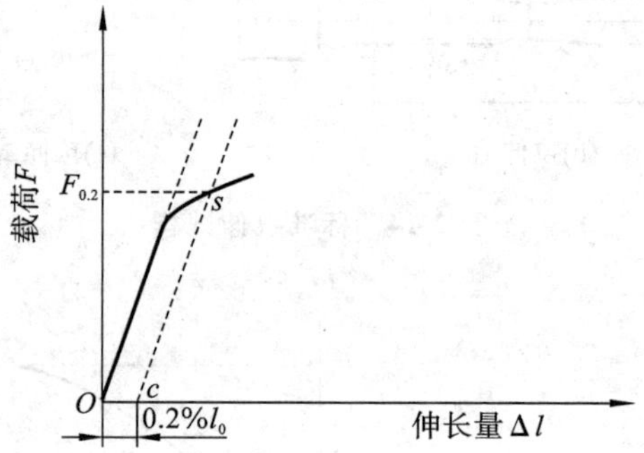

图 2-17　铸铁的 F-Δl 曲线

机械零件经常由于过量的塑性变形而失效，因此，零件在使用过程中不允许发生明显的塑性变形，大多数机械零件常将 R_{eL} 或 $R_{r0.2}$ 作为选材和设计的依据。

（2）抗拉强度。金属材料在断裂前所能承受的最大应力称为抗拉强度，用符号 R_m 表示。

$$R_m=\frac{F_b}{S_0}\ (\text{MPa})$$

式中：F_b——试样断裂前所承受的最大载荷(N)；

S_0——试样原始横截面积(mm^2)。

抗拉强度是设计和选材的主要依据之一，是工程技术上的主要强度指标。一般情况下，在静载荷作用下，只要工作应力不超过材料的抗拉强度，零件就不会发生断裂。

在工程上，屈强比 R_{eL}/R_m 是一个有意义的指标。该比值越大，越能发挥材料的潜力。但是为了使用安全，该比值不宜过大，适当的比值一般在 0.65～0.75 之间。另外，比强度 R_m/ρ 也常被提及，它表征了材料强度与密度之间的关系。在考虑汽车轻量化的问题时，常常用到这个指标。

3. 塑性指标

金属的塑性指标主要由断后伸长率和断面收缩率表示。

（1）断后伸长率。试样拉断后，标距长度的伸长量与原始标距的百分比称为断后伸长率，用符号 A 表示。

$$A=\frac{l_u-l_0}{l_0}\times 100\%$$

式中：l_u——试样拉断后标距的长度(mm)；

l_0——试样的原始标距(mm)。

(2) 断面收缩率。试样拉断后横截面积的缩减量与原始横截面积之比称为断面收缩率，用符号 Z 表示。

$$Z=\frac{S_0-S_u}{S_0}\times 100\%$$

式中：S_u——试样拉断处的最小横截面积(mm^2)；

S_0——试样的原始横截面积(mm^2)。

同一材料的试样长短不同，测得的断后伸长率略有不同，用短试样($l_0=5d_0$)测得的断后伸长率 A 略大于用长试样测得的断后伸长率 $A_{11.3}$。而断面收缩率与试样的尺寸因素无关。

金属材料的 A、Z 值越大，说明材料的塑性越好。工程上一般把 $A\geqslant 5\%$ 的材料称为塑性材料，把 $A<5\%$ 的材料称为脆性材料。塑性好的金属材料易于通过压力加工制成形状复杂的零件，如汽车车身覆盖件、油箱等大多是采用具有良好塑性的冷轧钢板冲压而成的。而且用塑性好的金属材料制成的零件，偶尔发生过载时，由于塑性变形能避免发生突然断裂造成的事故。因此，用于汽车制造的材料大多要求有一定的塑性。

2.3.2 硬度

硬度是指材料抵抗局部变形，特别是塑性变形、压痕或划痕的能力，它是衡量材料软硬的指标。金属材料的耐磨性一般与硬度成正比。硬度能够反映出金属材料在化学成分、金相组织和热处理状态上的差异，是检验产品质量、研制新材料和确定合理的加工工艺所不可缺少的检测性能之一。在汽车维修行业中所用的模具、量具、刀具等都要求有足够高的硬度，否则就无法正常工作。

由于测定硬度的试验设备比较简单，操作方便，且属于非破坏性试验，因此，在实际生产中对一般机械零件，大多通过测试硬度来检测力学性能。零件图中对金属材料力学性能的要求往往只标注硬度值。

测定硬度的方法很多，主要有压入法、划痕法、回跳法。生产中常用的是压入法，即在一定外加载荷作用下，将比工件更硬的压头缓慢压入被测工件表面，使金属局部产生塑性变形，从而形成压痕，然后根据压痕面积或压痕深度来确定硬度值。

根据压头和外加载荷的不同，常用的硬度指标有布氏硬度、洛氏硬度和维氏硬度。

1. 布氏硬度

布氏硬度是在布氏硬度计(见图 2-18)上测得的，用符号 HBW 表示，其试验原理如图 2-19 所示。使用直径为 D 的淬火钢球或硬质合金球作为压头，以规定的试验载荷 $\boldsymbol{F}$ 压入被测金属表面，保持规定时间后卸除载荷，此时在被测金属表面上会留下直径为 d 的球形压痕。计算压痕单位面积上所受的平均压力(即所加载荷与压痕面积的比值)，即为该金属的布氏硬度值。

$$\mathrm{HBW}=\frac{F}{S}=0.102\frac{2F}{\pi D(D-\sqrt{D^2-d^2})}$$

从上式可以看出，当载荷 $\boldsymbol{F}$ 和压头直径 D 一定时，布氏硬度值仅与压痕直径 d 的大小有关。d 越小，说明压痕面积越小，布氏硬度值越大，也就是硬度值越高。在实际应用中，布氏硬度值不用计算，只需使用读数显微镜测出压痕平均直径 d 的大小，在压痕直径与布氏硬度对照表中，即可查出相应的布氏硬度值。布氏硬度值一般不标注单位。

图 2-18　布氏硬度计

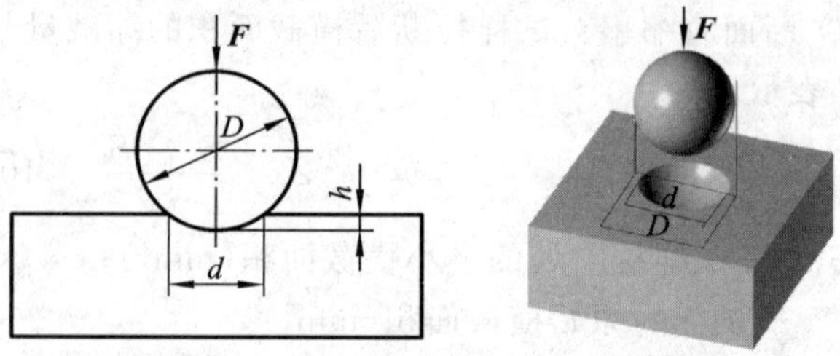

图 2-19　布氏硬度试验原理示意图

通常硬度值小于 450 HBW 的材料，宜用淬火钢球作压头；硬度值大于 450 HBW 的材料，宜用硬质合金球作压头。标注时，习惯上把硬度值写在符号 HBW 之前，后面按以下顺序数字注明试验条件：球体直径、测试时所加载荷（常用千克力 kgf 作单位）、载荷保持的时间（保持 10～15 s 时不标注）。例如：某种材料的布氏硬度是 180 HBW10/1000/30，表示用直径 10 mm 的淬火钢球，在 1000 kgf（9807 N）的载荷作用下，保持 30 s 时测得的硬度值为 180；布氏硬度是 530 HBW5/750，表示用直径 5 mm 的硬质合金球，在 750 kgf（7355 N）的载荷作用下，保持 10～15 s 时测得的硬度值为 530。

布氏硬度试验应根据被测金属材料的种类和试样厚度，选用不同的球体直径 D、施加载荷 F 和保持时间，布氏硬度试验规范如表 2-1 所示。球体直径有 10 mm、5 mm、2.5 mm 和1 mm 四种，试验力-球直径平方的比率有 30、15、10、5、2.5 和 1 六种。

表 2-1　布氏硬度试验规范

材　　料	布氏硬度 HBW	试验力-球直径平方的比率 $0.102\times F/D^2/(\mathrm{N/mm^2})$
钢、镍基合金、钛合金		30
铸铁①	<140	10
	≥140	30
铜和铜合金	<35	5
	35～200	10
	>200	30
轻金属及其合金	<35	2.5
	35～80	5
		10
		15
	>80	10
		15
铅、锡		1

①对于铸铁试验，压头的名义直径应为 2.5 mm、5 mm 或 10 mm。

布氏硬度试验的优点是数据准确、稳定、重复性强;缺点是压痕较大,易损伤零件表面,不能测量太薄、太硬的材料。布氏硬度试验常用来测量退火钢、正火钢、调质钢、铸铁及有色金属的硬度。

2. 洛氏硬度

洛氏硬度值一般由洛氏硬度计(见图 2-20)测定,用符号 HR 表示。洛氏硬度试验是目前应用最广的试验方法,它通过直接测量压痕深度来确定硬度值,其试验原理如图 2-21 所示。

实际测定时,试件的洛氏硬度值由硬度计的表盘上直接读出,材料越硬,则表盘上的示值越大,且洛氏硬度是一个无量纲的材料性能指标。

图 2-20　洛氏硬度计

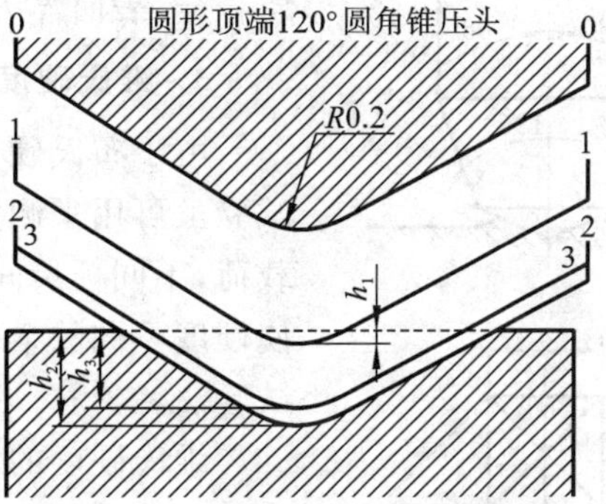

图 2-21　洛氏硬度试验原理示意图

用顶角为 120°的金刚石圆锥体或直径为 1.588 mm 的淬火钢球作为压头,先施加初始载荷 $\boldsymbol{F}_0$(目的是消除因为零件表面不光滑等因素造成的误差),压入金属表面的深度为 h_1(图中 1—1 位置),然后施加主载荷 $\boldsymbol{F}_1$,在总载荷 $\boldsymbol{F}(F=F_0+F_1)$的作用下,压入金属表面的深度为 h_2(压头到 2—2 位置),待表头指针稳定后,卸除主载荷,由于金属弹性变形的恢复而使压头回升至 h_3(压头到 3—3 位置),压头实际压入金属的深度为 $h=h_3-h_1$,并以压痕深度 h 值的大小衡量被测金属的硬度。显然,h 值越大,被测金属硬度越低;反之则越高。为了适应人们习惯上数值越大、硬度越高的概念,规定用常数 K 减去 $h/0.002$(表示每 0.002 mm 的压痕深度为一个硬度单位)作为硬度值,即:

$$\mathrm{HR}=K-\frac{h}{0.002}$$

式中:K——常数,当用金刚石压头时 K 为 100,用淬火钢球压头时 K 为 130;

h——卸除主载荷后测得的压痕深度。

实际应用时,可以直接从洛氏硬度计刻度盘上读出洛氏硬度值。

为了能够用一台硬度计测量从软到硬不同金属材料的硬度,洛氏硬度采用了不同的压头和载荷组成不同的硬度标尺,并用字母在 HR 后面加以注明。常用的洛氏硬度标尺有 HRA、HRB、HRC 三种,其中 HRC 应用最为广泛。

洛氏硬度标注时,将所测定的洛氏硬度值写在相应标尺的硬度符号之前,如 75 HRA、90 HRB、60 HRC 等。常用洛氏硬度试验规范及应用举例如表 2-2 所示。

表 2-2 常用洛氏硬度试验规范及应用举例

硬度符号	压头类型	初载荷/kgf(N)	主载荷/kgf(N)	测量范围	应用举例
HRA	金刚石圆锥体	10(98.1)	50(490.30)	20～88	硬质合金、表面淬火层、渗碳层等
HRB	淬火钢球	10(98.1)	90(882.6)	20～100	有色金属,退火、正火钢件等
HRC	金刚石圆锥体	10(98.1)	140(1373)	20～70	淬火钢、调质钢件

洛氏硬度试验操作简便,可以直接从洛氏硬度计刻度盘上读出硬度值。其压痕较小,基本不损坏零件表面,可直接测量成品和较薄零件的硬度。但由于压痕较小,试验数据不太稳定,所以需要在不同部位测量三点取其算术平均值。

洛氏硬度试验主要适用于测定铜、铝等有色金属及其合金,硬质合金,表面淬火、渗碳件及退火、正火和淬火钢件的硬度。

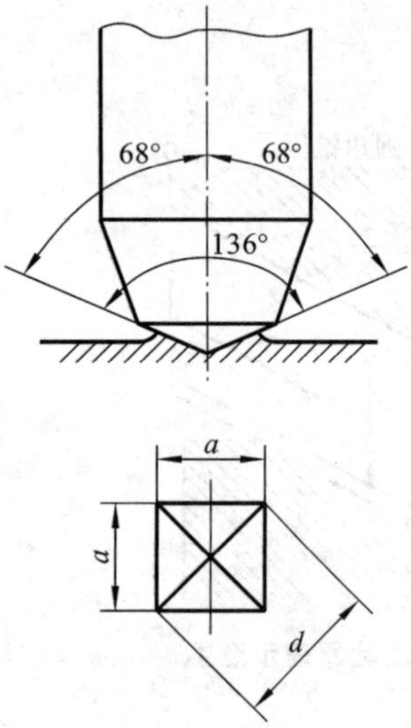

图 2-22 维氏硬度试验原理示意图

3. 维氏硬度

由于布氏硬度试验不适合测定硬度较高的金属,而洛氏硬度试验虽可用来测定各种金属的硬度,但由于采用了不同的压头和载荷,不同标尺间硬度值彼此没有联系,因此不能直接换算。为了使硬度不同的金属有一个连续一致的硬度标准,制定了维氏硬度试验法。

维氏硬度的试验原理和布氏硬度基本相似,也是根据压痕单位面积上的载荷大小来计算硬度值,区别在于其压头采用相对面夹角为136°的金刚石正四棱锥,在规定载荷 $\boldsymbol{F}$ 作用下压入被测金属表面,保持一定时间后卸除载荷,然后再测量压痕投影的两对角线的平均长度 d,如图 2-22 所示。维氏硬度用符号 HV 表示,计算公式为:

$$\mathrm{HV}=0.189\frac{F}{d^2}$$

式中:F——作用在压头上的载荷(N);

d——压痕两条对角线长度的算术平均值(mm)。

试验时,用测微计测出压痕两条对角线的长度,算出其平均值后,经查表就可得出维氏硬度值。

维氏硬度标注方法与布氏硬度相同,硬度数值写在符号前面,试验条件写在后面。对于钢及铸铁,试验载荷保持时间为 10～15 s 时,可以不标出。例如:640 HV30/20,表示用 30 kgf (294.2 N)试验载荷,保持 20 s 测定的维氏硬度值为 640。

维氏硬度试验时所加的载荷小(常用的试验载荷有 5 kgf、10 kgf、20 kgf、30 kgf、50 kgf、100 kgf),压入深度较浅,可测量较薄的材料,也可测量表面淬硬层及化学热处理的表面层硬度(如渗碳层、渗氮层)。由于维氏硬度值具有连续性,故可测定很软到很硬的各种金属材料的硬度且准确性高。维氏硬度试验的缺点是操作过程及压痕测量较费时间,生产效率不如洛氏硬度试验高,故不适合成批生产中的常规检验。

对于承受冲击载荷的零件,如冲床的冲头、锻锤的锻杆、发动机曲轴等,不仅要满足在静力作用下的强度、塑性、硬度等性能判据,还必须具备足够的韧性。韧性是指金属在断裂前吸收变形能量的能力。韧性的判据是通过冲击试验测定的。

实际上，汽车上大多数零件承受的不是静载荷，而是动载荷（冲击载荷和交变载荷）。汽车起步、加速、紧急制动、停车时，变速器中的齿轮、传动轴，后桥中的半轴、差速器齿轮等零件受到的载荷，即属于冲击载荷。而曲轴、连杆、轴承、弹簧等汽车零件，在工作过程中往往受到大小或方向随时间呈周期性变化的交变载荷。在动载荷作用下测得的力学性能指标主要有冲击韧性和抗疲劳强度。

2.3.3 冲击韧性

冲击韧性表征材料在冲击载荷作用下抵抗变形和断裂的能力，用来衡量材料的韧性好坏。冲击载荷引起的应力比静载荷大，因此具有更大的破坏性。对于承受冲击载荷作用的材料，不仅要求具有高的强度和一定的塑性，还必须具备足够的冲击韧性。金属材料抵抗冲击载荷作用而不被破坏的能力称为冲击韧性。目前，工程技术上常用摆锤式一次冲击试验来测定金属承受冲击载荷的能力，如图 2-23 所示。

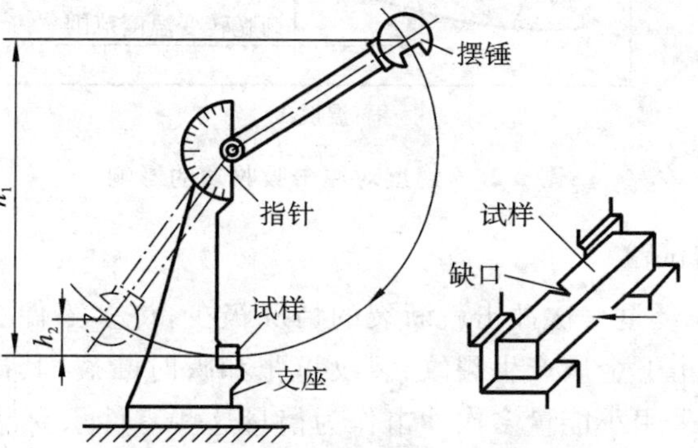

图 2-23 摆锤式一次冲击试验示意图

1. 摆锤式一次冲击试验

首先，将被测金属按照国家标准制成带有 U 形或 V 形缺口（试样上开缺口是为了将试样从缺口处击断，脆性材料不开缺口）的标准试样，如图 2-24 所示。然后，将试样放在冲击试验机的支座上，使缺口背向摆锤。将具有一定质量的摆锤升起到一定高度 h_1，使之自由落下，将试样击断。在惯性作用下，击断试样后的摆锤会继续升至一定高度 h_2。根据能量守恒原理，击断试样所消耗的功 $A_K = mg(h_1 - h_2)$，A_K 又称为冲击吸收功，其值可以从试验机的刻度盘上直接读出。A_K 与试样缺口处横截面积 S 的比值，称为该材料的冲击韧性，用符号 a_k 表示，单位为 J/cm^2，即：

$$a_k = \frac{A_K}{S}$$

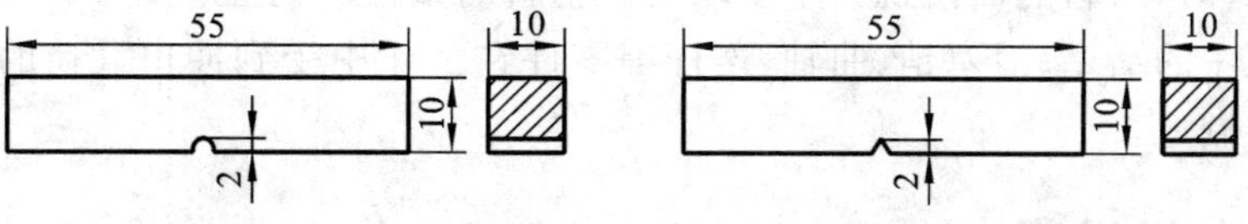

(a)U形缺口　　(b)V形缺口

图 2-24 冲击试样

冲击韧性值越大，表明材料的韧性越好，受到冲击时不易断裂。冲击韧性值的大小受很多因素影响，不仅与试样形状、表面粗糙度、内部组织有关，还与试验时的环境温度有关。

有些金属材料在室温时并不显示脆性，而在较低温度下则可能发生脆断。温度对冲击吸收功的影响如图 2-25 所示。由图可见，冲击吸收功的值随着试验温度的下降而减小。材料在低于某温度时，A_K 值急剧下降，使试样的断口由韧性断口过渡为脆性断口。因此，这个温度范围称为韧脆转变温度范围。金属的韧脆转变温度越低，说明金属的低温抗冲击性能越好。韧脆转变温度是衡量金属冷脆倾向的指标。例如非合金钢的韧脆转变温度约为－20 ℃，因此在较寒冷（低于－20 ℃）地区使用的非合金钢构件，如车辆、桥梁、运输管道等在冬天容易发生脆断现象。因而在选择金属材料时，应考虑其工作条件的最低温度必须高于它的韧脆转变温度。

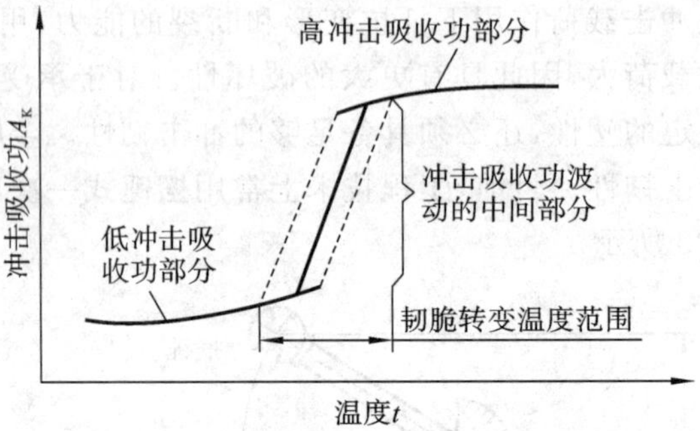

图 2-25　温度对冲击吸收功的影响

2. 小能量多次冲击试验

在实际工作中，金属经过一次冲击就断裂的情况极少，许多零件在工作时都经受着小能量的多次冲击。在多次冲击下金属产生裂纹、裂纹扩张和瞬时断裂，其破坏是每次冲击损伤积累发展的结果。因此需要采用小能量多次冲击作为衡量这些零件承受冲击抗力的指标。

小能量多次冲击试验如图 2-26 所示，试验时试样受到试验机锤头的小能量多次冲击，测定被测试样在一定冲击能量下，最后产生断裂的冲击次数，即为金属材料的多次冲击抗力。

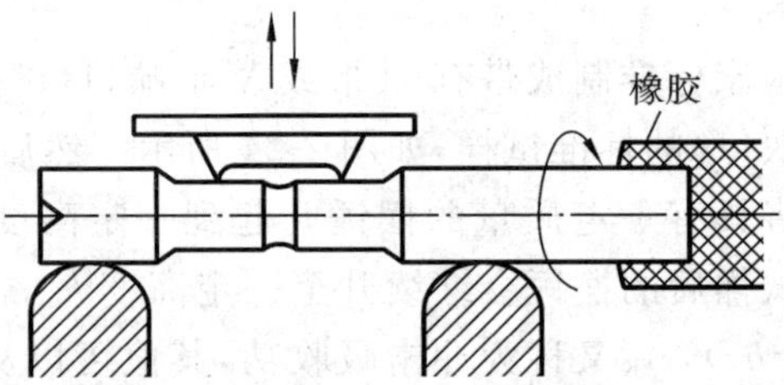

图 2-26　小能量多次冲击试验

金属的韧性通常用冲击韧性和断裂韧性来衡量。韧性越低，表明金属发生脆性断裂的倾向越大。当冲击能量低、冲击次数较多时，材料多次冲击抗力取决于材料的强度；当冲击能量较高、冲击次数较少时，材料的冲击抗力主要取决于材料的塑性和韧性。

汽车发动机中的活塞、活塞销、曲轴、连杆等零件在工作中受到冲击载荷的作用，所以应采用韧性好的材料制造。

2.3.4　疲劳强度

许多机械零件（如齿轮、弹簧、连杆、主轴等）都是在交变应力（即应力的大小、方向随时间做周期性变化）下工作的。虽然应力通常低于材料的屈服强度，但零件在交变应力作用下长时间工作，也会发生断裂，这种现象称为疲劳断裂。疲劳断裂与在静载荷作用下的断裂不同，不管是脆性材料还是塑性材料，疲劳断裂都是突然发生的，事先均无明显的塑性变形，所以，疲劳断裂具有很大的危险性。例如：汽车的板弹簧或前轴发生疲劳而突然断裂，就会造成车毁人亡的重大交通事故。据统计，损坏的机械零件中有80%以上是由于金属的疲劳造成的。因此，设计这种受力条件下工作的零部件，选用材料时必须考虑材料抵抗疲劳破坏的能力。材料的疲劳强度可以通过疲劳试验测定，如图2-27所示。将光滑的标准试样的一端固定并使试样旋转，在另一端施加载荷。在试样旋转过程中，试样工作部分的应力将呈周期性的变化，从拉应力到压应力，循环往复，直至试样断裂。疲劳曲线示意图如图2-28所示，曲线表明，材料承受的交变应力越大，其断裂前能承受的循环次数越少；反之，则循环次数越多。当材料承受的交变应力低于某一值时，经过无数次循环，试样都不会产生疲劳断裂。工程上规定，材料经过无限次交变载荷作用而不发生断裂的最大应力称为疲劳强度，用符号 σ_{-1} 表示，单位为 MPa。

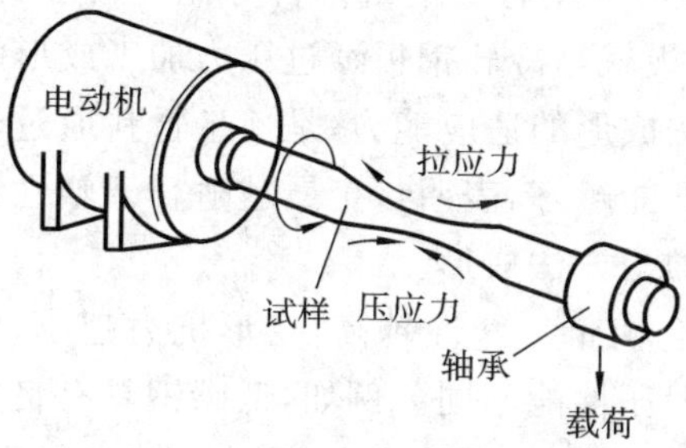

图 2-27 疲劳试验示意图

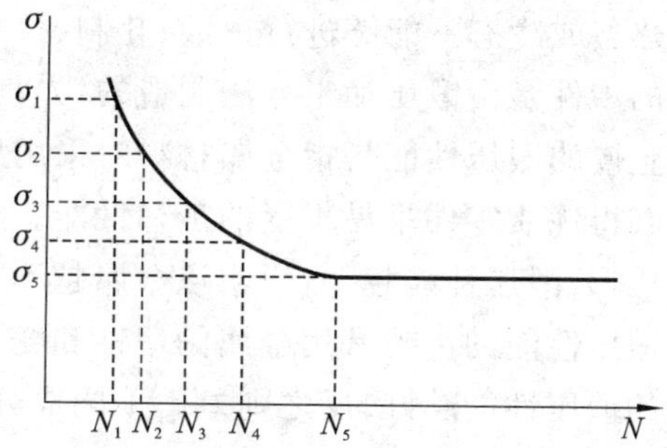

图 2-28 疲劳曲线示意图

实际上，金属材料不可能做无限次交变载荷试验。工程上规定，黑色金属经受 10^7 次、有色金属经受 10^8 次交变载荷作用而不产生断裂的最大应力，即为该材料的疲劳强度。

影响金属疲劳强度的因素很多，如零件外形、表面质量、受力状态与周围介质等。因此，在进行设计时尽量避免尖角、缺口和截面突变等容易引起应力集中的结构，降低零件的表面粗糙度值或者采用表面淬火、喷丸等处理方法，均可有效地提高零件的疲劳强度。在汽车的维修、保养过程中，应及时排除隐患，以保证车辆的安全运行。

2.4 材料的工艺性能

工艺性能是指材料在制造工艺中适应加工的性能。汽车上大多数零件是采用金属材料制造的，金属材料的工艺性能是指金属材料在加工过程中所表现出来的性能。工艺性能对于保证汽车产品质量、降低成本、提高生产效率起着十分重要的作用，是汽车设计、制造、修理及选择汽车零件材料时必须认真考虑的因素。按照工艺方法，金属材料的工艺性能主要包括铸造性能、锻压性能、焊接性能、热处理性能和切削加工性能等。

2.4.1 铸造性能

铸造性能（可铸性）指金属材料能用铸造的方法获得合格铸件的性能。金属材料可以通过铸造制成各种零件，如汽车上的曲轴、凸轮轴、气缸体、气缸套、转向器壳体等都是铸造而成的。

铸造性能主要包括流动性、收缩性、偏析性及吸气性等。流动性是指熔融金属的流动能力。流动性好的金属容易充满铸型，获得外形完整、尺寸精确、轮廓清晰的铸件。收缩是指铸件在凝固和冷却过程中，其体积和尺寸减小的现象。铸件收缩不仅影响尺寸，还会使铸件产生缩孔、缩松、内应力、变形和开裂等缺陷，故铸造用金属材料的收缩率越小越好。偏析是指金属凝固后，铸锭或铸件化学成分和组织的不均匀现象。偏析会使铸件各部分的力学性能有很大的差异，降低铸件质量。

设计铸件时，必须考虑材料的铸造性能。铸造性能好，则可以铸造出结构复杂、形状精确、强度较高的铸件，并且可以简化工艺过程，提高产品合格率。在常用的金属材料中，铸造铝合金、灰铸铁和青铜等具有良好的铸造性能。

2.4.2 锻压性能

锻压性能（可锻性）指金属材料在压力加工时，能改变形状而不产生裂纹的性能。它表征金属在热态或冷态下能够进行锤锻、轧制、拉伸、挤压等加工的能力。按重量百分比计，汽车上约70%的零件是由锻压加工方法制造的，如汽车的车体外板就是冷轧钢板经过压力加工成形的。

金属的锻压性能是指金属材料对采用压力加工方法成形的适应能力，是衡量材料通过塑性加工获得优质零件难易程度的工艺性能。金属的锻压性能越好，表明该金属越适合于塑性加工方法成形；锻压性能越差，说明该金属越不宜选用塑性加工方法成形。

锻压性能的优劣常用金属的塑性和变形抗力来综合衡量。塑性越高，变形抗力越小，则该金属的锻压性能越好；反之则差。不同成分的金属，其锻压性能不同。例如，低碳钢具有良好的锻压性能，铸铁的锻压性能则很差，根本不能采用锻压工艺加工，而铜合金和铝合金在室温状态下就有良好的锻压性能。

2.4.3 焊接性能

焊接性能（可焊性）指金属材料对焊接加工的适应性能，主要指在一定的焊接工艺条件下，获得优质焊接接头的难易程度。它包括两个方面的内容：一是结合性能，指金属形成焊接缺陷的敏感性；二是使用性能，即金属焊接接头对使用要求的适用性。焊接性能好的金属，可用一般的焊接方法和焊接工艺进行焊接，焊缝中不易产生气孔、夹杂或裂纹等缺陷，其强度与母材相近，并且焊接接头具有良好的力学性能。焊接性能差的金属材料要采用特殊的焊接方法和焊接工艺才能进行焊接。不同成分的金属，其焊接性能不同。

2.4.4 热处理性能

金属材料适应各种热处理工艺的性能，称为热处理性能。热处理工艺性包括淬透性、淬硬性、淬火变形开裂倾向、表面氧化脱碳倾向、过热和过烧的敏感倾向及回火脆性倾向等。各种金属材料由于化学成分及内部组织结构的不同，其热处理性能也不同，在热处理过程中出现的淬透性、变形开裂倾向等也不同。因此，应根据不同的材料、不同的工件形状，选择不同的热处理工艺，来满足其性能要求。

2.4.5 切削加工性能

切削加工性能（可切削性）指金属材料被刀具切削加工后成为合格工件的难易程度。切削加工性能的好坏常用加工后工件的表面粗糙度、允许的切削速度及刀具的磨损程度来衡量。

一般来讲，金属材料的硬度越高切削越难；硬度虽不高，但韧性大，切削也较困难。

思考与练习

1. 常见的金属晶体结构有哪几种？其原子排列密度有何差异？
2. 实际的金属晶体中存在哪些缺陷？对金属的力学性能有何影响？
3. 金属的力学性能包括哪些？各自有何实际工程意义？
4. 零件的变形和断裂分别与材料的哪个力学性能指标相关？

项目三
汽车用钢铁材料

3

【学习目标】

1. 了解铁碳合金相图含义和应用，掌握铁碳合金的成分、组织和性能之间的关系；

2. 了解常用钢铁热处理方法和选用；

3. 熟悉常用碳钢、合金钢、铸铁的分类、性能、牌号及应用。

【任务单】

1.合金钢和碳素钢相比有哪些优点？
2.碳素钢简称碳钢，通常指碳的质量分数小于(　　　　)，并含有少量锰、硅、硫、磷等杂质元素的(　　　　)合金。
3.举例说出合金渗碳钢、合金调质钢、合金弹簧钢、滚动轴承钢及耐热钢在汽车上的应用。

3.1 铁碳合金相图

钢铁材料的基本组成元素是铁和碳两种元素，故称为铁碳合金。不同成分的铁碳合金，在不同的温度下具有不同的组织，因而表现出不同的性能。铁碳合金相图是研究平衡条件下，铁碳合金的成分、温度和组织之间关系的图形，是制订钢铁材料各种热加工工艺、掌握材料的性能和合理选材的重要依据。

3.1.1 纯金属的结晶

金属材料冶炼后，浇注到锭模或铸模中，通过冷却，液态金属转变为固态金属，获得一定形状的铸锭或铸件。金属材料在正常条件下通常是以结晶的形式凝固的，即金属由液态变为固态是一个从不完整、无规则排列的原子群向原子规则排列的晶体转变的过程。

1. 纯金属结晶的条件

根据热力学第二定律可以证明，在等温等容条件下，一切自发变化过程都是朝着自由能降低的方向进行的，如图 3-1 所示。

纯金属的实际结晶过程可用冷却曲线来描述。冷却曲线是温度随时间而变化的曲线，将液态纯金属放在坩埚中并以极其缓慢的速度进行冷却，在冷却过程中观察记录温度 T 随时间 t 的变化数据，并绘制成曲线图，如图 3-2 所示。

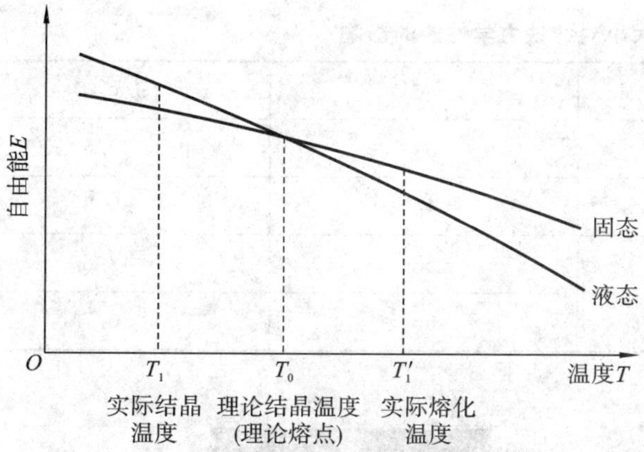

图 3-1 液体、晶体自由能随温度变化曲线

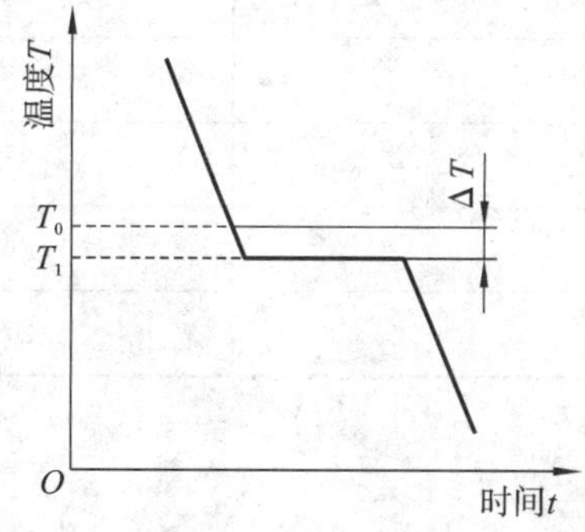

图 3-2 冷却曲线

2. 纯金属结晶的规律

科学实践证明，结晶是晶体在液体中从无到有(晶核形成)、由小变大(晶核长大)的过程，如图 3-3 所示。

1）晶核形成的方式

将很纯净的液体金属快速冷却，在足够大的过冷条件下，液体会不断产生许多类似晶体中原子排列的小集团，形成结晶核心，这种只依靠液体本身在一定过冷条件下形成晶核的过程称为自发形核。

实际金属液体中常常会存在一些杂质或异类质点，结晶时它们优先成为结晶核心，这种依附于杂质表面形成晶核的过程称为非自发形核，也称异质形核。

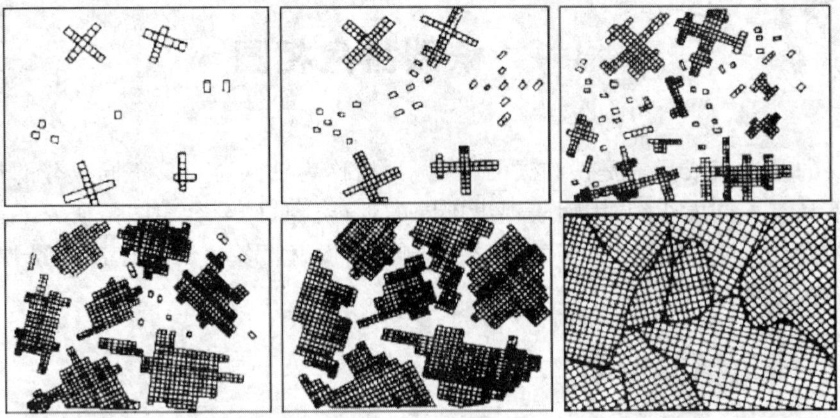

图 3-3　结晶过程

2）晶体的生长方式

晶核形成之后，会不断吸收周围液体中的金属原子而逐渐长大。开始时，因其内部原子规则排列的特点，外形比较规则，但由于晶核长大需要不断散热，因而散热条件比较优越的棱边和顶角处就会优先长大，其生长方式像树枝一样，先长出枝干，再长出分枝，最后把枝间填满，得到树枝状的晶体，简称树枝晶，如图 3-4 所示。

3. 金属结晶后的晶粒大小及细化晶粒的方法

实际金属结晶后，获得由许多晶粒组成的多晶体组织。在多晶体中，晶粒的大小对其力学性能影响很大，如表 3-1 所示。

表 3-1　晶粒大小对纯铁力学性能的影响

晶粒平均直径 $d/\mu m$	σ_b/MPa	σ_s/MPa	$\delta/(\%)$
70	184	34	30.6
25	216	45	39.5
2.0	268	58	48.8
1.6	270	66	50.7

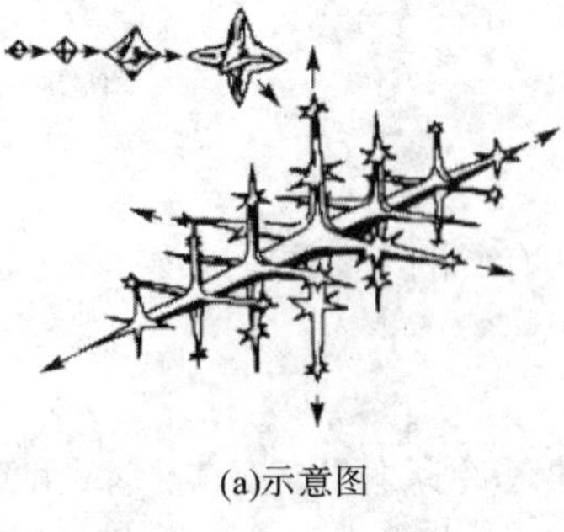

(a)示意图

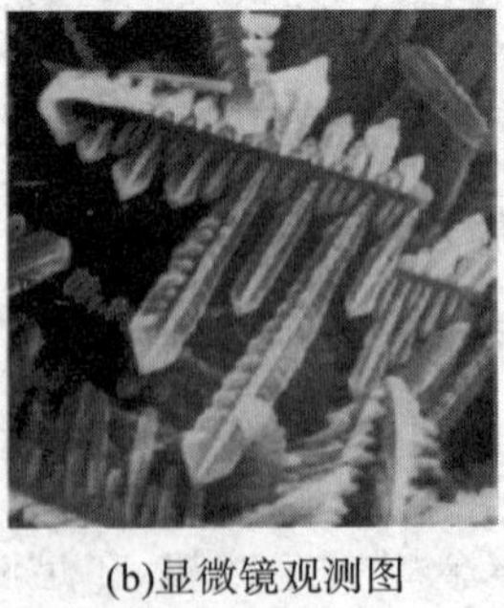

(b)显微镜观测图

图 3-4　树枝晶

为了测定或比较钢的实际晶粒大小，可将试样在金相显微镜下放大 100 倍，把显微镜下看到的晶粒与标准晶粒号比较以确定其等级。晶粒号分 8 级，数字越大，晶粒越细，其中 1～4 为粗晶粒，5～8 为细晶粒，如图 3-5 所示。

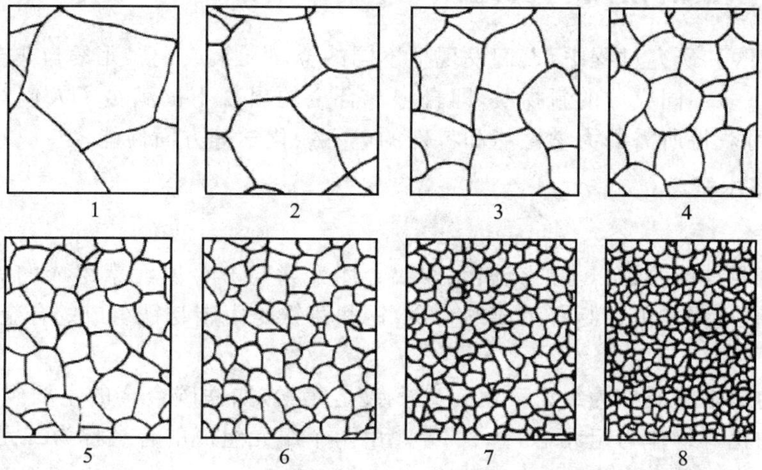

图 3-5 晶粒号与等级

细化晶粒的方法如下：

1）增加过冷度

金属结晶后，晶粒大小取决于形核率和长大率，形核率越大，长大率越小，则晶粒就越细。实践证明，金属结晶时，形核率和长大率的值都是随过冷度 ΔT 的增加而增大的，但形核率增长比长大率要快得多，因此增大过冷度 ΔT 能使结晶后的晶粒更细小。

2）变质处理

为了获得细晶粒组织，可以在浇注前向液态金属中加入少量难熔质点（变质剂），结晶时这些质点将在液体中形成大量非自发晶核，使晶粒数目大大增加，从而达到晶粒细化的目的，这种处理方法称为变质处理。

3）振动和搅拌

在金属结晶时，对液态金属进行附加振动或搅拌，可以使粗大的树枝晶破碎，破碎后的细小晶体成为新的晶核，增加了晶核数目，从而使晶粒细化。

4. 铸锭的组织及缺陷

由于凝固时表面和心部的结晶条件不同，铸锭的宏观组织是不均匀的，通常由表层细晶区、柱状晶区和心部等轴晶区三个晶区组成，如图 3-6 所示。

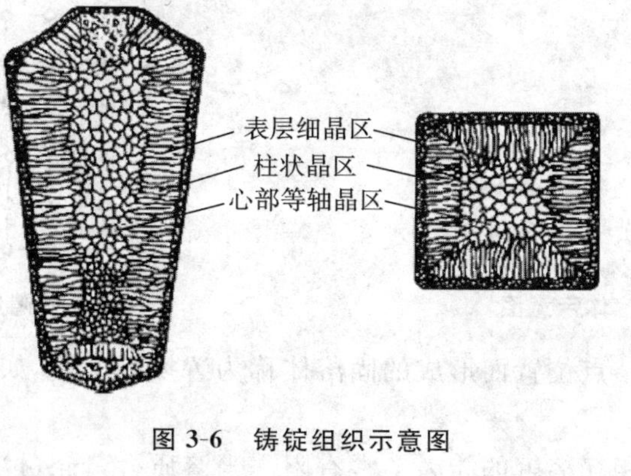

图 3-6 铸锭组织示意图

铸锭的缺陷有缩孔和疏松、气孔、偏析三类。

3.1.2 合金的相结构及组织

在长期的实践和研究过程中，人们发现把不同的金属元素或金属元素与非金属元素配制在一起，能够组成许多不同成分的新物质，即合金。合金的出现不仅满足了人们对金属材料多品种的要求，而且可获得所需的力学性能和特殊的电、磁、化学等方面性能。

1. 合金的基本概念

1）合金

合金是指由两种或两种以上的金属元素或金属元素与非金属元素组成的具有金属特征的物质。例如，普通黄铜是由铜与锌组成的合金，钢和铸铁是由碳与铁组成的合金。

2）组元

组成合金的基本物质称为组元。组元大多数是元素，如铁碳合金的主要组元是铁和碳；有时也可将稳定的化合物作为组元，如 Fe_3C 等。由两个组元组成的合金称为二元合金，由三个组元组成的合金称为三元合金，等等。

3）相及相变

相是指在金属或合金中成分相同、结构相同、性质相同，并与其他部分由明显界面分开的均匀组成部分。

金属与合金的一种相在一定条件下可以变为另一种相，称为相变。

4）组织

组织是指用肉眼或借助放大镜、显微镜观察到的材料内部的形态结构。一般将用肉眼和放大镜观察到的组织称为宏观组织，将用显微镜观察到的组织称为微观组织。只由一种相组成的组织称为单相组织；由几种不同的相组成的组织称为多相组织。

2. 固态合金的相结构

1）固溶体

溶质原子溶于溶剂晶格中仍可保持溶剂晶格类型的合金称为固溶体。根据溶质原子在溶剂晶格中所占位置不同，固溶体可分为间隙固溶体和置换固溶体两类。按溶质原子的溶解度不同，固溶体可分为有限固溶体（溶质原子在溶剂晶格中的溶解有一定限度）和无限固溶体（溶质原子可以任意比例溶入溶剂晶格结构中）。

溶质原子占据溶剂晶格间隙所形成的固溶体称为间隙固溶体，如图 3-7 和图 3-8 所示。

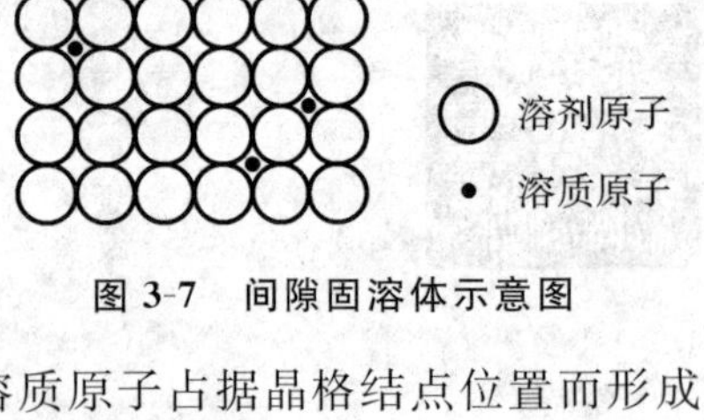

图 3-7　间隙固溶体示意图

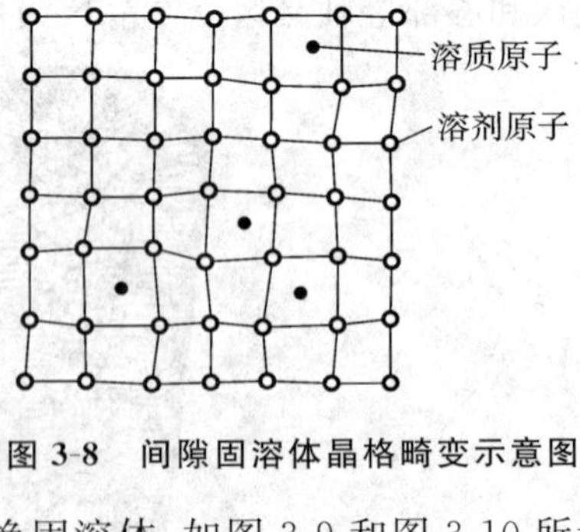

图 3-8　间隙固溶体晶格畸变示意图

溶质原子占据晶格结点位置而形成的固溶体称为置换固溶体，如图 3-9 和图 3-10 所示。

2）金属化合物

金属组元在固态下相互溶解的能力常常有限。当溶质含量超过溶剂的溶解度时，溶质与溶剂相互作用会形成金属化合物，如图 3-11 所示。

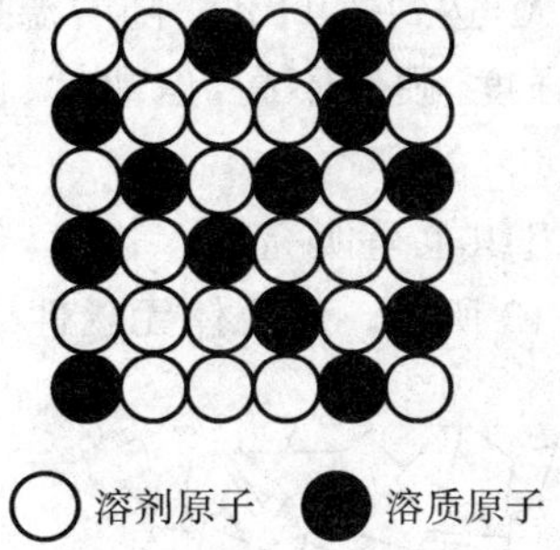

图 3-9 置换固溶体示意图

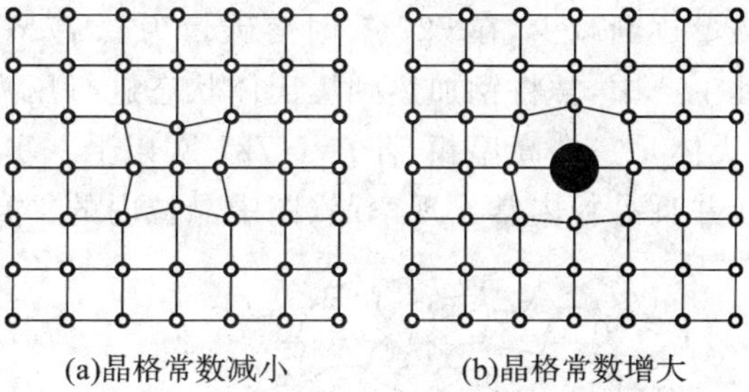

图 3-10 置换固溶体晶格畸变示意图

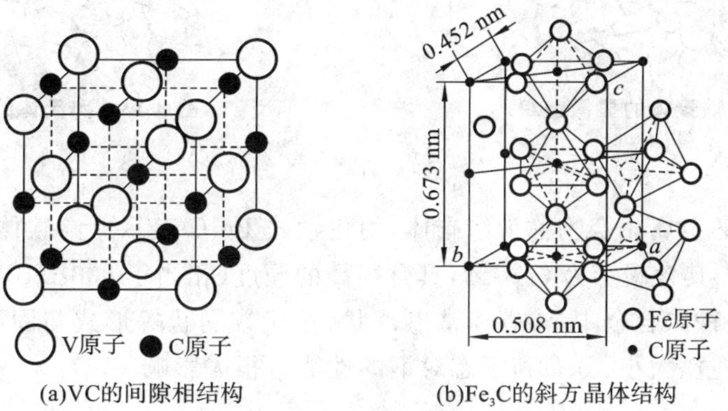

图 3-11 金属化合物晶格结构示意图

3. 合金的组织

合金的组织组成可能出现以下几种状况：

(1) 由单相固溶体晶粒组成；

(2) 由单相的金属化合物晶粒组成；

(3) 由两种固溶体的混合物组成，由固溶体和金属化合物混合组成。

3.1.3 铁碳合金的基本相及组织

在铁碳合金中，铁与碳两组元素在液态下可以无限互溶，在固态下碳可以溶解在铁的晶格中形成固溶体，也可与铁发生化学反应形成金属化合物。铁碳合金的基本相有铁素体、奥氏体和渗碳体，另外还有由两种基本相组成的多相组织珠光体和莱氏体。

1. 铁素体

铁素体是碳溶于 α-Fe 中所形成的间隙固溶体，用符号 F 表示。由于体心立方晶格的间隙较小，所以碳在 α-Fe 中的溶解度很小，在 727 ℃时 α-Fe 中最大溶碳量仅为 0.0218%。随着温度的降低，α-Fe 中溶碳量减少，在 600 ℃时约为 0.0057%，室温下仅为 0.0008%。由于铁素体的溶碳量极少，因此铁素体在室温下的性能与纯铁相似，即具有良好的塑性、韧性，而强度、硬度较低。

铁素体在显微镜下呈明亮的多边形晶粒组织，如图 3-12 所示。铁素体在 770 ℃以下具有磁性。

2. 奥氏体

奥氏体是碳溶于 γ-Fe 中所形成的间隙固溶体，用符号 A 表示。由于面心立方晶格的间隙较大，所以碳在γ-Fe中的溶解度也较大，在1148 ℃时溶碳量最大，达到2.11%。随着温度的降低，溶碳量逐渐减少，在727 ℃时溶碳量为0.77%。奥氏体的强度、硬度不高，但塑性、韧性较好，因此生产中，常将钢加热到奥氏体状态进行压力加工。

奥氏体是一个高温相，存在于727 ℃以上。奥氏体的显微组织也呈明亮的多边形，但晶界较平直，并且晶粒内常出现孪晶(图中晶粒内的平行线)，如图3-13所示。奥氏体无磁性。

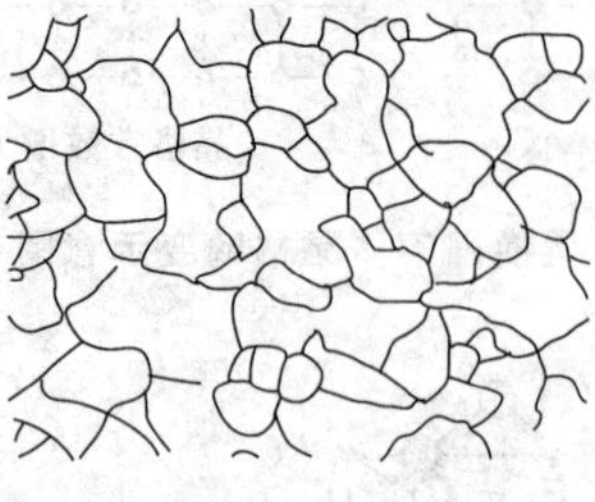

图 3-12　铁素体的显微组织

图 3-13　奥氏体的显微组织

3. 渗碳体

铁和碳所形成的金属化合物称为渗碳体，用化学式Fe_3C表示。渗碳体具有复杂的斜方晶格，如图3-14所示。其含碳量为6.69%，具有很高的硬度(相当于800 HBW)，塑性和韧性几乎为零，脆性很大。在铁碳合金中，渗碳体常以片状、粒状或网状等形式与固溶体共存，它是钢中的主要强化相，其数量、大小、分布和形态对钢的性能有很大影响。

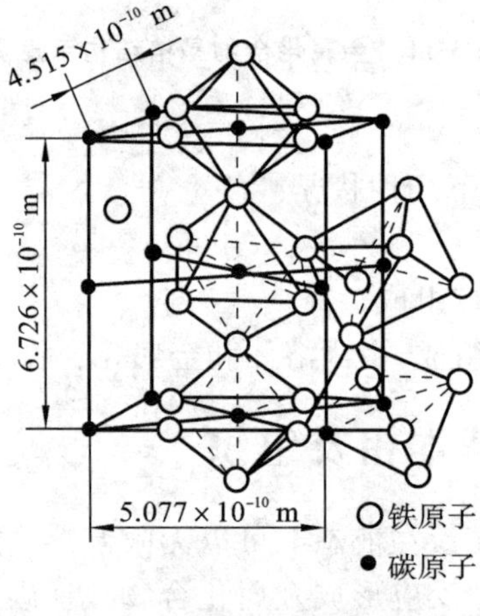

图 3-14　渗碳体的晶体结构

渗碳体在230 ℃以下具有弱磁性，230 ℃以上失去磁性。

4. 珠光体

珠光体是由铁素体和渗碳体相间排列而成的层片状的机械混合物，用P表示，如图3-15所示。珠光体含碳量为0.77%，其力学性能介于铁素体和渗碳体之间，强度较高，硬度适中，有一定的塑性。

5. 莱氏体

莱氏体是奥氏体和渗碳体的机械混合物，用Ld表示。莱氏体的含碳量为4.3%，存在于727 ℃以上。在727 ℃以下，莱氏体则是由珠光体和渗碳体组成的机械混合物，称为低温莱氏体或变态莱氏体，用Ld′表示。低温莱氏体的显微组织可以看成是在渗碳体的基体上分布着颗粒状的珠光体，如图3-16所示。莱氏体硬度很高，塑性很差。

图 3-15 珠光体的显微组织

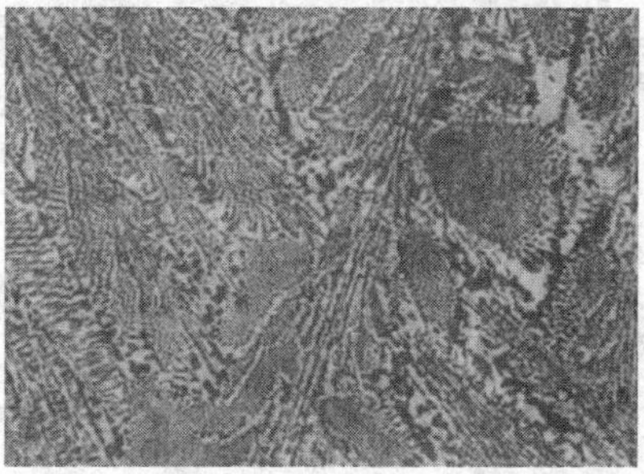

图 3-16 低温莱氏体的显微组织

铁碳合金的基本相及组织的力学性能如表 3-2 所示。

表 3-2 铁碳合金的基本相及组织的力学性能

名称	符号	R_m/MPa	HBW	A/(%)	A_k/J
铁素体	F	230	80	50	160
奥氏体	A	400	220	50	—
渗碳体	Fe_3C	30	800	≈0	≈0
珠光体	P	750	180	20～25	24～32
莱氏体	Ld	—	700	—	—

3.1.4 铁碳合金相图

由于碳的质量分数 $w_C>6.69\%$的铁碳合金脆性很大，加工困难，没有实用价值，而且 Fe_3C 又是一个稳定的化合物，可以作为一个独立的组元，因此铁碳合金相图实际上是碳的质量分数在 0～6.69%之间的 Fe-Fe_3C 相图，如图 3-17 所示。

3.1.5 铁碳合金相图分析

为便于研究，在分析铁碳合金相图时，将图 3-17 中左上角(包晶转变)部分予以简化，简化后的 Fe-Fe_3C 相图如图 3-18 所示。

1) Fe-Fe_3C 相图中的特性点

Fe-Fe_3C 相图中各主要特性点的温度、成分和含义如表 3-3 所示。

表 3-3 Fe-Fe_3C 相图中各主要特性点

特性点	温度/℃	w_C/(%)	含 义
A	1538	0	纯铁的熔点
C	1148	4.3	共晶点
D	1227	6.69	渗碳体的熔点
E	1148	2.11	碳在奥氏体(γ-Fe)中的最大溶解度，也是钢与铸铁的成分分界点
F	1148	6.69	共晶渗碳体的成分
G	912	0	纯铁的同素异构转变点

续表

特性点	温度/℃	w_C/(%)	含　义
K	727	6.69	共析渗碳体的成分
P	727	0.0218	碳在铁素体(α-Fe)中的最大溶解度
S	727	0.77	共析点
Q	600	0.0057	600 ℃时碳在 α-Fe 中的溶解度

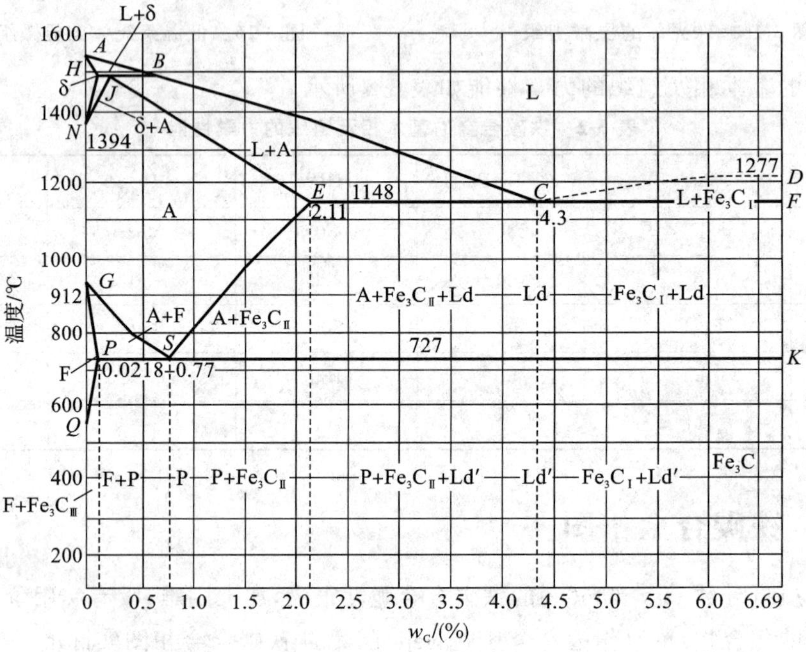

图 3-17　$Fe\text{-}Fe_3C$ 相图

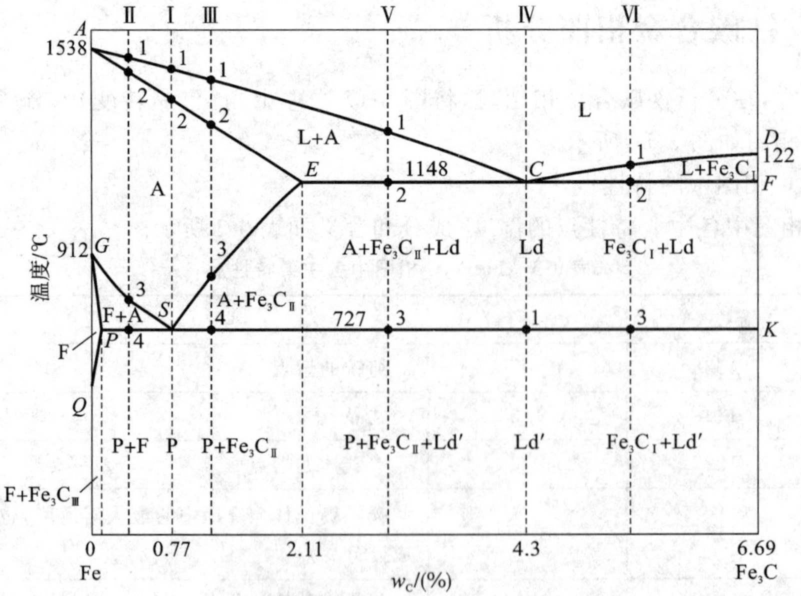

图 3-18　简化的 $Fe\text{-}Fe_3C$ 相图

2. $Fe\text{-}Fe_3C$ 相图中的特性线

(1) *ACD* 线为液相线，任何成分的铁碳合金在此线以上均为液相，用 L 表示。液态铁碳合金缓慢冷至 *AC* 线，开始结晶出奥氏体，缓冷至 *CD* 线结晶出渗碳体。从液态中析出的渗碳体称为一次渗碳体，表示为 $Fe_3C_{Ⅰ}$。

(2) *AECF* 线为固相线，液态合金冷却至此线全部结晶为固相。

(3) *ECF* 线为共晶线，凡是 $w_C>2.11\%$ 的铁碳合金，缓冷至此线(1148 ℃)时，均发生共晶转变，从具有共晶成分的液相中，同时结晶出奥氏体和渗碳体的机械混合物，即莱氏体。

(4) *PSK* 线为共析线，又称 A_1 线。凡是 $w_C>0.0218\%$ 的铁碳合金，缓冷至此线(727 ℃)时，均发生共析转变，从具有共析成分的奥氏体中，同时析出铁素体和渗碳体的机械混合物，即珠光体。

(5) *ES* 线为碳在 γ-Fe 中的溶解度曲线，又称 A_{cm} 线。当奥氏体由高温缓冷至 *ES* 线时，碳在奥氏体中的溶解度达到饱和，随着温度的下降，溶解度减小，多余的碳将以渗碳体的形式从从奥氏体中析出。从奥氏体中析出的渗碳体称为二次渗碳体，表示为 $Fe_3C_{Ⅱ}$。

(6) *PQ* 线为碳在 α-Fe 中的溶解度曲线。在 727 ℃时碳在 α-Fe 中的溶解度最大，为 0.0218%。随着温度的降低，溶解度减小，多余的碳将以渗碳体的形式从铁素体中析出。从铁素体中析出的渗碳体称为三次渗碳体，表示为 $Fe_3C_{Ⅲ}$。

(7) *GS* 线又称 A_3 线，是冷却时奥氏体向铁素体转变的开始线；*GP* 线为冷却时奥氏体向铁素体转变的终了线。

3. 铁碳合金的分类

铁碳合金根据其在 $Fe\text{-}Fe_3C$ 相图中的位置可分为以下几种。

(1) 工业纯铁为 $w_C\leqslant 0.0218\%$ 的铁碳合金。

(2) 钢为 $0.0218\%<w_C\leqslant 2.11\%$ 的铁碳合金，根据其室温组织不同又可分为：

①亚共析钢，$0.0218\%<w_C<0.77\%$；

②共析钢，$w_C=0.77\%$；

③过共析钢，$0.77\%<w_C\leqslant 2.11\%$。

(3) 白口铸铁为 $2.11\%<w_C\leqslant 6.69\%$ 的铁碳合金，根据其室温组织不同又可分为：

①亚共晶白口铸铁，$2.11\%<w_C<4.3\%$；

②共晶白口铸铁，$w_C=4.3\%$；

③过共晶白口铸铁，$4.3\%<w_C\leqslant 6.69\%$。

3.1.6 典型铁碳合金的平衡结晶过程及室温组织

1. 共析钢

图 3-18 中合金Ⅰ为共析钢。当液态合金缓慢冷却到与液相线 *AC* 相交的 1 点时，开始从液相中结晶出奥氏体。随着温度的下降，奥氏体量逐渐增多，其成分沿 *AE* 线变化，而剩余液相逐渐减少，成分沿 *AC* 线变化。冷却至 2 点时，液相全部结晶为与原合金成分相同的奥氏体。在 2 点～*S* 点温度范围内为单一的奥氏体。待冷却至 *S* 点时，奥氏体将发生共析转变，同时析出 *P* 点成分的铁素体和 *K* 点成分的渗碳体，转变成铁素体和渗碳体层片相间的机械混合物，即珠光体。在 *S* 点以下继续冷却时，铁素体成分沿 *PQ* 线变化，将析出三次渗碳体，三次渗碳体与共析渗碳体混在一起，不易分辨，且数量极少，可忽略不计。因此共析钢在室温下的组织是珠光体，

如图 3-15 所示。

共析钢在冷却过程中的组织转变情况如图 3-19 所示。

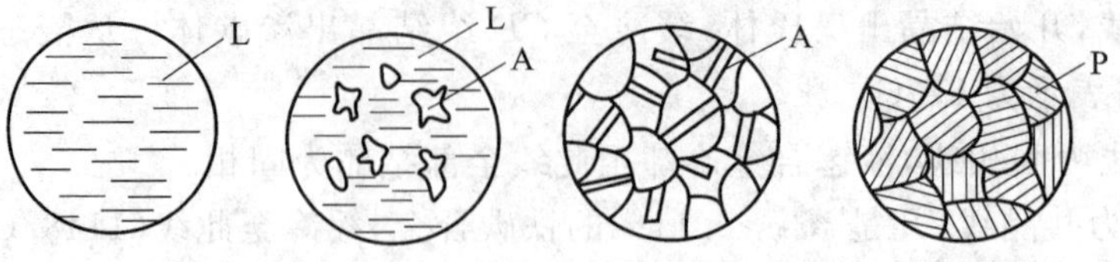

(a)1点以上　(b)1点～2点　(c)2点～S点　(d)S点以下

图 3-19　共析钢在冷却过程中的组织转变示意图

2. 亚共析钢

图 3-18 中合金Ⅱ为亚共析钢。亚共析钢在 3 点以上温度冷却过程与共析钢在 S 点以上相似。当缓慢冷却到与 GS 线相交的 3 点时，开始从奥氏体中析出铁素体，随着温度的降低，铁素体量逐渐增多，其成分沿 GP 线变化，而奥氏体量逐渐减少，成分沿 GS 线向共析成分接近。当冷却到与 PSK 线相交的 4 点时，剩余奥氏体达到共析成分，将在共析温度下发生共析转变而形成珠光体。温度继续下降，从铁素体中析出极少量三次渗碳体，可忽略不计。因此亚共析钢在室温下的组织是铁素体＋珠光体。亚共析钢在冷却过程中的组织转变情况如图 3-20 所示。所有亚共析钢的室温组织都是铁素体＋珠光体，但随着碳的质量分数的增加，组织中珠光体的量增多，铁素体的量减少。图 3-21 所示是不同成分亚共析钢的室温组织，图中白色部分为铁素体，黑色部分为珠光体。

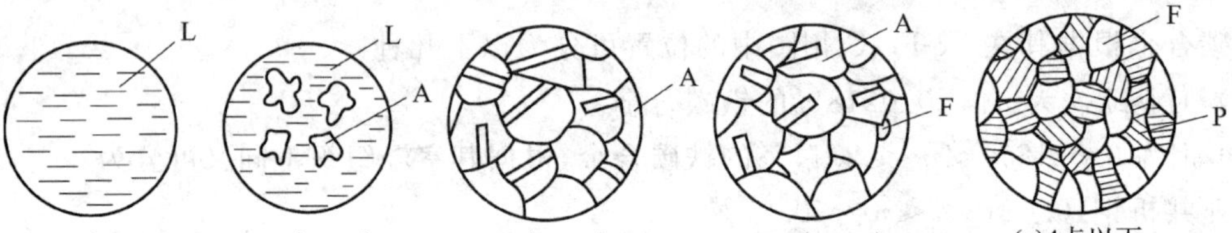

(a)1点以上　(b)1点～2点　(c)2点～3点　(d)3点～4点　(e)4点以下

图 3-20　亚共析钢在冷却过程中的组织转变示意图

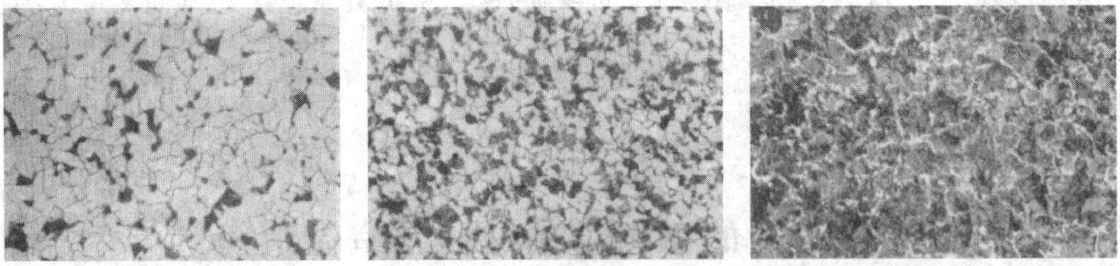
(a)w_C=0.2%　(b)w_C=0.4%　(c)w_C=0.6%

图 3-21　不同成分亚共析钢的室温组织

3. 过共析钢

图 3-18 中合金Ⅲ为过共析钢。过共析钢在 3 点以上温度冷却过程与共析钢在 S 点以上相似。当缓慢冷却到与 ES 线相交的 3 点时，奥氏体中的溶碳量达到饱和，随着温度的降低，多余的碳以二次渗碳体的形式析出，并以网状形式沿奥氏体晶界分布。随着温度的降低，二次渗碳体量逐渐增多，而奥氏体量逐渐减少，奥氏体成分沿 ES 线向共析成分接近。当冷却到与 PSK 线相交的 4 点时，剩余奥氏体达到共析成分，将在共析温度下发生共析转变而形成珠光体。温

度继续下降，组织不再变化。因此过共析钢在室温下的组织是珠光体＋网状二次渗碳体。过共析钢在冷却过程中的组织转变情况如图 3-22 所示。

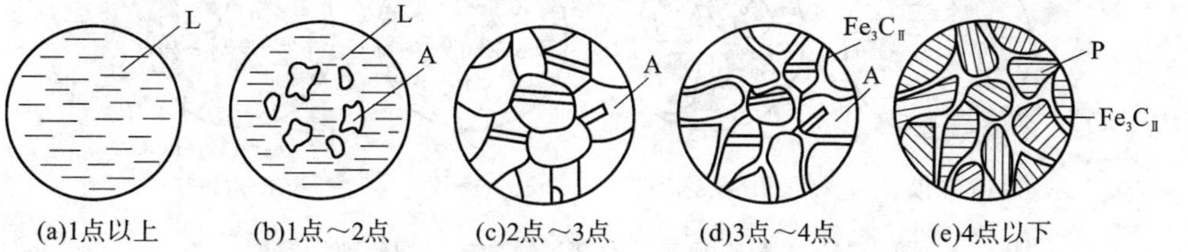

图 3-22　过共析钢在冷却过程中的组织转变示意图

所有过共析钢的室温组织都是珠光体＋网状二次渗碳体，但随着碳的质量分数的增加，组织中二次渗碳体的量逐渐增多，珠光体的量逐渐减少，当 $w_C=2.11\%$时，二次渗碳体的量达到最大，其值为 22.6%。图 3-23 所示是过共析钢的室温组织，图 3-23 中呈片状黑白相间的部分为珠光体，白色网状部分为二次渗碳体。

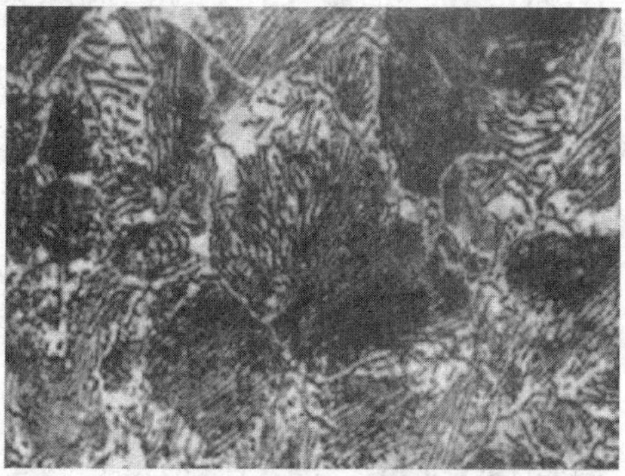

图 3-23　过共析钢的室温组织

4. 共晶白口铸铁

图 3-18 中合金Ⅳ为共晶白口铸铁。当共晶白口铸铁缓慢冷却到 C 点时将发生共晶转变，即从液态合金中同时结晶出 E 点成分的奥氏体和 F 点成分的渗碳体的机械混合物，即莱氏体。在 C 点以下继续冷却时，莱氏体中的奥氏体将析出二次渗碳体，随着温度的下降，二次渗碳体的量不断增多，而奥氏体的量不断减少，其成分沿 ES 线向共析成分接近。当温度下降至与 PSK 线相交的 1 点时，奥氏体达到共析成分，将发生共析转变，析出珠光体，二次渗碳体保留到室温。因此共晶白口铸铁在室温下的组织是珠光体和渗碳体（共晶渗碳体＋二次渗碳体）组成的两相组织，即低温莱氏体，如图 3-16 所示。

共晶白口铸铁冷却过程中的组织转变情况如图 3-24 所示。

5. 亚共晶白口铸铁

图 3-18 中合金Ⅴ为亚共晶白口铸铁。当亚共晶白口铸铁缓慢冷却到与 AC 线相交的 1 点时，开始从液相中结晶出奥氏体。随着温度的下降，奥氏体量逐渐增多，其成分沿 AE 线变化，而剩余液相量逐渐减少，其成分沿 AC 线向共晶成分接近。当冷却到与共晶线 ECF 相交的 2 点时，剩余液相达到共晶成分，将发生共晶转变形成莱氏体，此时的组织为奥氏体＋莱氏体。随着温度的继续下降，奥氏体的成分将沿着 ES 线向共析成分接近，并不断从先结晶出来的奥氏体和莱氏体中的奥氏体析出二次渗碳体。当温度下降至与 PSK 线相交的 3 点时，奥氏体达到共析成分，将发生共析转变，析出珠光体，二次渗碳体保留到室温。因此亚共晶白口铸铁室温下

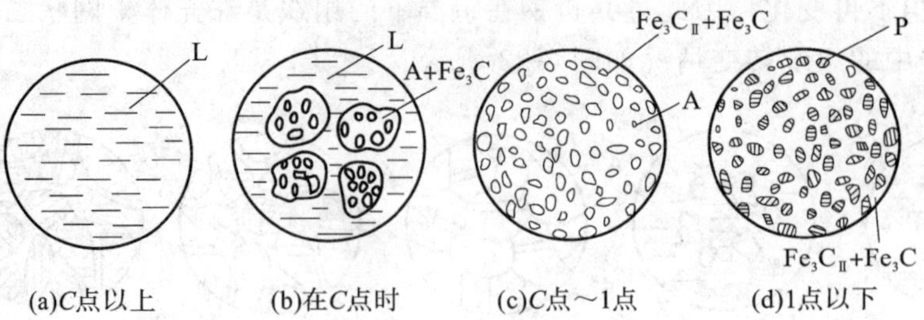

图 3-24　共晶白口铸铁冷却过程中的组织转变示意图

的组织是珠光体＋二次渗碳体＋低温莱氏体。亚共晶白口铸铁冷却过程中的组织转变情况如图 3-25 所示，显微组织如图 3-26 所示，图中黑色块状或树枝状为珠光体，珠光体周围白色网状为二次渗碳体，黑白相间的基体为低温莱氏体。

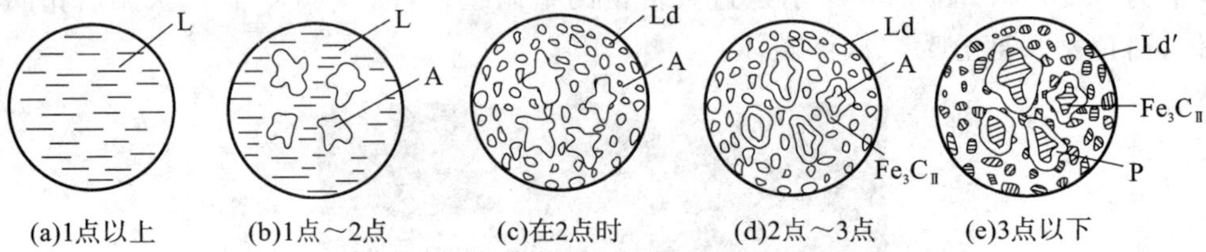

图 3-25　亚共晶白口铸铁冷却过程中的组织转变情况

所有亚共晶白口铸铁的室温组织都是珠光体＋二次渗碳体＋低温莱氏体，但随着碳的质量分数的增加，低温莱氏体的量增多，珠光体量减少。

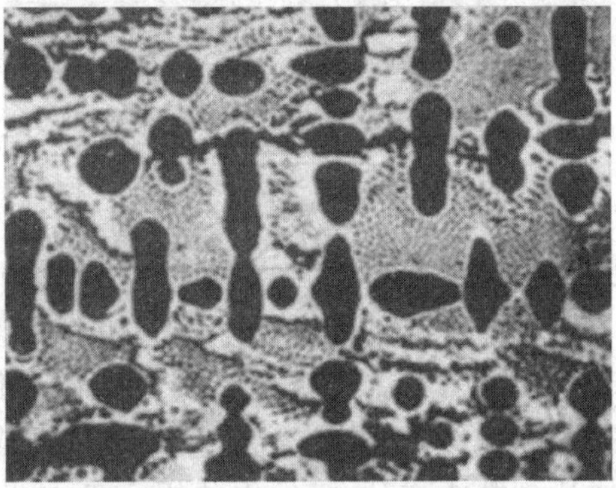

图 3-26　亚共晶白口铸铁的显微组织

6. 过共晶白口铸铁

图 3-18 中合金Ⅵ为过共晶白口铸铁。当过共晶白口铸铁缓慢冷却到与 *CD* 线相交的 1 点时，开始从液相中结晶出一次渗碳体。随着温度的下降，一次渗碳体量逐渐增多，剩余液相量逐渐减少，其成分沿 *CD* 线向共晶成分接近。当冷却到与共晶线 *ECF* 相交的 2 点时，剩余液相达到共晶成分，将发生共晶转变形成莱氏体，此时的组织由莱氏体和一次渗碳体组成。随着温度的继续下降，合金的组织变化与共晶、亚共晶白口铸铁基本相同，即冷却至 3 点时莱氏体转变成低温莱氏体，继续冷却合金组织不再变化。过共晶白口铸铁室温组织是低温莱氏体＋一次渗碳体，过共晶白口铸铁冷却过程中的组织转变情况如图 3-27 所示。过共晶白口铸铁的显微组织如图 3-28 所示，图中白色条状为一次渗碳体，基体为低温莱氏体。

所有过共晶白口铸铁的室温组织都是低温莱氏体加一次渗碳体，但随着碳的质量分数的增加，一次渗碳体的量增多，低温莱氏体量减少。

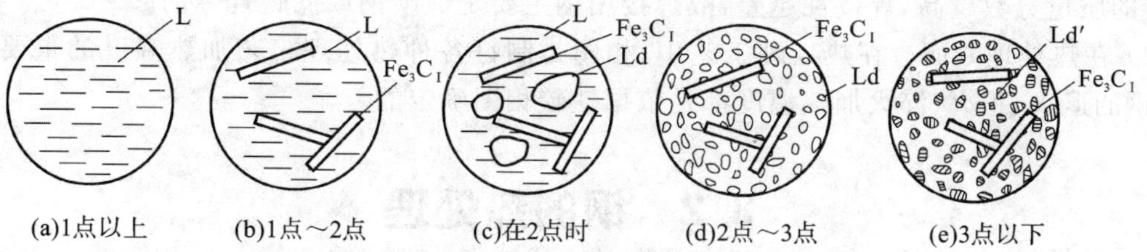

图 3-27 过共晶白口铸铁冷却过程中的组织转变情况

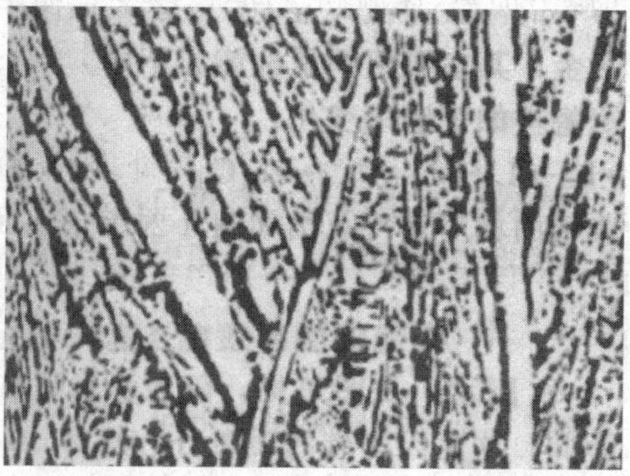

图 3-28 过共晶白口铸铁的显微组织

3.1.7 铁碳合金的应用

Fe-Fe_3C 相图表明了钢铁材料的成分、组织与性能的变化规律，为生产中的选材及制订加工工艺提供了重要依据。

1. 在选材方面的应用

由 Fe-Fe_3C 相图可知，不同成分的铁碳合金，其室温组织不同，导致其力学性能也不同。因此，可根据零件的不同性能要求来合理地选择材料。例如：要求塑性、韧性好的金属构件（汽车上的机油盘、气缸盖罩），应选碳的质量分数较低的钢；要求强度、硬度、塑性和韧性都较高的机械零件（汽车曲轴），则应选用碳的质量分数为 0.25%～0.60%的中碳钢；对于汽车上承受交变载荷的弹簧，要求具有较高的弹性和韧性，则需选用碳的质量分数为 0.60%～0.85%的中高碳钢；对于要求有高硬度、高耐磨性的切削刀具和测量工具，则应选用碳的质量分数为 0.7%～1.3%的高碳钢。

2. 在制订热加工工艺方面的应用

（1）在铸造方面。铸造生产中，可以根据 Fe-Fe_3C 相图确定钢铁材料的浇注温度，一般为液相线以上 50 ℃～100 ℃。由相图可知，共晶成分的合金结晶温度最低，结晶区间最小，流动性好，体积收缩小，易获得组织致密的铸件，所以通常选择共晶成分的合金作为铸造合金。

（2）在锻压方面。相图可以作为确定钢的锻造温度范围的依据。通常把钢加热到单相奥氏体区，钢的塑性好，变形抗力小，易于成型。一般始锻温度控制在固相线以下 100 ℃～200 ℃，而终锻温度控制在 *GS* 线以上，过共析钢应在稍高于 *PSK* 线以上。

（3）在焊接方面。在焊接工艺上，焊缝及周围热影响区受到不同程度的加热和冷却，组织和性能会发生变化，相图可作为研究变化规律的理论依据。铁碳合金的焊接性与碳的质量分数有关，随着碳的质量分数的增加，钢的脆性增加，塑性下降，导致钢的冷裂倾向增加，焊接性变差。碳的质量分数越高，焊接性越差，故焊接用钢主要是低碳钢或低碳合金钢。

（4）在热处理方面。在热处理工艺中，相图是制订各种热处理工艺加热温度的重要依据。例如，钢的退火、正火、淬火加热温度都是依据铁碳相图确定的。

3.2 钢的热处理

钢的热处理是指将钢在固态下加热、保温和冷却，以改变钢的组织结构，从而获得所需要性能的一种工艺。热处理的基本工艺过程，通常用在温度-时间坐标上绘出的热处理工艺曲线表示。

根据加热和冷却方式的不同，热处理一般分为普通热处理和表面热处理。普通热处理又称整体热处理，主要包括退火、正火、淬火和回火；表面热处理包括表面淬火和化学热处理。尽管热处理的种类很多，但都是由加热、保温和冷却三个阶段组成，因此要掌握各种热处理方法对钢的组织和性能的影响，就必须研究钢在加热、保温和冷却过程中的组织转变规律。图 3-29 所示为最基本的热处理工艺曲线。

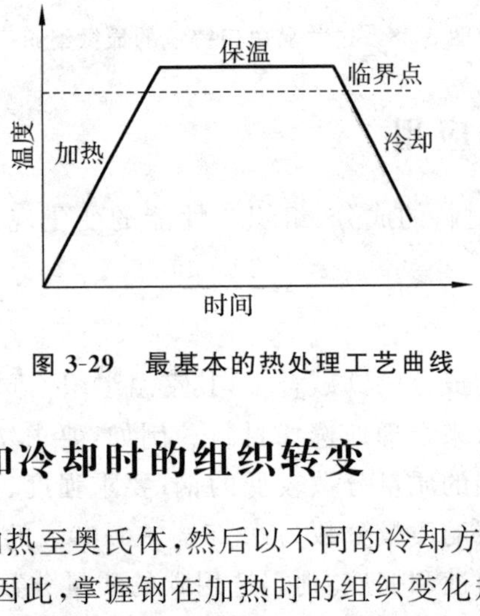

图 3-29 最基本的热处理工艺曲线

3.2.1 钢在加热和冷却时的组织转变

钢的热处理一般需要先加热至奥氏体，然后以不同的冷却方式使奥氏体转变为不同的室温组织，得到不同的力学性能。因此，掌握钢在加热时的组织变化规律，合理制订加热工艺规范，是保证热处理工件质量的首要环节。

热处理工艺中加热和冷却的目的都是使钢的组织发生转变。在铁碳相图中，A_1、A_3、A_{cm}线都是平衡状态的相变温度（又称临界点），而在实际生产中加热和冷却过程不可能非常缓慢，因此往往造成相变点的实际位置比平衡状态时有所偏离，即加热时实际转变温度略高于平衡相变点，而冷却时却略低于平衡相变点。为了使两者有所区别，通常将加热时的实际相变点用 A_{c1}、A_{c3}、A_{ccm} 表示，将冷却时的实际相变点用 A_{r1}、A_{r3}、A_{rcm} 表示，如图 3-30 所示。

1. 钢在加热时的组织转变

钢进行热处理时首先要加热，其目的是获得均匀而细小的奥氏体组织。通常将这种加热转变称为钢的奥氏体化。加热时奥氏体化的程度及晶粒大小，对其冷却转变过程及最终的组织和性能都有极大的影响。因此了解奥氏体的形成规律，是掌握热处理工艺的基础。

以共析钢为例，其室温平衡组织为珠光体，当把共析钢加热到 A_{c1} 点以上温度时，就要发生

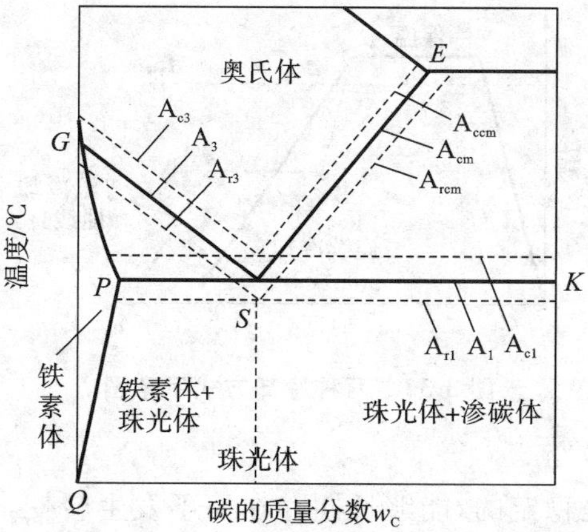

图 3-30 钢在加热或冷却时各临界点的实际位置

珠光体向奥氏体的转变。这一转变是由成分相差悬殊、晶格类型截然不同的两相 F＋Fe_3C 混合物转变成另一种晶格类型的单相奥氏体(A)的过程。因此在此过程中必然会进行晶格的改组和铁碳原子的扩散,并遵循形核和晶核长大的基本规律。该过程可归纳为奥氏体晶核的形成、奥氏体晶核的长大、残余渗碳体的溶解和奥氏体成分均匀化四个阶段,如图 3-31 所示。

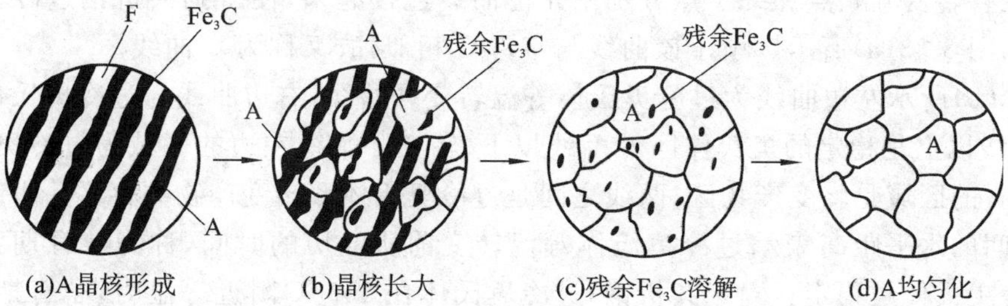

图 3-31 共析钢奥氏体形成过程

由以上分析可知,热处理的保温阶段不仅是为了让工件热透,同时也是为了获得均匀的奥氏体组织,以便冷却后获得良好的组织和性能。

亚共析钢和过共析钢的奥氏体形成过程与共析钢基本相同,但其完全奥氏体化的过程有所不同。亚共析钢加热到 A_{c1} 以上温度时还存在铁素体,这部分铁素体只有继续加热到 A_{c3} 以上时才能完全转变为奥氏体;过共析钢则只有在加热温度高于 A_{ccm} 时,才能获得单一的奥氏体组织。

加热时形成奥氏体晶粒的大小直接影响到冷却转变产物的晶粒大小和力学性能。奥氏体晶粒越细小,其冷却转变产物也越细小,力学性能越高。因此在加热时,为了获得均匀而细小的奥氏体晶粒,必须选取合适的加热温度,并严格控制保温时间。

2. 钢在冷却时的组织转变

冷却过程是热处理的关键工序,其冷却方式不同,冷却后的组织和性能也不同。热处理生产中有等温冷却和连续冷却两种方式。等温冷却是将奥氏体化后的钢迅速冷却至 A_{r1} 以下某一温度并保温,使其在该温度下发生组织转变,然后再冷却到室温的热处理工艺,如图 3-32 中曲线 1 所示;连续冷却是指将奥氏体化后的钢自加热温度连续冷却至室温的热处理工艺,如图 3-32 中曲线 2 所示。

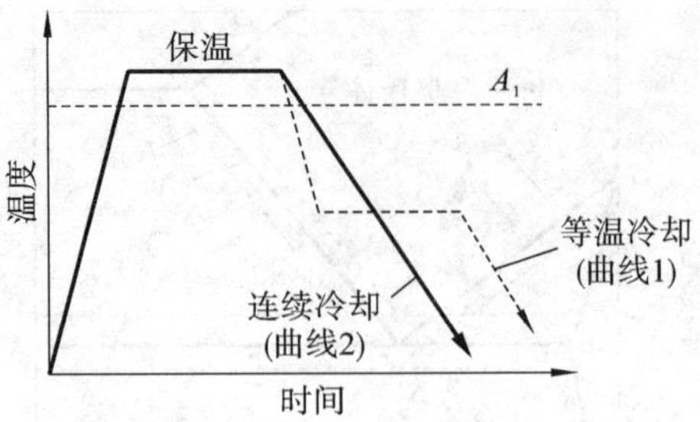

图 3-32　两种冷却方式示意图

1）过冷奥氏体的等温转变

奥氏体在 A_1 温度以上是稳定的，能够长期存在而不发生转变，一旦冷却到 A_{r1} 温度以下就处于不稳定状态，即将发生转变。我们把在 A_{r1} 温度以下暂存的、不稳定的奥氏体称为过冷奥氏体。过冷奥氏体在不同温度下的等温转变产物可以用等温转变曲线来确定。

（1）过冷奥氏体等温转变曲线的建立。

现以共析钢为例来说明过冷奥氏体等温转变曲线的建立。首先将共析钢制成若干小圆形薄片试样，加热至奥氏体化后，分别迅速放入 A_{r1} 以下不同温度的恒温盐浴槽中进行等温转变；分别测出在各温度下过冷奥氏体转变开始时间、终了时间及转变产物量；将其画在温度-时间坐标图上，并把各转变开始点和终了点分别用光滑曲线连接起来，便得到共析钢过冷奥氏体等温转变曲线，如图 3-33(a)所示。由于该曲线与字母 C 相似，故又称为 C 曲线。

图 3-33 (b)所示左边曲线为过冷奥氏体等温转变开始线，右边曲线为过冷奥氏体等温转变终了线。A_1 线以上是稳定的奥氏体区。A_1 线以下、转变开始线左边的区域为过冷奥氏体区；转变终了线以右的区域是转变产物区；两线之间是过冷奥氏体和转变产物共存区。由纵坐标到转变开始线之间的水平距离表示过冷奥氏体等温转变前所经历的时间，称为孕育期。孕育期越长，表示过冷奥氏体越稳定。对于共析钢，过冷奥氏体在 550 ℃附近等温时，孕育期最短，即过冷奥氏体最不稳定，转变速度最快，这里被形象地称为 C 曲线的“鼻尖”。C 曲线的下部有两条水平线，上边一条是马氏体转变开始线，用 M_s 表示；下边一条是马氏体转变终了线，用 M_f 表示。

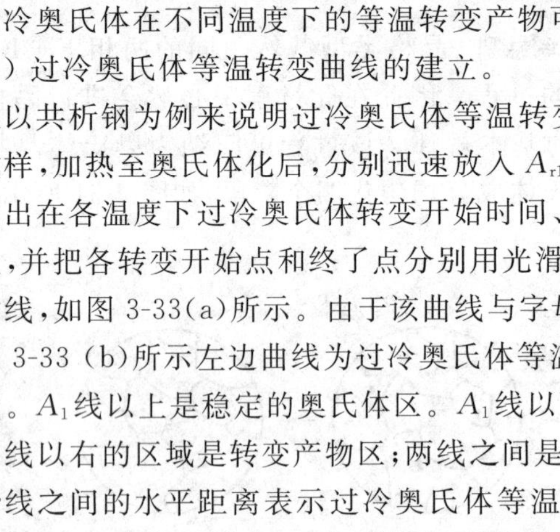

(a)共析钢等温转变曲线的建立

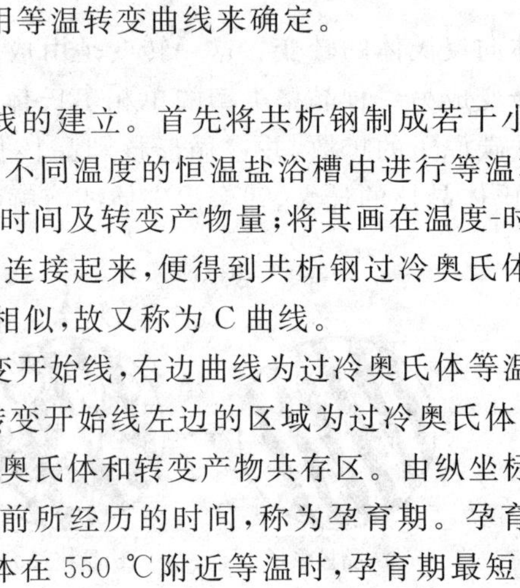

(b)共析钢等温转变曲线

图 3-33　共析钢过冷奥氏体等温转变曲线

（2）过冷奥氏体等温转变产物的组织形态及性能。

珠光体转变：共析钢在 A_{r1}～550 ℃区间进行等温时，过冷奥氏体的转变产物为珠光体型组织，它是由铁素体与渗碳体组成的层片相间的机械混合物。等温温度越低，铁素体和渗碳体的片层间距越小。根据片层的厚薄不同，珠光体型组织又可细分为三种，如表 3-4 所示。

表 3-4 珠光体型组织的形态和性能

等温温度	组织名称	符号	片层间距	硬度(HRC)
A_{r1}～650 ℃	珠光体	P	＞0.4 μm	10～20
650 ℃～600 ℃	索氏体	S	0.2 μm～0.4 μm	20～30
600 ℃～550 ℃	托氏体	T	＜0.2 μm	30～40

实际上这三种组织都是珠光体，其差别只是珠光体的片层间距大小不同，等温温度越低，片层间距越小。片层间距越小，强度、硬度越高，塑性、韧性越好。

贝氏体转变：共析钢在 550 ℃～M_s区间进行等温时，过冷奥氏体的转变产物为贝氏体。贝氏体是含过饱和碳的铁素体和碳化物组成的机械混合物，用符号 B 表示。根据形成温度和组织形态，可将贝氏体分为上贝氏体和下贝氏体，如图 3-34 所示。

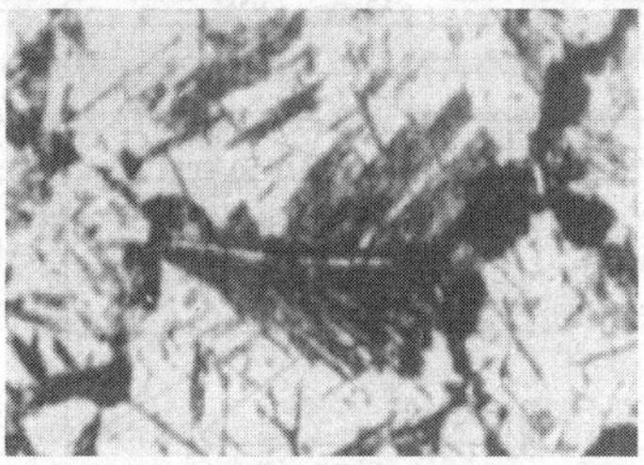

(a)上贝氏体显微组织

(b)下贝氏体显微组织

图 3-34 贝氏体的显微组织

共析钢在 550 ℃～350 ℃区间等温，将形成黑色羽毛状的上贝氏体。上贝氏体强度很低，脆性很大，基本没有实用价值。在 350 ℃～M_s区间等温，形成黑色竹叶状的下贝氏体。下贝氏体具有较高的强度、硬度和良好的塑性、韧性。因此生产中常用等温淬火的方法来获得下贝氏体组织，以获得良好的综合力学性能。

马氏体转变：马氏体转变是在 M_s～M_f之间连续冷却过程中进行的。当过冷奥氏体被快速冷却到 M_s点以下时，转变产物是马氏体。马氏体是碳在 α-Fe 中的过饱和固溶体。

马氏体的组织形态主要与碳含量有关。当碳含量低于 0.2%时，可获得板条状的马氏体，它具有较高的强度、硬度和较好的塑性、韧性；当碳含量大于 1.0%时，得到针片状马氏体，它具有很高的硬度，但塑性差，脆性大；当碳含量在 0.2%～1.0%时，得到板条状马氏体和针片状马氏体的混合组织。图 3-35 所示为板条状马氏体和针片状马氏体的显微组织。

(3) 含碳量对 C 曲线的影响。

在正常加热条件下，当钢中含碳量小于 0.77%时，随着含碳量的增加，C 曲线右移；当含碳量大于 0.77%时，随着含碳量的增加，C 曲线左移，如图 3-36 所示。

2) 过冷奥氏体的连续冷却转变

在实际生产中，过冷奥氏体大多是在连续冷却中转变的，因此研究过冷奥氏体连续冷却时的组织转变规律有着重要的意义。

共析钢的连续冷却转变曲线如图 3-37 所示。由图可见，连续冷却转变曲线只有 C 曲线的

(a)板条状马氏体的显微组织

(b)针片状马氏体的显微组织

图 3-35　板条状马氏体和针片状马氏体的显微组织

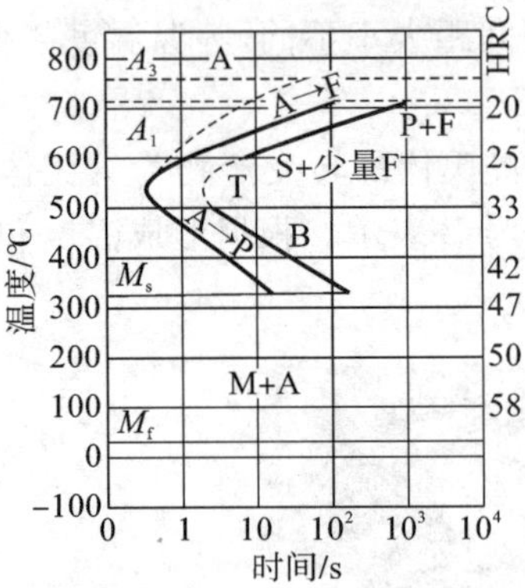

(a)亚共析钢

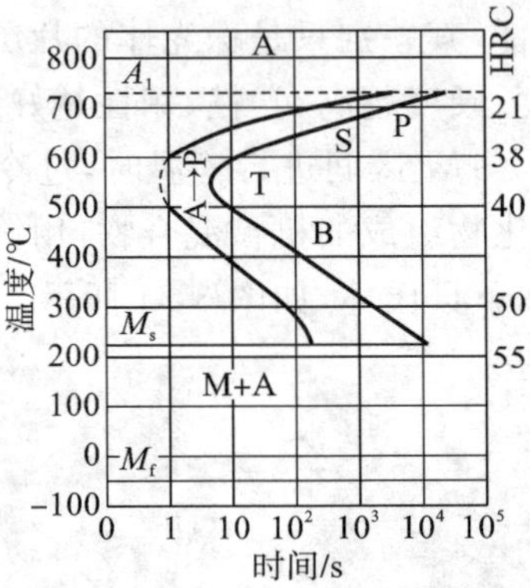

(b)共析钢

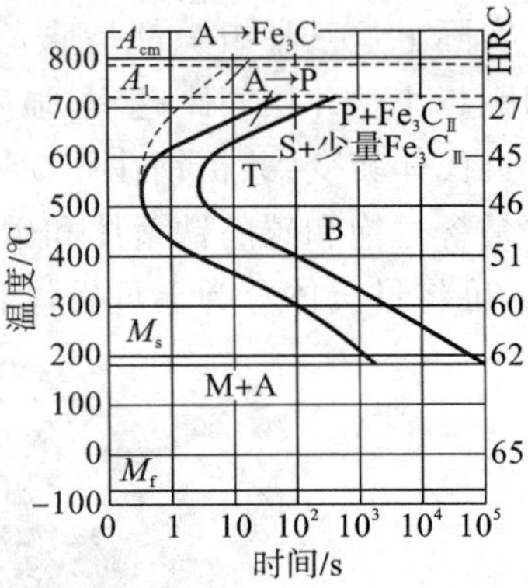

(c)过共析钢

图 3-36　各碳钢的 C 曲线比较

上半部分，因此连续冷却时只发生珠光体和马氏体转变，而不会发生贝氏体转变。图中 P_s线为过冷奥氏体向珠光体转变的开始线；P_f线为过冷奥氏体向珠光体转变的终了线；KK'线为过冷奥氏体向珠光体转变的终止线，它表示冷却曲线与 KK'线相交时，过冷奥氏体即停止向珠光体转变，剩余部分一直冷却到 M_s线以下发生马氏体转变。v_K是过冷奥氏体在连续冷却过程中不发生分解，全部转变为马氏体的最小冷却速度，也称为马氏体临界冷却速度；v_K'是获得全部珠光体型组织的最大冷却速度。

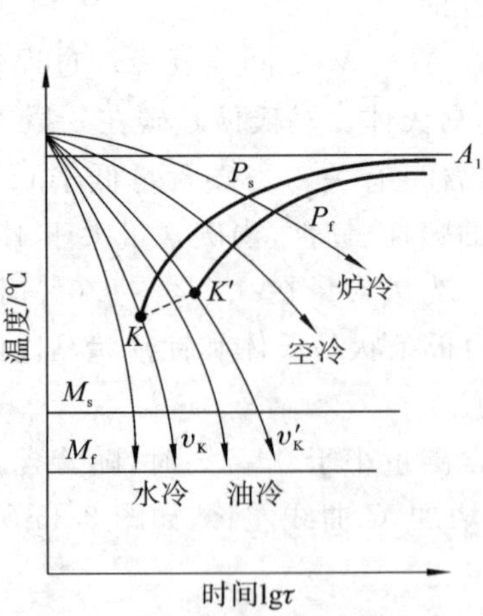

图 3-37　共析钢的连续冷却转变曲线

3.2.2 钢的普通热处理

1. 钢的退火和正火

在机械制造过程中，退火和正火经常作为预先热处理，安排在铸造、锻造和焊接之后或粗加工之前，用以消除前一工序所造成的某些组织缺陷及内应力，为随后的切削加工及热处理做好组织准备，也可用于性能要求不高的机械零件的最终热处理。

1）钢的退火

将钢加热到适当温度，保温一段时间，然后缓慢冷却，以获得接近平衡状态组织的热处理工艺称为退火。

钢的常见退火工艺包括完全退火、不完全退火、等温退火、球化退火、再结晶退火（中间退火）、去应力退火和扩散退火等。各类退火的工艺特点及适用范围如表 3-5 所示。

表 3-5 各类退火的工艺特点及适用范围

退火的分类	加热温度	冷却方式	目 的	适用范围
完全退火	A_{c3} +（30 ℃～50 ℃）	随炉冷却到 600 ℃以下，出炉空冷	消除残余应力，改善组织，细化晶粒，降低钢的硬度，为切削加工和最终热处理做准备	亚共析钢的铸件、锻件、焊接件的预先热处理
等温退火	A_{c3}（A_{c1}）+（30 ℃～50 ℃）	快速冷却到 A_{r1} 以下某一温度，等温一定时间，出炉空冷	与完全退火相同，但等温退火可缩短生产周期，提高生产效率	合金钢工件
球化退火	A_{c1} +（30 ℃～50 ℃）	经充分保温后，随炉冷却到 600 ℃出炉空冷	使珠光体中的片状渗碳体和网状二次渗碳体球化，变成在铁素体基体上弥散分布着粒状渗碳体的组织，即球状珠光体。降低硬度，改善切削加工性，为后续热处理做组织准备	具有共析或过共析成分的碳钢或合金钢
扩散退火	固相线以下 100 ℃～200 ℃	长时间保温后，随炉冷却	消除铸件中的偏析，使钢的化学成分和组织均匀化	质量要求高的合金钢铸锭或铸件
去应力退火	A_{c1} 以下某一温度（一般为 500 ℃～650 ℃）	随炉冷却到 200 ℃～300 ℃出炉空冷	消除铸件、锻件、焊接件、冷冲压件以及机加工工件的残余应力，稳定工件尺寸，减少变形	所有钢件

2）钢的正火

正火是将钢加热到 A_{c3}（或 A_{ccm}）以上 30 ℃～50 ℃，保温一定时间，然后出炉在空气中冷却的热处理工艺。

正火和退火的主要区别是正火的冷却速度稍快，得到的组织较细小，强度和硬度有所提高，操作简便，生产周期短，成本较低。正火主要应用于以下几个方面：

(1) 改善低碳钢和低碳合金钢的切削加工性。由于正火后的组织为细珠光体，其硬度有所提高，从而改善了切削加工中的“黏刀”现象，降低工件的表面粗糙度值。

(2) 消除网状渗碳体。对于过共析钢可消除网状二次渗碳体，为球化退火做组织准备。

(3) 作为中碳钢零件的预先热处理。通过正火可以消除钢中粗大的晶粒，消除内应力，为最终热处理做组织准备。

(4) 作为普通结构件的最终热处理。对于某些大型或结构复杂的普通零件，当淬火有可能产生裂纹时，往往用正火代替淬火、回火作为这类零件的最终热处理。

退火和正火加热温度范围及热处理工艺曲线如图 3-38 所示。

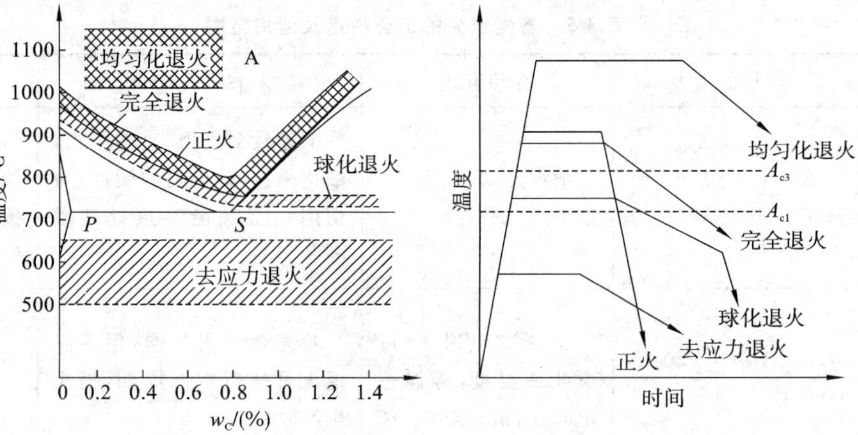

(a)退火和正火加热温度范围　　(b)热处理工艺曲线

图 3-38　退火和正火加热温度范围及热处理工艺曲线

2. 钢的淬火

淬火是将钢加热到 A_{c3}（或 A_{c1}）以上 30 ℃～50 ℃，保温一定时间，然后以大于马氏体临界冷却速度快速冷却，以获得马氏体或下贝氏体组织的热处理工艺。其目的是提高钢的硬度和耐磨性。淬火是强化钢材最重要的工艺方法。淬火必须与适当的回火工艺相配合，才能使钢具有不同的力学性能，以满足各类零件或工、模具的使用要求。

1) 淬火加热温度的确定

淬火加热温度应以获得均匀而细小的奥氏体晶粒为原则。钢的成分不同，其淬火加热温度也不同。碳钢的淬火加热温度范围如图 3-39 所示。一般亚共析钢的淬火加热温度为 A_{c3} +(30 ℃～50 ℃)；共析钢及过共析钢为 A_{c1} +(30 ℃～50 ℃)。对于合金钢，由于合金元素对奥氏体化有延缓作用，加热温度应比碳钢高，尤其是高合金钢淬火加热温度远高于 A_{c1}，同样能获得均匀而细小的奥氏体晶粒，这与合金元素在钢中的作用有关。

淬火加热时间的确定，既要保证工件的表层、心部达到规定的加热温度，获得均匀的奥氏体化组织，又要保证晶粒不致粗大，还要考虑时间、经济及生产率。

影响加热时间的因素很多，如介质加热速度、炉温的高低、钢的化学成分、工件形状尺寸、装炉量和堆积方式等，很难精确计算，生产中通常按工件有效厚度（或直径）与保温系数的乘积来确定加热时间。

2）淬火冷却介质

为了保证淬火后获得马氏体组织，淬火冷却速度必须大于马氏体临界冷却速度，但过快的冷却速度必然产生较大的淬火内应力，导致工件产生变形或裂纹，所以，淬火时在获得马氏体组织的前提下，尽量选用较缓和的冷却介质。理想的冷却介质应保证在C曲线鼻尖附近快冷，以避免过冷奥氏体发生转变；在C曲线鼻尖以上或以下温度缓冷，以降低工件的热应力和组织应力。图3-40所示为理想的淬火冷却速度。但到目前为止，还没有找到完全理想的淬火冷却介质。

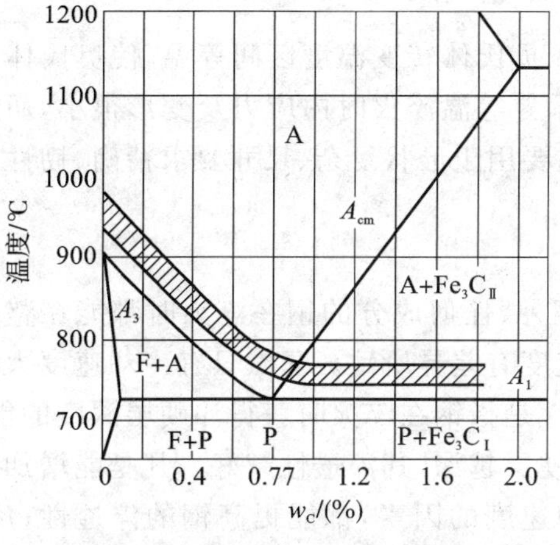

图3-39 碳钢的淬火加热温度范围

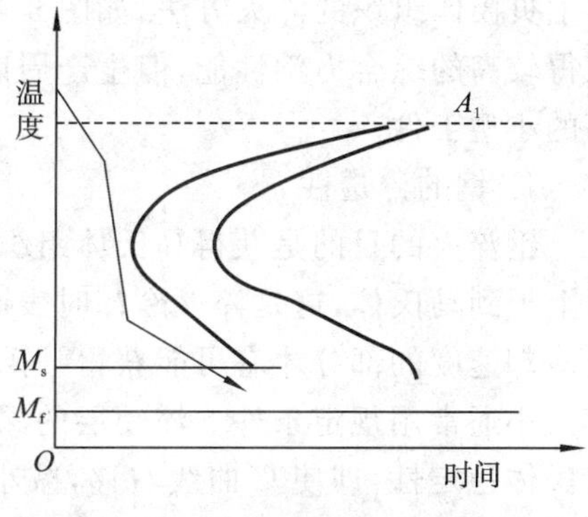

图3-40 理想的淬火冷却速度

生产中常用的淬火冷却介质有水、油、盐或碱的水溶液。

（1）水及水溶液。水在650 ℃～500 ℃范围内需要快冷时，冷却速度相对较小；而在300 ℃～200 ℃范围内需要慢冷时，冷却速度又相对较大，容易引起工件的变形和开裂。为了提高水在650 ℃～500 ℃范围内的冷却能力，常在水中加入5%～10%的盐或碱，制成盐或碱的水溶液。盐水、碱水常用于形状简单、截面尺寸较大的碳钢工件的淬火。

（2）油。常用的淬火油有机械油、变压器油、柴油、植物油等。其优点是在300 ℃～200 ℃范围冷却较缓慢，有利于减小工件的变形；缺点是在650 ℃～550 ℃范围内冷却也较慢，不利于淬硬，所以油一般用于合金钢和尺寸较小的碳钢工件的淬火。

为了减小零件淬火时的变形，盐浴或碱浴也可作为淬火介质，用于形状复杂、尺寸较小、变形要求严格工件的分级淬火和等温淬火。

3）常用的淬火方法

常用的淬火方法有单介质淬火、双介质淬火、分级淬火和等温淬火等，如图3-41所示。

（1）单介质淬火：将钢加热到淬火温度，保温一定时间，放入一种淬火介质中一直冷却到室温的淬火方法，如图3-41中曲线1所示。例如碳钢在水中、合金钢在油中淬火。此方法操作简便，容易实现机械化和自动化，但水冷易变形，油冷不易淬硬，适用于形状简单的碳钢和合金钢工件。

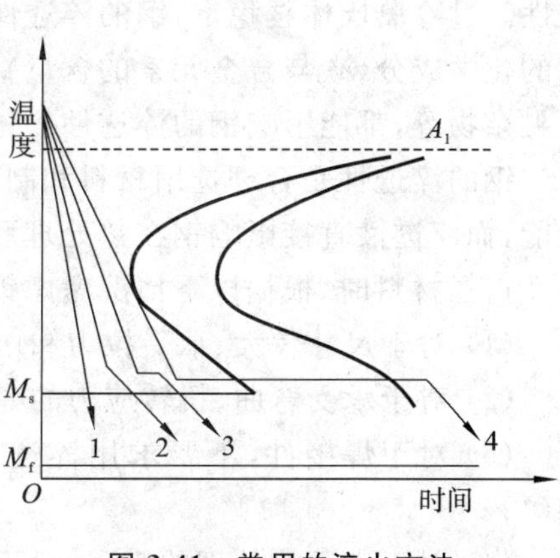

图3-41 常用的淬火方法

（2）双介质淬火：将钢加热到淬火温度，保温一定时间，先浸入冷却能力强的淬火介质中，待零件冷却到稍高于M_s温度时，再立即转入冷却能力弱的介质中冷却到室温的淬火方法，如图3-41中曲线2所示。例如碳钢的水-油淬火、合金钢的油-空气淬火等。此方法能有效地防止淬火变形和裂纹，但要求操作工人有较高的技术水平，适用于形状复杂的高碳钢工件和尺寸较大的合金钢工件。

（3）分级淬火：将钢加热到淬火温度后，先浸入温度稍高于M_s点的盐浴或碱浴槽中，短时保温，待工件整体达到介质温度后取出空冷，以获得马氏体组织的淬火方法，如图3-41中曲线3所示。分级淬火比双介质淬火容易控制，能有效减小工件的变形和开裂，适用于形状复杂、尺寸较小的工件。

（4）等温淬火：将钢加热到淬火温度后，快冷到下贝氏体转变温度区间等温，使奥氏体转变为下贝氏体组织的淬火方法，如图3-41中曲线4所示。等温淬火时内应力及变形很小，而且能获得较高的综合力学性能，但生产周期长，效率低，主要用于形状复杂、尺寸要求精确、韧性要求高的小型工件。

4）钢的淬透性

钢淬火的目的是获得马氏体组织，但并非任何钢种、任何成分的钢在淬火时都能在整个截面上得到马氏体，这是淬火冷却时表面与心部冷却速度有差异所致。显然只有冷却速度大于临界冷却速度的部分才有可能获得马氏体。钢的淬透性是指钢在淬火时获得淬硬层深度的能力，其大小通常用规定条件下淬硬层的深度来表示。淬硬层越深，其淬透性越好。凡是能增加过冷奥氏体稳定性，即使C曲线右移，减小钢的临界冷却速度的因素，都能提高钢的淬透性；反之，则降低淬透性。所以，钢的化学成分和奥氏体化条件是影响其淬透性的基本因素。

钢的淬硬层深度取决于其临界冷却速度的大小，并与工件的截面尺寸和淬火介质的冷却能力有关。钢的临界冷却速度越小，工件的淬硬层越深。一般规定，以表面至半马氏体区（即马氏体和非马氏体组织各占一半）的距离为淬硬层深度。

淬透性与淬硬性是两个完全不同的概念。淬硬性是指钢在理想条件下淬火成马氏体后所能达到的最高硬度。钢的淬硬性主要取决于钢的含碳量。低碳钢淬火最高硬度值低，淬硬性差，而高碳钢淬火最高硬度值高，淬硬性好。淬硬性主要取决于马氏体的含碳量，而合金元素对淬硬性没有显著影响，但对淬透性却有很大影响，因此，淬透性好的钢，其淬硬性不一定高。

钢的淬透性主要取决于其临界冷却速度的大小，而临界冷却速度则取决于过冷奥氏体的稳定性。过冷奥氏体越稳定，钢的淬透性越好。因此，凡是影响过冷奥氏体稳定性的因素，如奥氏体的化学成分（碳与合金元素的含量）、奥氏体的状态（如均匀化程度、晶粒大小等）及钢中非金属夹杂物等，都能影响钢的淬透性。

钢的淬透性是合理选用材料和制订热处理工艺的重要依据。选择材料主要考虑钢的力学性能，而淬透性直接影响钢在热处理后的力学性能。

选择材料时，根据以下情况考虑钢的淬透性：

（1）对于尺寸较大、承受拉力和压力并受冲击的重要零件，要求用淬透性高的钢；

（2）对于承受弯曲、扭转应力的零件，要求用淬透性高的钢；

（3）对于焊接件，不要求用淬透性高的钢种，否则焊缝热影响区易形成淬硬组织，产生裂纹；

（4）对于表面热处理的钢，一般不要求高的淬透性，可选用低淬透性的钢；

（5）在设计中查阅手册时，要注意强度数据的试样尺寸；

（6）碳钢淬透性较低，用作大尺寸工件难以淬透，可用正火代替或用淬透性较高的合金钢。

3. 钢的回火

回火是将淬火后的钢重新加热到 A_1 以下某一温度，保温一定时间后冷却到室温的热处理工艺。回火的目的是减少或消除内应力，防止变形、开裂；稳定组织，保证工件尺寸和形状稳定；调整硬度，提高韧性，以获得所需要的力学性能。淬火后的工件不宜直接使用，必须及时进行回火。回火决定了钢的组织和性能，是重要的热处理工序。

1）回火的种类和应用

生产中根据回火温度不同，将回火分为低温回火、中温回火和高温回火三类。淬火后进行高温回火，称为调质。回火的工艺特点及应用范围如表 3-6 所示。

2）回火脆性

淬火钢回火时，随着回火温度的升高，通常其硬度、强度降低，而塑性、韧性提高，但在 250～400 ℃及 500～600 ℃范围内回火时，钢的冲击韧性反而显著降低，这种脆化现象称为回火脆性。回火脆性按其温度范围，可分为低温回火脆性和高温回火脆性。

表 3-6　回火的工艺特点及应用范围

回火工艺	回火温度/℃	回火组织及硬度	特　点	用　途
低温回火	100～250	回火马氏体（58～64 HRC）	保持了淬火马氏体的高硬度和高耐磨性，内应力和脆性有所降低	主要用于工具、滚动轴承及表面处理件
中温回火	250～500	回火托氏体（38～50 HRC）	具有较高的弹性和一定的韧性	主要用于各种弹性零件，如弹簧和热作模具
高温回火	500～650	回火索氏体（25～35 HRC）	具有较好的综合力学性能，即强度、硬度、塑性、韧性都比较好	广泛用于汽车、拖拉机的轴类零件、齿轮和高强度螺栓、连杆等

（1）低温回火脆性。淬火钢在 250 ℃～350 ℃之间回火时出现的回火脆性，称为低温回火脆性或第一类回火脆性。几乎所有的钢都存在这类脆性，这类回火脆性是不可逆的，因此，一般应避免在此温度范围内回火。

（2）高温回火脆性。一些合金钢，尤其是含 Cr、Mn、Ni 等合金元素的钢，淬火后在 450 ℃～650 ℃之间回火时也会产生回火脆性，称为高温回火脆性或第二类回火脆性。这类回火脆性是可逆的，生产中可采用快速冷却或在钢中加入 W、Mo 等合金元素来有效抑制这类回火脆性。

3.2.3　钢的表面热处理

生产中很多机械零件要求其表面具有较高的强度、硬度和耐磨性，而心部则要求具有足够的塑性和韧性，这种情况可以通过表面热处理，仅使工件表面强化，来满足以上性能要求。表面热处理是指为改变工件表面的组织和性能，仅对工件表层进行的热处理工艺，包括表面淬火和化学热处理。

1. 钢的表面淬火

表面淬火是指在不改变钢的化学成分及心部组织的情况下，利用快速加热，将表层加热到奥氏体化温度后进行淬火，使表层获得硬而耐磨的马氏体组织，而心部组织仍然不变的热处理工艺。目前生产中广泛应用的是感应加热表面淬火和火焰加热表面淬火。

1）感应加热表面淬火

如图3-42所示，将工件放入铜管制成的感应器（线圈）中，并通入一定频率的交流电，在感应器周围将产生一个频率相同的交变磁场，于是在工件表面就会产生频率相同、方向相反的感应电流，这个电流在工件内形成回路，称为涡流。涡流在工件内的分布是不均匀的，表层电流密度大，心部电流密度小，这种现象称为"集肤效应"。由于钢本身具有电阻，因而集中于工件表层的涡流将产生电阻热使工件表层迅速加热到淬火温度，然后立即喷水快速冷却，工件表层即被淬硬，从而达到表面淬火的目的。

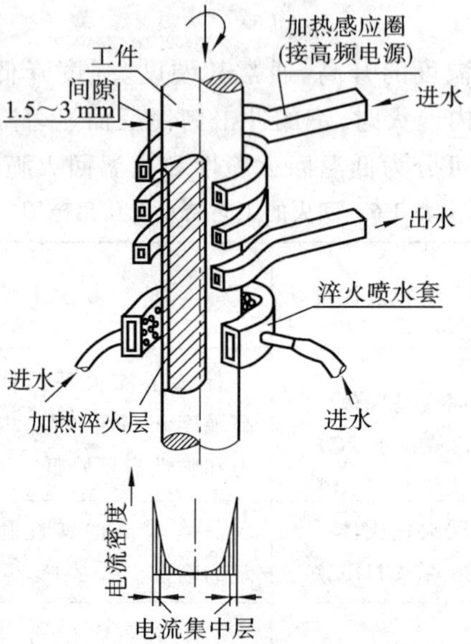

图3-42　感应加热表面淬火的原理

感应加热表面淬火后，要进行180 ℃～200 ℃的低温回火，以降低淬火应力，保持高硬度、高耐磨性。

根据所用电流频率的不同，感应加热可分为高频感应加热、中频感应加热和工频感应加热三种，如表3-7所示。

表3-7　感应加热的种类及应用范围

感应加热的种类	常用频率	淬硬深度/mm	应用范围
高频感应加热	200～300 kHz	0.5～2	淬硬层要求较薄的中小模数齿轮和中小尺寸的轴类零件
中频感应加热	2.5～8 kHz	2～10	大、中模数齿轮和较大直径的轴类零件
工频感应加热	50 Hz	10～20	大直径零件，如轧辊、火车车轮等

与普通淬火相比，感应加热淬火具有加热速度快、加热温度高、淬火质量好、生产效率高等特点，但感应加热设备较贵，维修调整较困难，形状复杂的零件不易制作感应器，不适于单件生产。

感应加热淬火最适宜的钢种是中碳钢和中碳合金钢，也可用于高碳工具钢、低合金工具钢及铸铁等。一般表面淬火前应对工件进行正火或调质，以保证心部有良好的力学性能。

2）火焰加热表面淬火

火焰加热表面淬火是利用氧-乙炔或煤气-氧的混合气体燃烧的火焰，将工件表层快速加热到淬火温度，然后立即喷水快速冷却的热处理工艺，如图3-43所示。火焰加热表面淬火的淬硬层深度一般为2～8 mm。

火焰加热表面淬火具有操作简便、设备简单、成本低等优点，但加热温度不够均匀，淬火质量较难控制，适用于单件、小批生产以及大型零件的表面淬火。

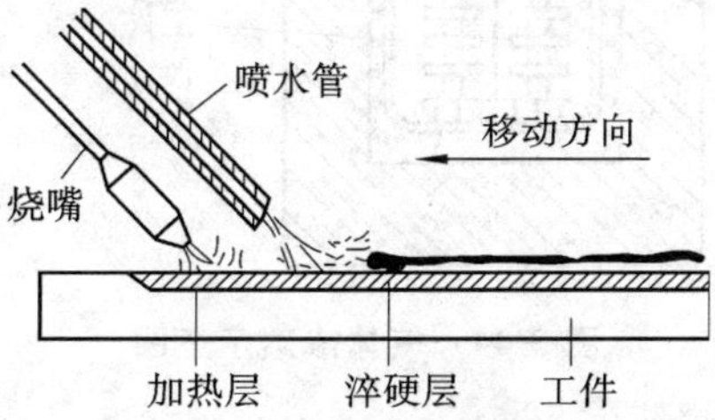

图3-43 火焰加热表面淬火示意图

2. 钢的化学热处理

化学热处理是将工件置于一定温度的活性介质中，使一种或几种元素渗入工件的表层，以改变其化学成分、组织和性能的热处理工艺。与表面淬火相比，化学热处理不仅改变表层的组织，而且还改变其化学成分，获得一般表面淬火达不到的特殊性能（如耐热性、耐腐蚀性以及减摩性等），从而提高钢的使用性能，延长使用寿命。

化学热处理的方法很多，目前最常用的方法有渗碳、渗氮和碳氮共渗等。

1）钢的渗碳

渗碳是将工件在渗碳介质中加热并保温，使碳原子渗入工件表层的化学热处理工艺。

（1）渗碳的目的及应用。

渗碳用钢为低碳钢和低碳合金钢。渗碳的目的是提高工件表层碳的质量分数，经淬火和低温回火后，提高工件表面的硬度和耐磨性，而心部仍然保持良好的塑性和韧性。渗碳一般用于在较大冲击载荷和严重磨损条件下工作的零件，如汽车变速齿轮、活塞销、摩擦片、套筒等。

（2）渗碳方法。

根据渗碳剂的不同，渗碳方法可分为固体渗碳、液体渗碳和气体渗碳三种。常用的是气体渗碳。图3-44所示是气体渗碳示意图，即将工件置于密封的井式气体渗碳炉中，加热到930 ℃左右，滴入容易分解和气化的有机液体（煤油、甲醇、苯等）并保温一定时间，使渗碳介质在高温下分解出活性碳原子，并被工件表面吸收，被吸收的活性碳原子由表面逐渐向工件内部扩散，形成具有一定深度的渗碳层。渗碳后，渗碳层深度可达0.2～2.5 mm，表层碳的质量分数以0.85%～1.05%为最佳。

（3）渗碳件的热处理及性能。

工件渗碳后必须进行淬火和低温回火才能达到预期的性能。经渗碳、淬火、低温回火处理后，工件表面硬度可达58～64 HRC，耐磨性较好；心部硬度可达30～45 HRC，具有较高的强度、韧性和一定的塑性。

2）钢的渗氮

渗氮也称氮化，是将工件在渗氮介质中加热并保温，使氮原子渗入工件表层的化学热处理

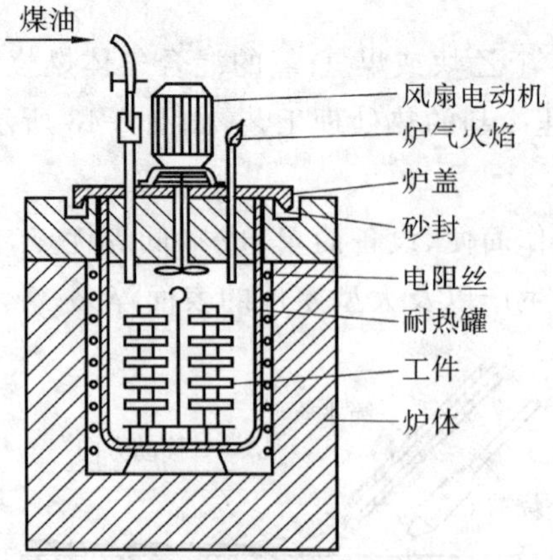

图 3-44 气体渗碳示意图

工艺。其目的是提高工件表面的硬度、耐磨性、抗疲劳强度和耐腐蚀性。

常用的渗氮方法有气体渗氮和离子渗氮两种。气体渗氮是将工件置于通入氨气的井式渗氮炉中，加热到 500 ℃～570 ℃，使氨气分解出活性氮原子，活性氮原子被工件表面吸收，并向内部逐渐扩散，形成具有一定深度的渗氮层。渗氮层深度一般为 0.1～0.6 mm，其渗氮时间为 40～70 h，故气体渗氮生产周期很长。

与渗碳相比，气体渗氮工件表面硬度更高，可达到 1000～1200 HV(相当于 69～72 HRC)；渗氮温度较低，且渗氮后不需要进行其他热处理即可达到较高的硬度，因此渗氮工件变形较小；渗氮层的耐磨性、耐腐蚀性、热硬性及抗疲劳强度均高于渗碳层。但渗氮层薄而脆，渗氮周期较长，生产效率低，因此渗氮主要应用于耐磨、耐高温、耐腐蚀的精密零件，如精密齿轮、精密机床主轴、汽轮机阀门及阀杆、发动机气缸和排气阀等。

3）钢的碳氮共渗

碳氮共渗是在一定温度下，同时将碳、氮原子渗入工件表层的化学热处理工艺，以中温气体碳氮共渗和低温气体碳氮共渗应用较为广泛。

中温气体碳氮共渗实质上是以渗碳为主的共渗工艺。零件经共渗后须进行淬火及低温回火。中温气体碳氮共渗主要用于低碳及中碳结构钢零件，如汽车和机床上的各种齿轮、蜗轮、蜗杆和轴类零件等。

低温气体碳氮共渗实质上是以渗氮为主的共渗工艺。与一般渗氮相比渗层脆性较小，故又称软氮化。这种工艺生产周期短，成本低，零件变形小，不受钢材限制，常用于汽车、机床上的小型轴类零件、齿轮以及模具、量具和刃具等。

3.3 钢的分类

钢是指含碳量在 0.0218%～2.11%的铁碳合金。随着含碳量的增加，钢的强度和硬度增加，塑性下降，为了保证其韧性和塑性，其含碳量一般不超过 1.7%。此外，在铁碳合金基础上加入其他各种合金元素，可制成各种合金钢。

3.3.1 钢的传统分类方法

1. 按钢的成分分类

钢按成分可分为碳素钢和合金钢两种。

碳素钢是指以铁和碳元素为主，除了少量硅、锰、磷、硫等杂质外，不含其他合金元素的钢。工业上应用的碳素钢的含碳量一般为0.05%～1.4%。

碳素钢根据含碳量的高低又可分为以下三种：

(1) 低碳钢：含碳量不大于0.25%。

(2) 中碳钢：含碳量为0.25%～0.60%。

(3) 高碳钢：含碳量大于0.60%。

合金钢是指在碳素钢基础上添加适量的一种或多种合金元素而构成的铁碳合金。合金钢的主要合金元素有硅、锰、铬、镍、钼、钨、钒、钛、铌、锆、钴、铝、铜、硼和稀土金属等。

合金钢根据含合金总量的高低又可分为以下三种：

(1) 低合金钢：含合金总量不大于5%。

(2) 中合金钢：含合金总量为5%～10%。

(3) 高合金钢：含合金总量大于10%。

2. 按钢的用途分类

钢按其用途可分为结构钢、工具钢和特殊性能钢三种。

结构钢是用于制造各种工程结构(建筑工程、桥梁、船舶、车辆、压力容器)和各种机器零件(轴、齿轮、各种连接件等)的钢种。

结构钢的一般性能要求为较高的强度和韧性，因此主要为低碳钢和中碳钢。根据成分特点，结构钢主要包括碳素结构钢和合金结构钢。

工具钢是用于制造各种加工工具的钢种。根据用途不同，工具钢又分为刃具钢、模具钢、量具钢。工具钢的一般性能要求为高强度、高硬度、良好的耐磨性，因此主要为高碳钢(含碳量在0.7%～1.4%)。根据成分特点，工具钢也主要包括碳素工具钢和合金工具钢。

特殊性能钢是指具有某种特殊的物理或化学性能的钢种，用于某些专用行业，包括不锈钢、耐热钢、耐磨钢和电工钢等。特殊性能钢一般为合金钢。

3. 按钢的品质分类

钢按品质分类主要是根据有害杂质S和P的含量来分的：

(1) 普通钢：含硫量为0.035%～0.05%，含磷量为0.035%～0.045%。

(2) 优质钢：含硫量和含磷量均不大于0.035%。

(3) 高级优质钢：高级优质碳素钢的含硫、含磷量均不大于0.030%；高级优质合金钢的含硫、含磷量均不大于0.025%。

4. 按钢的显微组织分类

根据钢在室温下金相组织的不同，钢可分为亚共析钢、共析钢、过共析钢、珠光体钢、贝氏体钢、奥氏体钢、马氏体钢、莱氏体钢和双相钢等。

5. 其他分类方法

按钢的加工方法，钢一般分为铸钢、锻钢、热(冷)轧钢和冷拔钢等。按钢加工前的毛坯形状，钢可分为线材(如普线钢、高线钢、螺纹钢等)、型材(如工字钢、角钢、槽钢等)、板材(如中厚板、容器板、镀锌板等)和管材(不锈钢管、无缝钢管等)。

3.3.2 碳素钢和低合金钢的编号

1. 普通碳素结构钢

普通碳素结构钢(见图3-45)是建筑及工程用非合金结构钢,简称普通碳钢,其牌号由Q(表示屈服强度)、屈服点数值、质量等级符号、脱氧方法等部分按顺序组成。

普通碳素结构钢价格低廉,工艺性能(焊接性、冷变形成形性)优良,用于制造一般工程结构及普通机械零件。

图3-45 普通碳素结构钢

普通碳素结构钢通常热轧成扁平成品或各种型材(圆钢、方钢、角钢、工字钢、钢筋等),一般不经过热处理,而在热轧状态下直接使用。

典型普通碳素结构钢的牌号、主要化学成分及应用如表3-8所示。

2. 低合金高强度结构钢

低合金高强度结构钢中加入了少量合金元素(如Mn、Cr、V、Ti、Nb等),改善了钢的性能,因此其屈服强度相对普通碳素结构钢要高。在旧标准中,低合金高强度结构钢是作为合金结构钢进行编号的。在最新标准中,低合金高强度结构钢套用普通碳素结构钢的编号方法。

表3-8 典型普通碳素结构钢的牌号、主要化学成分及应用

牌号	主要化学成分(质量分数)/(%)					应用举例
	C	Mn	Si	S	P	
Q195	0.06~0.12	0.25~0.50	≤0.30	≤0.05	≤0.045	制造钉子、铆钉、垫块及各种轻载荷的冲压件
Q215	0.09~0.15	0.25~0.55				
Q235	0.14~0.22	0.30~0.65				广泛用于制造小轴、连杆、螺栓、螺母、法兰、垫板、垫块等受力不大、性能要求不高的零件
Q255	0.18~0.28	0.40~0.70				强度较Q235稍高,用于制造拉杆、连杆、转轴、心轴、一般齿轮和键等
Q275	0.28~0.38	0.50~0.80				

低合金高强度结构钢主要用于房屋、桥梁、船舶、车辆、铁轨、高压容器及大型军事工程等工

程结构件。

典型低合金高强度结构钢的新、旧标准牌号对比及应用如表3-9所示。

表3-9 典型低合金高强度结构钢的新、旧标准牌号对比及应用

新标准	旧标准	应用举例
Q345	12MnV,14MnNb,16Mn,18Nb	船舶、铁路车辆、桥梁、管道、锅炉、压力容器、石油储罐、起重及矿山机械、厂房钢架等
Q390	15MnTi,16MnNb,15MnV	中高压锅炉汽包、中高压石油化工容器、大型船舶、桥梁、车辆、起重机及其他较高载荷的焊接结构件等
Q420	15MnVN,14MnVTiRE	大型船舶、桥梁、电站设备、起重机械、机车车辆、中压或高压锅炉及容器,以及其他大型焊接结构件等
Q460		经热处理后可用于大型挖掘机、起重运输机械、钻井平台等

3. 优质碳素结构钢

优质碳素结构钢是用于制造重要机械结构零件的非合金结构钢,其牌号用两位数(表示平均碳量的万分数)表示。若钢中锰的含量较高,则在数字后面加上化学元素符号Mn。

优质碳素结构钢的牌号及应用如表3-10所示。

表3-10 优质碳素结构钢的牌号及应用

牌　号	应用举例
05F	主要用作冶炼不锈钢、耐酸钢等特殊性能钢的炉料,也可代替工业纯铁使用,还可用于制造薄板、冷轧钢带等
08	用来制成冷冲钢带和钢板,用以制造深冲制品、油桶;也可用于制成管子、垫片及心部强度要求不高的渗碳和碳氮共渗零件、电焊条等
10	用于制造锅炉管、油桶顶盖、钢带、钢丝、钢板和型材,也可制造机械零件
15	用于制造机械上的渗碳零件、紧固零件、冲锻模件及不需要热处理的低负荷零件,如螺栓、螺钉、拉条、法兰盘及化工机械用储器、蒸汽锅炉等
20	用于不经受很大应力而要求韧性的各种机械零件,如拉杆、螺钉、起重钩等;也用于心部强度要求不大的渗碳与碳氮共渗零件,如轴套、轴及不重要的齿轮、链轮等。在模具上常用于制作导柱与导套
25	用作热锻和热冲压的机械零件,机床上的渗碳及碳氮共渗零件,以及重型和中型机械制造中的负荷不大的轴、辊子、连接器、垫圈、螺栓、螺母等,还可用作铸钢件
30、35	用作热锻和热冲压的机械零件、冷拉丝、钢管,机械制造中的转轴、曲轴、销轴、杠杆、连杆、横梁、星轮、套筒、钩环、螺母等,还可用来铸造汽轮机身、轧钢机机身、飞轮、均衡器等

续表

牌　号	应用举例
40	用来制造机器的运动零件，如辊子、轴、曲柄销、传动轴、活塞杆、连杆、圆盘，以及火车车轴等
45	广泛用于制造各类机械零件，如蒸汽轮机、压缩机、泵的运动零件，还可以用来代替渗碳钢制造齿轮、轴、活塞销等零件。在模具上常用于制作固定板、垫板、支撑板等结构零件
50	用于耐磨性要求高、动载荷及冲击作用不大的零件，如铸造齿轮、拉杆、轧辊、轴摩擦盘、次要的弹簧、农机上的掘土犁铧、重负荷的心轴与轴等
55	用于制造齿轮、连杆、轮圈、轮缘、扁弹簧及轧辊等，也做铸件
60、65	用于制造气门弹簧、弹簧圈、轴、轧辊、各种垫圈、凸轮及钢丝绳等
70、80	用于制造各类普通弹簧
15Mn、25Mn	用于制造中心部分的力学性能要求较高且需要渗碳的零件
30Mn	用于制造螺栓、螺母、螺钉、杠杆、制动踏板；还可以制造在高应力下工作的细小零件，如农机上的钩、环、链等

4. 易切削结构钢

易切削结构钢是在钢（一般为低碳钢和中碳钢）中加入一些使钢变脆的元素，使钢切削时易脆断成碎屑，从而有利于提高切削速度和延长刀具使用寿命。使钢变脆的元素主要是硫，在普通低合金易切削结构钢中使用了铅、碲、铋等元素，这种钢的含硫量为0.08%～0.3%，含锰量为0.60%～1.55%。

易切削结构钢的编号是在同类结构钢牌号前加“Y”（“易”的拼音字首），以区别于其他结构用钢。

易切削结构钢主要用于制作受力较小而对尺寸和光洁度要求严格的仪器仪表、手表零件，以及汽车、机床和其他各种机器上使用的，对尺寸精度和光洁度要求严格，而对机械性能要求相对较低的标准件，如齿轮、轴、螺栓等。

5. 碳素工具钢

碳素工具钢的牌号是在字母T（“碳”的拼音字首）的后面加数字（表示平均含碳量的千分数）表示。

相比于碳素结构钢，碳素工具钢的含碳量高，热处理后可得到较高的强度和硬度。碳素工具钢生产成本较低，加工性能良好，可用于制作低速、手动刀具及常温下使用的工具、模具和量具等。各种牌号的碳素工具钢淬火后的硬度相差不大，但随着含碳量的增加，钢的耐磨性提高，韧性降低。

常用碳素工具钢的牌号及应用如表3-11所示。

表 3-11 常用碳素工具钢的牌号及应用

牌号	应用举例
T7	制造承受振动和冲击、硬度适中、有良好韧性的工具，如凿子、冲头、木工工具、大锤等
T8	制造有一定硬度和韧性的工具，如冲头、木工工具、剪切金属用剪刀等
T9	制造有较高硬度和耐磨性的工具，如冲模、冲头、凿岩石用凿子等
T10 T11	制造耐磨性要求较高，不受剧烈振动，具有一定韧性及锋利刃口的工具，如刨刀、车刀、钻头、丝锥、手锯锯条、拉丝模、简单冷冲模等
T12	制造不受冲击、高硬度的各种工具，如丝锥、锉刀、刮刀、铰刀、板牙、量具等
T13	制造不受振动、要求极高硬度的各种工具，如剃刀、刮刀、刻字刀具等

6. 工程用铸造碳钢

工程用铸造碳钢牌号前面是ZG（“铸钢”二字的汉语拼音首字母），后面第一组数字表示屈服强度，第二组数字表示抗拉强度，若牌号末尾加字母H，则表示该钢是焊接结构用铸造碳钢。

3.3.3 合金钢的编号

我国合金钢的牌号是按照合金钢中的含碳量及所含合金元素的种类（元素符号）和含量来编制的。一般，牌号的首部是表示含碳量的平均值，表示方法与优质碳素钢的编号是一致的。

1. 合金结构钢

合金结构钢根据其用途和热处理特点可分为合金渗碳钢、合金调质钢、合金弹簧钢和滚动轴承钢等。其中，滚动轴承钢有自己独特的牌号，牌号前面以“G”（“滚”的拼音字首）为标志，其后为铬元素符号Cr，其质量分数以千分数表示，其余与合金结构钢牌号相同。

主要合金结构钢的牌号、特点及应用如表3-12所示。

表 3-12 主要合金结构钢的牌号、特点及应用

类别	牌号	性能特点	应用举例
合金渗碳钢	15Cr、20Cr、20CrMnTi、20MnVB、20MnTiB	经表面渗碳，再淬火及回火后可使表面具有高硬度和强度，心部具有良好塑性和韧性	用于制造承受强烈冲击载荷和摩擦磨损的机械零件，如汽车、拖拉机中的变速齿轮，内燃机的凸轮轴、活塞销等
合金调质钢	40Cr、45Cr、40MnB 35CrMo、35SiMn	经调质处理（淬火+高温回火）后具有高强度、高韧性相结合的良好综合力学性能	主要用于制造在重载荷下同时受冲击载荷作用的一些重要零件，如汽车、拖拉机、机床上的齿轮、轴类件、连杆、高强度螺栓等
合金弹簧钢	55Si2Mn、60Si2Mn 60Si2CrA	经淬火加中温回火后具有高弹性极限和屈强比，还具有较好的疲劳强度和韧性	主要用于制造汽车、拖拉机、机车上的减振弹簧和螺旋弹簧、阀门弹簧、活塞弹簧等

续表

类别	牌　号	性能特点	应用举例
滚动轴承钢	GCr9、GCr15	热处理后具有高而均匀的硬度和耐磨性、高的接触疲劳强度和足够的韧性	主要用于制造滚动轴承的内、外衬套及滚动体，也可用于制造模具和量具

2. 合金工具钢

合金工具钢的牌号与合金结构钢相类似，区别在于含碳量数值表示不同。当平均含碳量小于1.0%时，牌号前以含碳量的千分数表示；当平均含碳量等于或大于1.0%时，牌号前不标数字。

在机械工程上所用的合金工具钢品种繁多，通常按用途分为量具刃具钢（如9SiCr）、冷作模具钢（如CrWMn、Cr12MoV）、热作模具钢（如5CrNiMo）、塑料模具钢（4Cr5MoSiV）、无磁工具钢等。但根据类型和使用条件不同，刃具和模具材料很广泛，不局限于合金工具钢，还包括了优质碳钢、碳素工具钢、合金结构钢、滚动轴承钢、高速钢、不锈钢和硬质合金等。

3. 高速工具钢

高速工具钢简称高速钢，也属于合金工具钢的范畴，因其独特的性能和用途而将其单列出来。高速钢指用于高速切削的刀具用钢，主要用于制造各类机械加工刀具，如钻头、铣刀和车刀等。

常用的高速钢为W18Cr4V和W6Mo5Cr4V2（简称6542）。因为其性能特点，高速钢又俗称锋钢（容易磨得锋利）、风钢（在空气中冷却就可以淬硬）、白钢（出厂时四边磨得光亮而洁白）和油钢（在淬火时大部分在油中冷却）。

4. 特殊性能钢

特殊性能钢的牌号表示方法与合金工具钢基本相同，只是当含碳量小于0.08%及小于0.03%时，在牌号前面分别标出“0”及“00”，如0Cr19Ni9、00Cr30Mn2等。

特殊性能钢是指某些具有特殊的物理、化学性能，在特殊的环境及工作条件下使用的钢。工程上常用的特殊性能钢有不锈钢、耐热钢和耐磨钢等。

特殊性能钢常用钢种的分类、牌号及应用如表3-13所示。

表3-13　特殊性能钢常用钢种的分类、牌号及应用

组　别	分　类	牌　号	性能特点	应用举例
不锈钢	马氏体不锈钢	1Cr13、2Cr13、3Cr13、4Cr13	一般具有良好的抵抗空气、蒸汽和水、酸、碱、盐等腐蚀性介质腐蚀的能力；同时具有良好的塑性和韧性及较高的强度	用于制造在各种腐蚀性介质中工作的零件和构件，如化工装置中的各种管道、阀门和泵，医疗手术刀、防锈刃具和量具，耐腐蚀模具。也用来制作日常生活用具，如餐具、水壶等
	铁素体不锈钢	0Cr13、1Cr17、1Cr28、1Cr17Ti		
	奥氏体不锈钢	0Cr18Ni9、1Cr19Ni9、1Cr18Ni9Ti		

续表

组别	分类	牌号	性能特点	应用举例
耐热钢	抗氧化钢	1Cr13Si13、3Cr18Ni25Si2	具有较强的高温抗氧化能力及高温强度保持能力	常用于制造长期在燃烧环境下工作且保持一定强度的零件，如内燃机气阀、加热炉构件、高压锅炉的过热器等
	热强钢	5CrMo、4Cr9Si2、4Cr10Si2Mo		
耐磨钢	高锰钢	ZGMn13	表面硬度高，耐磨性很好，心部韧性好，强度高，而且经受挤压摩擦时极易形成加工硬化	主要用于制造在工作过程中承受严重磨损和强烈冲击的零件，如铁路道岔、坦克履带、挖掘机铲齿等构件

3.3.4 铸铁的分类与应用

1. 铸铁的分类

石墨在铸铁中大致有四种存在形态，即片状、球状、团絮状和蠕虫状，如图 3-46 所示。

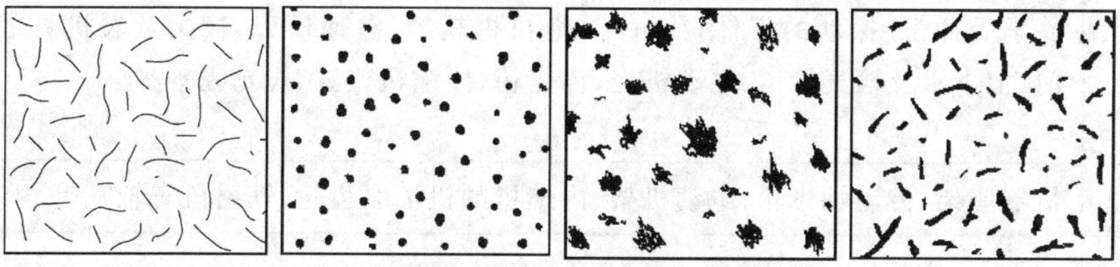

(a)片状　(b)球状　(c)团絮状　(d)蠕虫状

图 3-46　石墨在铸铁中的存在形态

按照石墨存在形态的不同，工业铸铁可分为灰铸铁（石墨呈片状）、球墨铸铁（石墨呈球状）、可锻铸铁（石墨呈团絮状）和蠕墨铸铁（石墨呈蠕虫状）。此外，还有白口铸铁和麻口铸铁，因其断口分别呈白亮色和灰白相间的麻点状而得名。

2. 铸铁的编号及应用

1）灰铸铁

灰铸铁也称灰口铸铁，其价格便宜，是应用最广泛的铸铁材料。在各类铸铁的总产量中，灰铸铁占 80％以上。灰铸铁的牌号以“HT”和其后的一组数字表示。灰铸铁的牌号及应用如表 3-14所示。

表 3-14　灰铸铁的牌号及应用

类别	牌号	应用举例
铁素体灰铸铁	HT100	小载荷的不重要零件，如防护罩、盖、支架、底板、机床底座等
铁素体＋珠光体灰铸铁	HT150	承受中等载荷的零件，如机座、支架、箱体、床身、轴承座、工作台、泵体、阀体等

续表

类　别	牌　号	应用举例
珠光体灰铸铁	HT200	承受较大载荷和要求有一定气密性或耐腐蚀性的较重要零件，如气缸、活塞、机座、床身、齿轮箱、液压缸、阀门等
	HT250	
孕育铸铁	HT300	承受大载荷、耐磨和具有高气密性的重要零件，如重型机床、剪床、压力机、自动机床的床身、机座、机架、高压液压件、活塞环、齿轮、凸轮、大型发动机的气缸体、缸套，等等
	HT350	

2）球墨铸铁

球墨铸铁是将铁水经过球化处理而得到的、石墨为球粒状的铸铁材料。球墨铸铁的力学性能优越，同时还具有碳钢不具备的良好减振性和耐磨性。球墨铸铁能起到“以铁代钢、以铸代锻”的作用，在工业工程中被广泛应用。

球墨铸铁的牌号以“QT”和其后的两组数字表示。其中“QT”为“球铁”二字的汉语拼音字首，其后数字表示最低抗拉强度和最低断后收缩率（塑性指标）。球墨铸铁的牌号及应用如表3-15所示。

表 3-15　球墨铸铁的牌号及应用

牌　号	应用举例
QT400-18	承受冲击、振动的零件，如汽车、拖拉机轮毂、差速器壳、拨叉及农机具零件、中低压阀门、上下水及输气管道、电动机壳、齿轮箱、压缩机气缸、飞轮壳等
QT400-15	
QT450-10	
QT500-7	机器座架、传动轴飞轮、电动机架、内燃机的机油泵齿轮、铁路机车轴瓦等
QT600-3	载荷大、受力复杂的零件，如汽车、拖拉机的曲轴、连杆、凸轮轴，部分磨床、铣床、车床的主轴、机床蜗杆、蜗轮、轧钢机轧辊、大齿轮、气缸体、起重机滚轮等
QT700-2	
QT800-2	
QT900-2	制造高强度齿轮和曲轴零件，如大减速器齿轮、汽车后桥螺旋锥齿轮、内燃机曲轴、凸轮轴等

3）可锻铸铁

可锻铸铁并不可锻造，而是由一定成分的白口铸铁通过高温长时间可锻化退火而获得的、具有团絮状石墨的铸铁。根据基体组织的不同，可锻铸铁分为黑心（铁素体）可锻铸铁和珠光体可锻铸铁。

可锻铸铁的牌号分别用“KTH”“KTZ”和后面的两组数字表示。“KT”是“可铁”二字的汉语拼音字首，“H”和“Z”分别为“黑”和“珠”的汉语拼音字首，两组数字分别表示最低抗拉强度和最低断后伸长率。

4）蠕墨铸铁

蠕墨铸铁是一种新型铸铁。它是在一定成分的铁水中加入适量的蠕化剂，获得石墨形态介于片状和球状之间、形似蠕虫状的铸铁。蠕墨铸铁的牌号用“RuT”加抗拉强度数值表示，主要用来制造大功率柴油机气缸盖、气缸套、电动机外壳、机座、机床床身、阀体、钢锭模等铸件。

5）特殊性能铸铁

在灰铸铁或球墨铸铁中加入一定量的合金元素，可使铸铁具有某些特殊性能（如耐磨、耐热、耐腐蚀），这类铸铁称为合金铸铁或特殊性能铸铁。特殊性能铸铁熔炼简便、成本较低，但力学性能比合金钢差，脆性较大。特殊性能铸铁包括耐磨铸铁、耐热铸铁和耐腐蚀铸铁。

3.4 碳素钢

碳素钢简称碳钢，通常指碳的质量分数小于2.11%的铁碳合金。因其具有较好的力学性能和工艺性能，而且冶炼方便、价格低廉，因此是制造各种机器、工程结构、量具和刀具等最主要的材料，在汽车零件制造中也得到广泛的应用。图3-47所示为常见碳素钢制造的汽车零件。

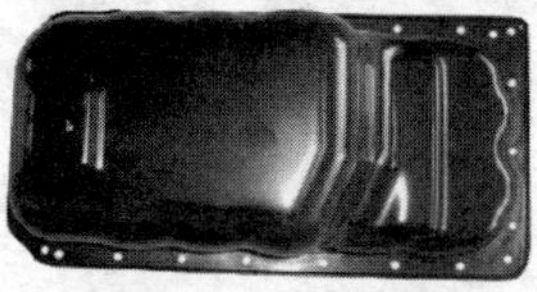

(a)低碳钢制造的油底壳

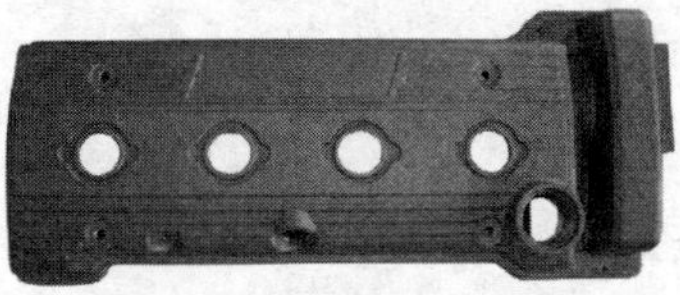

(b)低碳钢制造的气缸盖罩

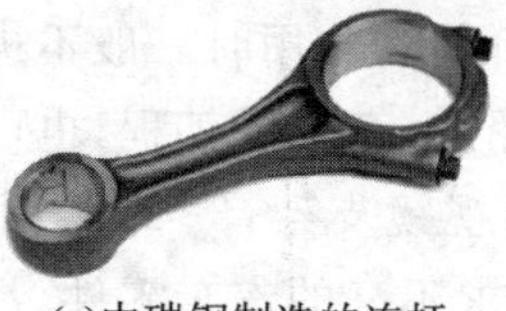

(c)中碳钢制造的连杆

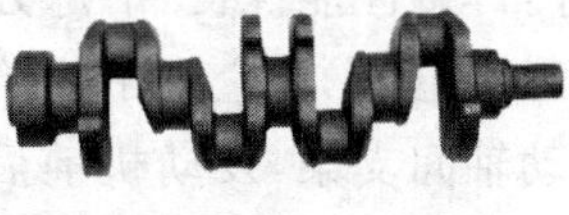

(d)中碳钢制造的曲轴

图3-47 常见碳素钢制造的汽车零件

3.4.1 常存杂质对钢性能的影响

实际生产中使用的碳钢，不单纯是铁碳合金，还包含锰、硅、硫、磷等常规杂质元素，它们对钢的性能有一定影响。

1. 锰

锰是炼钢时用锰铁脱氧而残留在钢中的。锰大部分溶于铁素体，形成置换固溶体，因此具有固溶强化的作用；锰还能和钢中的硫形成高熔点（1620 ℃）的MnS，从而减轻硫的有害作用；同时，锰还能增加珠光体的相对质量分数，并使珠光体细化，从而提高钢的强度。因此，锰是钢中的有益元素。碳钢中，锰的质量分数一般在0.25%～0.80%之间。当钢中锰的质量分数较小时，锰对钢的性能影响不明显。

2. 硅

硅是炼钢时用硅铁脱氧而残留在钢中的，其脱氧能力比锰强。硅能溶于铁素体，也具有固溶强化的作用，但同时降低了钢的韧性和塑性。碳钢中，硅的质量分数一般在0.17%～0.37%之间。当钢中硅的质量分数较小时，硅对钢的性能影响不明显。硅也是钢中的有益元素。

3. 硫

硫是炼钢时由矿石和燃料带入钢中的，难以除尽。硫在钢中常以FeS的形式存在，而FeS和硫能形成熔点较低（985 ℃）的共晶体分布在晶界上，当钢加热到1000 ℃～1200 ℃进行热加工时，共晶体将熔化，使得钢材变得极脆，这种现象称为热脆。

硫对钢的焊接性能有不良影响，会导致焊缝的热裂现象；对于铸钢件，硫的质量分数高时，也会出现热裂现象。因此，硫是钢中的有害元素，必须严格控制钢中硫的质量分数，一般小于0.05%。

4. 磷

磷也是炼钢时由矿石带入钢中的。极少量的磷就能显著降低钢的塑性与韧性，在低温时更为严重，这种在低温时使钢严重变脆的现象，称为冷脆。因此，磷也是钢中的有害元素，钢中磷的质量分数一般小于0.045%。

在某些情况下，硫、磷对钢也有有利的一面。如易切钢就是含硫、磷较高的钢。由于硫、磷含量较高，钢的塑性、韧性差，切削加工时切屑易碎断，不易磨损刀具，因此，适宜高速切削。再如，在炮弹钢中加入较多的磷，可使炮弹爆炸时碎片增多，提高杀伤力。

3.4.2 常用碳素钢在汽车上的应用

1. 普通碳素结构钢

由于普通碳素结构钢碳的质量分数较低，而硫、磷等有害元素的含量较多，故强度不够高。但这类钢塑性、韧性好，焊接性能优良，冶炼方便、价格便宜，使用时一般不进行热处理。普通碳素结构钢一般作为工程用钢，广泛应用于建筑、桥梁、船舶、车辆等工程，也可用于制造不重要的机器零件。如汽车传动轴间支架，发动机前后支架，后视镜支架，3、4、5挡同步器锥盘，差速器螺栓锁片，车轮轮辐，驻车制动操纵杆棘爪和齿板等要求不高的汽车零件，都是由普通碳素结构钢制造的。常用普通碳素结构钢在汽车上的应用如表3-16所示。

表3-16 常用普通碳素结构钢在汽车上的应用

牌　　号	应用举例
Q235A	传动轴中间轴承支架、发动机支架、后视镜支架、油底壳加强板、车轮轮辐等
Q235AF	机油滤清器法兰、发动机连接板、前钢板弹簧夹箍、后视镜支架等
Q235B	同步器锥盘、差速器螺栓锁片、驻车制动操纵杆棘爪和齿板等
Q235BF	消声器后支架、放水龙头手柄夹持架、百叶窗叶片等

2. 优质碳素结构钢

优质碳素结构钢是应用极为广泛的机械制造用钢。与普通碳素结构钢相比，其硫、磷等有害元素含量较少，因而强度较高，塑性和韧性较好，经过热处理后还可以进一步调整和改善其力学性能，因此，常用于制造较重要的机械零件。

优质碳素结构钢中的低碳钢，强度、硬度不高，但是塑性、韧性以及焊接性能良好，常用于制作各种冲压件、焊接件和强度要求不高的零件，如发动机油底壳、油箱、车身外壳、离合器盖、变速叉、轮胎螺栓和螺母等；中碳钢具有较高的强度和硬度，切削加工性能良好，经过热处理后具有良好的综合力学性能，常用于制作受力较大的汽车零件，如曲轴齿轮、飞轮齿轮、万向节叉、离合器从动盘、连杆等；高碳钢具有高的强度、硬度和良好的弹性，常用于制作各种弹性件和耐磨件，如气门弹簧、离合器压盘弹簧、活塞销卡簧、空气压缩机阀片、弹簧垫圈等。常用优质碳素结构钢在汽车上的应用如表 3-17 所示。

表 3-17 常用优质碳素结构钢在汽车上的应用

牌号	种类	主要性能	应用举例
08F,10F,15F	低碳沸腾钢	强度、硬度很低,焊接性能良好	驾驶室外壳、油底壳、油箱、离合器盖等冲压件
10,15,20,25	低碳钢	强度、硬度低,塑性、韧性和焊接性能良好	轮胎螺栓和螺母、发动机气门调整螺钉、离合器调整螺栓、曲轴箱调整螺栓、离合器分离杠杆、风扇叶片、驻车制动杆等
30,35,40,45,50,55	中碳钢	综合力学性能良好	曲轴正时齿轮、半轴螺栓锥形套、机油泵齿轮、连杆螺母、气缸盖定位销、气门推杆、同步器锁销、变速杆、凸轮轴、曲轴、离合器踏板轴及分离叉、离合器从动盘等
60,65,70	高碳钢	经热处理后有较高的强度、硬度和弹性	气门弹簧、转向纵拉杆弹簧、离合器压盘弹簧、活塞销卡簧、拖曳钩弹簧等

3. 碳素工具钢

由于碳素工具钢的热硬性(即在高温时仍保持切削所需硬度的能力)较差,热处理变形较大,因此,仅适用于制造不太精密的模具、木工工具和金属切削的低速手用刀具,如锉刀、锯条、手用丝锥等。常用碳素工具钢牌号、化学成分及用途如表 3-18 所示。

4. 铸钢

铸钢是冶炼后直接铸造成形的钢种。在实际生产中,一些形状复杂、在工艺上又很难用锻压方法成形,而且要求有较高的强度和塑性,并承受冲击载荷的大型零件,通常采用铸钢制造,例如汽车的变速箱壳,机车车辆的车钩和联轴器等。铸钢的铸造性能比铸铁差,但力学性能比铸铁好。随着铸造技术的进步,铸钢件在组织、性能、精度和表面粗糙度等方面都已接近锻钢件,可以不经切削加工或只需少量切削加工后使用,能大量节约钢材,降低成本,因此得到了更加广泛的应用。

表 3-18 常用碳素工具钢牌号、化学成分及用途

牌号	化学成分/(%)			硬度		用途举例
	C	Si	Mn	供应状态 HB(不大于)	淬火后 HRC(不小于)	
T7 T7A	0.65～0.74	≤0.35	≤0.40	187	62	承受冲击、韧性较好、硬度适当的工具,如扁铲、手钳、大锤、螺钉旋具、木工工具等
T8 T8A	0.75～0.84			187	62	承受冲击、要求较高硬度的工具,如冲头、压缩空气工具、木工工具等

续表

牌号	化学成分/(%)			硬度		用途举例
	C	Si	Mn	供应状态 HB(不大于)	淬火后 HRC(不小于)	
T9 T9A	0.85～0.94	≤0.35	≤0.40	192	62	韧性中等、硬度要求较高的工具，如冲头、木工工具、凿岩工具等
T10 T10A	0.95～1.04			197	62	不受剧烈冲击，要求高硬度、高耐磨性的工具，如车刀、刨刀、丝锥、钻头、手锯条等
T11 T11A	1.05～1.14			207	62	不受剧烈冲击，要求高硬度、高耐磨性的工具，如车刀、刨刀、丝锥、钻头、手锯条等
T12 T12A	1.15～1.24			207	62	不受冲击，要求高硬度、高耐磨性的工具，如锉刀、刮刀、精车刀、螺钉旋具、量具等
T13 T13A	1.25～1.35			217	62	同上，要求更耐磨的工具，如刮刀、剃刀等

铸钢主要有碳素铸钢和低合金铸钢两大类。碳素铸钢按用途分为一般工程用碳素铸钢和焊接结构用碳素铸钢，如表3-19所示。低合金铸钢是在碳素铸钢基础上，提高锰、硅的含量，以发挥其合金化的作用，另外还添加铬、钼等合金元素，常用牌号有ZG40Cr、ZG40Mn和ZG35CrMo等。低合金铸钢的综合力学性能明显优于碳素铸钢，大多数用于承受较重载荷、冲击和摩擦的机械零件，如各种高强度齿轮、高速列车车钩等。为充分发挥低合金铸钢的性能，通常对其进行退火、正火、调质和表面强化热处理。常用铸造碳钢在汽车上的应用如表3-20所示。

表3-19　碳素铸钢的牌号、力学性能与用途

种类	牌号	对应旧牌号	力学性能(≥)					应用举例
			R_{eL} /MPa	R_m /MPa	A/(%)	Z /(%)	A_K /J	
一般工程用碳素铸钢	ZG200-400	ZG15	200	400	25	40	30	良好的塑性、韧性和焊接性能，用于受力不大、要求高韧性的零件
	ZG230-450	ZG25	230	450	22	32	25	一定的强度、较好的韧性和焊接性能，用于受力不大、要求高韧性的零件
	ZG270-500	ZG35	270	500	18	25	22	较高的强度和韧性，用于受力较大且有一定韧性要求的零件，如连杆、曲轴

续表

种类	牌号	对应旧牌号	力学性能(≥)					应用举例
			R_{eL}/MPa	R_m/MPa	A/(%)	Z/(%)	A_K/J	
一般工程用碳素铸钢	ZG310-570	ZG45	310	570	15	21	15	较高的强度和较低的韧性,用于载荷较高的零件,如大齿轮、制动轮
	ZG340-640	ZG55	340	640	10	18	10	高的强度、硬度和耐磨性,用于齿轮、棘轮、联轴器叉头等
焊接结构用碳素铸钢	ZG200-400H	ZG15	200	400	25	40	30	由于碳的质量分数偏下限,故焊接性能优良,其用途基本与ZG200-400、ZG230-450、ZG270-500相同
	ZG230-450H	ZG20	230	450	22	35	25	
	ZG275-485H	ZG25	275	485	20	35	22	

表 3-20 常用铸造碳钢在汽车上的应用

牌　　号	应用举例
ZG270-500	机油管法兰、化油器活接头、车门限制器限制块等
ZG310-570	进排气歧管压板、风扇过渡法兰、前减震器下支架、变速叉、启动爪等
ZG340-640	齿轮、棘轮等

3.5 合金钢

汽车上一些受力复杂的重要零件,如变速器齿轮、半轴、活塞销、气门等,如果采用碳素钢制造,并不能满足其性能要求。因此,在汽车制造中还广泛应用了合金钢。所谓合金钢,是指在碳素钢的基础上,为了改善钢的某些性能,在冶炼时有目的地加入一些合金元素炼成的钢。常用的合金元素有硅(Si)、锰(Mn)、铬(Cr)、镍(Ni)、钨(W)、钼(Mo)、钒(V)、硼(B)、铝(Al)、钛(Ti)和稀土元素(RE)等。

合金钢和碳素钢相比有许多优点:在相同的淬火条件下,能获得更深的淬硬层;具有良好的综合力学性能;具有良好的耐磨性、耐腐蚀性和耐高温性等特殊性能。但合金钢冶炼成本高,价格昂贵,焊接和热处理工艺也较为复杂。虽然如此,为保证使用的可靠性,汽车上的重要零件大多采用合金钢制造。常见的用合金钢制造的汽车零件如图 3-48 所示。

3.5.1 合金结构钢在汽车上的应用

合金结构钢是在优质或高级优质碳素结构钢的基础上加入适量合金元素的钢,按其用途可分为工程用钢和机械制造用钢两大类。工程用钢主要用于制造汽车大梁等各种工程构件,工程用钢的合金元素含量较少,所以又称为低合金结构钢,常用的有低合金高强度结构钢。机械制造用钢主要用于制造各种机械零件,按其用途和热处理特点不同,又分为合金渗碳钢、合金调质钢、合金弹簧钢和滚动轴承钢等。

(a)变速器齿轮　(b)减速器齿轮　(c)活塞销

(d)十字轴　(e)半轴　(f)气门

(g)气门弹簧　(h)圆锥滚子轴承

图 3-48　常见的合金钢制造的汽车零件

1. 低合金高强度结构钢

低合金高强度结构钢碳的质量分数在 0.12%～0.25%之间，合金元素的含量一般小于 3%，其成分特点为低碳、低合金元素含量，所加入的合金元素主要有锰、钒、钛等。由于合金元素的存在，低合金高强度结构钢比相同含碳量的碳素钢的强度高 30%～50%，并且具有良好的塑性、韧性、耐腐蚀性和焊接性，还具有比碳素结构钢更低的韧脆转变温度(一般为－30 ℃左右)，这对北方高寒地区使用的构件及运输工具具有十分重要的意义。

低合金高强度结构钢一般是经热轧，在空气中冷却而成，加工成构件后不需要热处理就可以直接使用。用低合金高强度结构钢替代碳素钢可以提高构件强度，减轻构件重量，延长使用寿命。低合金高强度结构钢广泛用于制造桥梁、船舶、车辆和高压容器等。

常用低合金高强度结构钢在汽车上的应用如表 3-21 表示。

表 3-21　常用低合金高强度结构钢在汽车上的应用

牌　号	应用举例
Q295A	水箱固定架底板、风扇叶片、车架横梁等
Q345B	车架纵梁、车架横梁、油箱托架、车架角撑、蓄电池固定厚板等
Q390B	车架前横梁、车架中横梁、前保险杠、车架角撑等

2. 合金渗碳钢

合金渗碳钢是用于制造渗碳零件的钢。这类钢碳的质量分数在 0.10%～0.25%之间。通过渗碳处理使表面达到高碳(w_C＝0.85%～1.05%)，而心部仍是较低的含碳量，使这类钢经热处理后可以达到“表硬心韧”的性能，即能保证钢的表面具有高的强度和硬度，而心部具有足够的塑性和韧性。钢中常加入铬、镍、锰、硼等合金元素以提高钢的强度和淬透性，加入钒、钛等元素用以细化晶粒，提高渗碳层的耐磨性。

汽车上有许多零件是在高速、重载荷、强烈冲击和剧烈摩擦的状态下工作的，如变速齿轮、万向节十字轴、活塞销和气门挺杆等。它们的表面要求具有高硬度、高耐磨性，而心部则要求具有高的强度和韧性，因而这些零件大多采用合金渗碳钢制造。

合金渗碳钢种类很多，在汽车上用量也很大，以 15Cr、20Cr、18CrMnTi、20CrMnTi 及 20MnTiB 使用得最为广泛。近几年，含硼的渗碳钢（20Mn2B、20MnVB）在汽车中也被广泛采用，并用来代替 20CrMnTi 以节约贵重合金元素铬。常用合金渗碳钢在汽车上的应用如表 3-22 所示。

表 3-22 常用合金渗碳钢在汽车上的应用

牌　号	应用举例
15Cr	活塞销、气门挺杆及调整螺栓、气门弹簧座等
20CrMnTi	变速齿轮、齿套、半轴齿轮、万向节和差速器十字轴等
15MnVB	变速轴、变速齿轮、齿套、钢板弹簧中心螺栓等
20MnVB	减速器齿轮、万向节十字轴、差速器十字轴、传动轴十字轴等

3. 合金调质钢

在汽车结构中某些重要零件，如发动机的连杆、汽车底盘的万向节、半轴等，它们都在多种载荷下工作，承受载荷情况较为复杂，因此，既要求零件具有良好的综合力学性能（良好的强韧性配合），又要求有较高的韧性。这类零件通常由合金调质钢制造。

合金调质钢碳的质量分数一般在 0.25%～0.50%之间，属于中碳钢。钢中常加入铬、锰、镍、硼等合金元素以增加钢的淬透性，提高钢的强度，其中镍还可以提高钢的韧性。加入钨、钼、钒、钛等合金元素可细化晶粒，提高钢的回火稳定性。

40Cr 钢是最常用的合金调质钢，其强度比 40 钢提高 20%，并具有良好的塑性，常用于制造转向节、气缸盖螺栓等。为节约铬元素，也可用 40MnB 或 40MnVB 代替。合金调质钢的热处理是调质（淬火＋高温回火），如果要求零件表面有较高的硬度和耐磨性，可以在调质后再进行表面热处理。

常用合金调质钢在汽车上的应用如表 3-23 所示。

表 3-23 常用合金调质钢在汽车上的应用

牌　号	应用举例
40Cr	发动机支架固定螺栓、差速器壳螺栓、气缸盖螺栓、减震器销、水泵轴、连杆盖、曲轴、连杆等
40MnB	半轴、水泵轴、变速器轴、转向节、转向臂、传动轴花键、万向节叉、气缸盖螺栓、连杆螺栓等
45Mn2	进气门、半轴套管、钢板弹簧 U 形螺栓等
50Mn2	离合器从动盘、减震盘等

4. 合金弹簧钢

合金弹簧钢是用于制造弹簧和弹性元件的专用钢。弹簧是汽车、机械和仪表中的重要零件，它是利用弹性变形时所储存的能量，缓和机械设备的振动和冲击作用。例如，汽车、拖拉机和机车上的板弹簧，除承受静载荷外，还要承受因地面不平所引起的冲击载荷和振动。此外，弹簧还可储存能量，使其他机件完成预先规定的动作，如气阀弹簧等。

合金弹簧钢碳的质量分数比调质钢高，一般为 0.46%～0.70%。钢中常加入锰、硅、铬等合金元素用以提高钢的强度和弹性极限，有重要用途的弹簧钢还加入少量的钼、钨、钒等合金元素，以提高韧性和回火稳定性。

弹簧是汽车的重要构件，具有能量储存、自动控制、缓冲平衡、固定、复位、安全减震等作用。通常一辆汽车上装有 50～60 种、100 多个弹簧，用于悬架、发动机、离合器、制动器等重要部位。

常用合金弹簧钢在汽车上的应用如表 3-24 所示。

表 3-24 常用合金弹簧钢在汽车上的应用

牌　号	应用举例
65Mn	气门弹簧、制动室复位弹簧、摇臂轴定位弹簧、离合器压紧弹簧
55Si2Mn	钢板弹簧
60Si2Mn	钢板弹簧、牵引钩弹簧
55SiMnVB	钢板弹簧

5. 滚动轴承钢

滚动轴承钢用来制造各种滚动轴承元件，如轴承内、外套圈和滚动体（滚珠、滚柱、滚针），属于专用结构钢。滚动轴承工作时承受很大的局部交变载荷，滚动体与套圈间接触应力较大，易使轴承工作表面产生接触疲劳破坏和磨损。因此，要求轴承钢具有高的硬度、耐磨性、弹性极限和接触疲劳强度以及足够的韧性和耐蚀性。

滚动轴承钢碳的质量分数较高，一般为 0.95%～1.15%，以保证钢有高的硬度和耐磨性。钢中常加入 0.45%～1.65%的铬，用以提高钢的淬透性和耐磨性。对于大型轴承用钢还加入硅、锰等合金元素，使钢具有足够的韧性和疲劳强度。滚动轴承钢对硫、磷含量要求严格（$w_S<0.025\%$，$w_P<0.030\%$），因此它是一种高级优质钢，但其牌号后面没有符号 A。

滚动轴承钢除用于轴承外，还用于制造其他耐磨零件，如汽车的油泵柱塞、喷油嘴、针阀等，也可制造形状复杂的工具、冲压模具和精密量具。常用滚动轴承钢的牌号、热处理及用途如表 3-25所示。

表 3-25 常用滚动轴承钢的牌号、热处理及用途

牌　号	热处理			用途举例
	淬火温度/℃	回火温度/℃	回火后硬度(HRC)	
GCr9	810～830	150～170	62～66	直径小于 20 mm 的滚珠、滚柱及滚针
GCr15	825～845	150～170	62～66	中、小型轴承
GCr15SiMn	820～840	150～170	≥62	大型轴承或特大轴承的滚动体和内、外套圈

续表

牌　号	热处理			用途举例
	淬火温度/℃	回火温度/℃	回火后硬度(HRC)	
GSiMnV	780～810	150～170	≥62	可代替 GCr15 钢
GSiMnVRE	780～810	150～170	≥62	可代替 GCr15 及 GCr15SiMn 钢
GSiMnMoV	770～810	165～175	≥62	可代替 GCr15SiMn 钢

6. 超高强度钢

超高强度钢是指屈服强度大于 1400 MPa，抗拉强度大于 1500 MPa，兼有适当韧性的合金钢。它是在合金调质钢的基础上加入多种合金元素而形成和发展起来的。我国常用的超高强度钢有 30CrMnTiNi2A、4Cr5MoVSi 等，主要用作航空、航天工业的结构材料，如飞机主梁、起落架、发动机结构零件等。

3.5.2　合金工具钢的应用

碳素工具钢经热处理后能达到很高的硬度和耐磨性，但因其淬透性低，淬火变形倾向大，热硬性差，因此，仅适用于制造尺寸较小、形状简单、精度低的模具、量具和低速手用刀具。合金工具钢是在碳素工具钢的基础上加入适量合金元素制成的，由于合金元素的加入，提高了钢的强度、淬透性和热硬性，减小了变形开裂倾向。因此，尺寸较大、形状复杂、精度要求高的模具、量具以及切削速度较高的刀具，都采用合金工具钢来制造。合金工具钢按其用途不同，可分为合金刃具钢、合金模具钢和合金量具钢。

1. 合金刃具钢

合金刃具钢主要用于制造各种切削工具，如车刀、铣刀等。刀具在切削过程中承受着高温、高压和强烈的摩擦，因此，要求刃具钢必须具有高的硬度、耐磨性、热硬性以及足够的强度和韧性。

合金刃具钢分为低合金刃具钢和高速钢两种。

1）低合金刃具钢

低合金刃具钢碳的质量分数为 0.80%～1.50%，合金元素质量分数为 3%～5%。钢中常加入铬、锰、硅、钨、钒等合金元素，以提高钢的淬透性、回火稳定性和耐磨性。但由于钢中合金元素加入量较少，这类钢的工作温度一般不超过 300 ℃，主要用于制造切削速度较低、尺寸较大或形状复杂的切削刀具。

常用的低合金刃具钢有 9SiCr、CrWMn 和 9Mn2V 等。其中 9SiCr 钢有较高的硬度和耐磨性，常用于制造丝锥、板牙、铰刀等。CrWMn 钢的硬度高于 9SiCr 钢，可达到 64～66 HRC，且热处理变形小，所以，常用于制造较精密的刀具，如长丝锥、长铰刀等。

低合金刃具钢的热处理为球化退火，淬火后低温回火。

2）高速钢

高速钢是一种高碳、高合金元素含量的刃具钢。它以高速切削而得名。这类钢热处理后具有高的热硬性，在其切削温度高达 600 ℃时，仍能保持高硬度（60 HRC 以上）和高耐磨性。高速钢还具有很高的淬透性，在空气中冷却也能淬硬，并且刃口锋利，故又称为“锋钢”，主要用于制造重要的形状复杂的高速切削刀具。

高速钢碳的质量分数为0.70%～1.65%，较高的含碳量主要是保证其具有高硬度和高耐磨性。钢中常加入钨、钼、铬、钒等合金元素，其总量超过10%，从而大大提高了钢的淬透性和回火稳定性，使高速钢在高速、高温下进行切削时仍有很高的热硬性和耐磨性。

常用的高速钢有W18Cr4V、W6Mo5Cr4V2等。其中W18Cr4V钢是发展最早、应用最广泛的高速工具钢，其热硬性高，过热和脱碳倾向小，但韧性较差，主要用于制造中速切削刀具或结构复杂的低速切削刀具，如拉刀、齿轮刀具等。W6Mo5Cr4V2钢可作为W18Cr4V钢的代用品，与W18Cr4V钢相比，其热硬性稍差，但韧性和耐磨性较高，主要用于制造耐磨性和韧性配合较好的刀具，尤其适宜制作麻花钻头等薄刃刀具。

高速钢的热处理为高温(1270 ℃～1280 ℃)淬火后，再进行三次高温(560 ℃)回火。

2. 合金模具钢

合金模具钢按使用条件不同，分为冷作模具钢、热作模具钢和塑料模具钢。

1) 冷作模具钢

冷作模具钢用于制造在冷态下变形或分离的模具，如冷冲模、冷镦模、冷挤压模等。冷作模具工作时承受很大的压力、弯曲力、冲击载荷和摩擦，因此要求模具工作部分有高的硬度(50～60 HRC)、耐磨性、强度和韧性。

冷作模具钢碳的质量分数为1.0%～2.0%，较高的含碳量是为了保证其具有高硬度和高耐磨性。钢中常加入铬、钨、钼、钒等合金元素，以提高钢的耐磨性、淬透性和回火稳定性。

目前广泛应用的是Cr12型钢，如Cr12、Cr12MoV、Cr12Mo1V1等。Cr12型钢具有很高的硬度(约1820 HV)和耐磨性、较高的强度和韧性，热处理变形小，主要用于制作大截面、形状复杂、变形要求严格的冷作模具。截面较大、形状较复杂、淬透性要求较高的冷作模具可以选用低合金工具钢9SiCr、9Mn2V或GCr15钢制造。

2) 热作模具钢

热作模具钢是用来制造使加热的金属或液体金属成型的模具，如热锻模、热挤压模、压铸模等。热作模具工作时承受强烈摩擦、较高温度和大的冲击载荷以及强烈的冷热循环，导致模具易出现崩裂、磨损、塌陷、龟裂等失效现象。因此，要求热作模具钢在高温下具有高的热硬性、耐磨性、高的抗氧化能力、高的热强性和足够的韧性。此外，对尺寸较大的热作模具，还要求有高的淬透性，以保证模具整体性能均匀，且热处理变形要小。

热作模具钢碳的质量分数为0.3%～0.6%，以保证有良好的强度、硬度和韧性配合。加入镍、铬、钼、锰、硅等合金元素，可提高其强度、韧性、淬透性、抗热疲劳性及回火稳定性。

5CrMnMo和5CrNiMo是最常用的热作模具钢，它们有较高的强度、耐磨性和韧性，优良的淬透性和良好的抗热疲劳性能，主要用于制作大中型热锻模。根据我国资源情况，应尽可能采用5CrMnMo钢。对于在静压下使金属变形的热挤压模、压铸模，常选用高温性能较好的3Cr2W8V钢或4Cr5W2VSi钢制作。

3) 塑料模具钢

塑料模具包括塑料模和胶木模等。它们都是用来在不超过200 ℃的低温加热状态下，将细粉或颗粒状塑料压制成型。塑料模具在工作时，持续受热、受压，并受到一定程度的摩擦和有害气体的腐蚀，因此，塑料模具钢主要要求在200 ℃时具有足够的强度和韧性，并具有较高的耐磨性和耐腐蚀性。

目前常用的塑料模具钢主要为3Cr2Mo，用于中型塑料模具。其$w_C=0.3\%$可保证热处理后获得良好的强韧性配合及较高的硬度和耐磨性，加入铬、钼等合金元素，可提高淬透性，减小变形。

3. 合金量具钢

合金量具钢用来制作各种测量工具，如卡尺、千分尺、块规、塞规等。量具工作时主要受摩擦、磨损，承受外力很小，因此，要求量具用钢要有高的硬度（62～65 HRC）、高的耐磨性和良好的尺寸稳定性。

量具用钢碳的质量分数较高，一般为0.9%～1.5%，以保证其具有高的硬度和耐磨性。加入铬、钨、锰等合金元素，可提高淬透性，减小变形。

最常用的量具钢为碳素工具钢和低合金刃具钢。碳素工具钢T10A、T12A常用于尺寸小、形状简单、精度要求不高的量具，如样板、塞规等。低合金刃具钢9SiCr、CrWMn和9Mn2V等因含有少量合金元素，热处理变形小，适合制作形状复杂、精度要求高的量具。

3.5.3 特殊性能钢在汽车上的应用

1. 不锈钢

不锈钢是指在腐蚀介质中具有高抗腐蚀能力的钢。按其合金元素的不同，常用的有铬不锈钢和铬镍不锈钢。

1）铬不锈钢

铬不锈钢的合金元素以铬为主，其含量一般大于13%，大量铬使钢表面形成一层致密的氧化膜，将钢与外部介质隔离，避免金属继续被腐蚀。铬不锈钢碳的质量分数一般为0.1%～0.4%，以保证钢有一定的强度、硬度和耐磨性，但碳的质量分数过高，会降低钢的耐腐蚀性。

铬不锈钢一般是在弱腐蚀条件下工作的，其主要牌号有1Cr13、2Cr13和3Cr13、4Cr13等。随着碳的质量分数的增加，钢的强度、硬度提高，而耐腐蚀性相应减弱。1Cr13、2Cr13钢碳的质量分数较低，具有良好的耐腐蚀性和塑性、韧性，适用于制造承受冲击载荷的耐腐蚀零件，如汽轮机叶片、水压机阀等。3Cr13、4Cr13钢碳的质量分数较高，淬火后能获得较高的强度、硬度，常用于制造轴承、弹簧、医疗器械等耐磨零件。

2）铬镍不锈钢

铬镍不锈钢碳的质量分数较低，钢中的合金元素以铬和镍为主，其铬含量为18%左右，镍含量为8%～11%。铬镍不锈钢由于存在大量的铬、镍元素，不仅使钢表面形成氧化膜，提高钢的耐腐蚀性，而且使钢热处理后能获得单一组织，防止电化学腐蚀的产生，并具有良好的塑性、焊接性和低温韧性。铬镍不锈钢的主要牌号有1Cr18Ni9、1Cr18Ni9Ti、2Cr18Ni9等，主要用于制造在各种强腐蚀介质中工作的零件，如吸收塔、管道、化工容器等。此外，由于铬镍不锈钢是单一组织，没有磁性，还可以用作仪器、仪表中的防磁零件。

不锈钢在汽车上可用于制作空气压缩机阀片、化油器针阀、外装饰件等。

2. 耐热钢

耐热钢是指在高温下不易发生氧化并具有较高强度的钢，包括抗氧化钢和热强钢两类。

1）抗氧化钢

抗氧化钢是指在高温下有良好的抗氧化能力，并具有一定强度的钢，主要用于在高温下工作，而强度要求不高的零件。这类钢常加入足够的铬、硅、铝等合金元素，使钢在高温下与氧接触时表面形成致密的高熔点氧化膜，严密地覆盖在钢的表面，以隔绝高温氧化性气体对钢的继续腐蚀。

常用的抗氧化钢有 3Cr18Mn12Si2N、3Cr11Ni25Si2、2Cr20Mn9Ni2Si2N、1Cr13SiAl 等，其最高工作温度可达 1000 ℃，用于制造各种加热炉内结构件，如加热炉底板、马弗罐、加热炉传送带料盘等。

2）热强钢

热强钢是指在高温下有良好的抗氧化能力，并具有较高强度的钢。这类钢常加入铬、镍、钨、钼、硅等合金元素，以提高钢的高温强度和高温抗氧化能力。

常用的热强钢有 15CrMo、4Cr9Si2、4Cr10Si2Mo 钢等。15CrMo 钢是典型的锅炉用钢，适于制造 500 ℃以下长期工作的零件。4Cr9Si2、4Cr10Si2Mo 钢常用于制造汽车发动机排气阀。

汽车上用耐热钢制造的零件有发动机的进排气门、涡流室镶块、涡轮增压器转子、排气净化装置等。国产汽车的气门用钢主要有 4Cr10Si2Mo、45Cr9Si3、8Cr20Si2Ni 等。

3. 耐磨钢

耐磨钢是指在强烈的冲击和巨大的压力下，才能产生硬化的钢。其碳的质量分数为 1.0%～1.3%，锰的质量分数为 11%～14%，因锰的质量分数高，故又称高锰耐磨钢。

耐磨钢经热处理后塑性和韧性好，硬度并不高。当它受到强烈的冲击和挤压时，表面因塑性变形而迅速产生硬化，硬度大大提高，从而具有高的耐磨性。当表面磨损后，新露出的表面又因受到冲击和挤压而提高耐磨性。耐磨钢不宜切削加工，但有良好的铸造性能，所以一般都采用铸造成型。

常用耐磨钢的牌号为 ZGMn13，广泛应用于制造在强烈冲击和严重磨损条件下工作的零件，如拖拉机履带、挖掘机铲齿、铁路道岔等。

3.6 铸铁

铸铁是含碳量大于 2.11%（一般为 2.5%～4.0%）的铁碳合金。它是以铁、碳、硅为主要组成元素，并比碳钢含有较多的锰、硫、磷等杂质的多元合金。

铸铁在汽车制造业应用很广，据统计，汽车的铸铁用量占整车金属重量的 50%以上。汽车发动机的气缸体、气缸盖、活塞环，以及变速箱的外壳、后桥壳等零件大部分由铸铁制造。铸铁之所以能得到广泛应用，是因为其生产工艺简单、成本低，同时具有良好的铸造性能、切削加工性能、耐磨性和减震性。特别是由于采用了球化和变质处理，铸铁的力学性能有了很大提高，很多原来用碳素钢、合金钢制造的零件，目前已被铸铁所代替，从而使铸铁的应用更为广泛。常见铸铁制造的汽车零件如图 3-49 所示。

3.6.1 铸铁的石墨化

铸铁中石墨的形成过程称为石墨化。铸铁中的碳以两种形式存在，即化合态的渗碳体（Fe_3C）和游离态的石墨（G）。碳究竟以哪种形式存在，取决于化学成分和冷却速度。

1. 化学成分

铸铁中影响石墨化的元素主要是碳、硅、锰、硫、磷。其中，碳和硅是强烈促进石墨化的元素，铸铁中碳和硅的质量分数越高，石墨化程度就越充分。锰是阻碍石墨化的元素，但锰能和硫化合形成硫化锰，减弱了硫对石墨化的不利影响。从某种意义上说，锰是间接促进石墨化的元

(a)灰铸铁制造的变速器壳

(b)合金铸铁制造的气缸体

(c)球墨铸铁制造的驱动桥壳

(d)合金铸铁制造的凸轮轴

图 3-49 常见铸铁制造的汽车零件

素。所以，铸铁中允许有适量的锰。硫是强烈阻碍石墨化的元素，硫还会降低铁水的流动性，引起铸铁产生热裂，所以，铸铁中硫含量越低越好。磷也是促进石墨化的元素，但作用不强烈，且磷的存在对铸铁的性能有不利影响，应严格控制磷含量。

2. 冷却速度

铸铁在结晶过程中，冷却速度对石墨化影响很大。冷却速度越慢，越有利于石墨化。影响冷却速度的因素主要有造型材料的性能、浇注温度的高低、铸件壁厚的大小等。

由于石墨化程度的不同，常见铸铁的组织有以下几种：石墨化非常充分时，铸铁的最终组织为铁素体基体上分布着石墨(F＋G)；石墨化比较充分时，铸铁的最终组织为珠光体基体上分布着石墨或铁素体与珠光体基体上分布着石墨(P＋G 或 F＋P＋G)；石墨化不太充分时，铸铁的最终组织为莱氏体与珠光体基体上分布着石墨；当石墨化未进行时，铸铁的最终组织为莱氏体、珠光体和渗碳体。图 3-50 所示为化学成分(碳、硅含量)和冷却速度(壁厚)对石墨化的影响。可见，铸件壁越薄，碳、硅含量越低，越易形成白口组织(即碳以化合态的渗碳体的形式存在)。

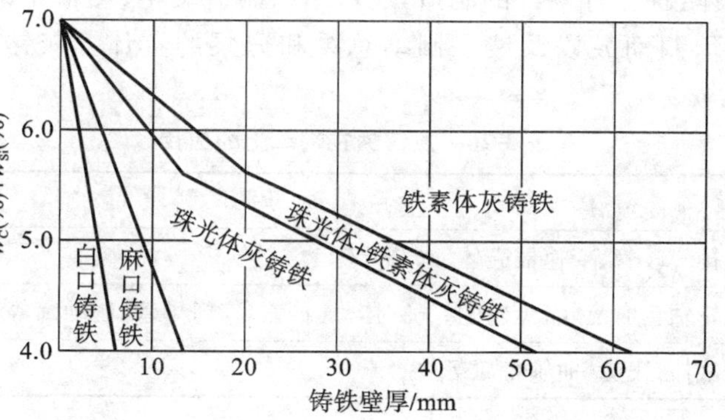

图 3-50 化学成分和冷却速度对石墨化的影响

3.6.2 灰铸铁

1. 灰铸铁的组织和性能

灰铸铁的组织是由碳钢的基体加片状石墨组成的。按基体组织不同，灰铸铁分为铁素体灰铸铁、铁素体-珠光体灰铸铁和珠光体灰铸铁三类。

灰铸铁的性能取决于基体的组织和石墨的形态。由于石墨的强度极低,因此可以把铸铁看成是布满裂纹和孔洞的钢。石墨的存在不仅破坏了金属基体的连续性,而且减小了金属基体承受载荷的有效截面,使实际应力大大增加;另一方面,在石墨尖角处易造成应力集中,使尖角处的应力远大于平均应力。所以,灰铸铁的抗拉强度、塑性和韧性远低于钢。石墨片的数量越多、尺寸越大、分布越不均匀,对力学性能的影响就越大。但石墨的存在对灰铸铁的抗压强度影响不大,因为抗压强度主要取决于灰铸铁的基体组织,灰铸铁的抗压强度与钢相近。因此,灰铸铁"抗压不抗拉"。

片状石墨虽然降低了灰铸铁的抗拉强度、塑性和韧性,但它却使灰铸铁具有一系列优良性能,如良好的铸造性能,优良的切削加工性能,良好的耐磨性、减震性和低的缺口敏感性。

三种不同基体的灰铸铁中,铁素体灰铸铁的强度、硬度和耐磨性最低,但塑性较好;珠光体灰铸铁的强度、硬度、耐磨性较高,但塑性较差;铁素体-珠光体灰铸铁的性能介于以上两者之间。

2. 灰铸铁的变质处理(孕育处理)

灰铸铁组织中因有片状石墨的存在,因而它的力学性能较低。为了改善灰铸铁的组织,提高其力学性能,可对灰铸铁进行变质处理。

灰铸铁的变质处理就是在浇注前向铁水中加入少量变质剂(硅铁或硅钙合金),改变铁水的结晶条件,以获得细小的珠光体基体和细小均匀分布的片状石墨组织。经变质处理后的灰铸铁称为变质铸铁或孕育铸铁。灰铸铁经变质处理后强度有较大的提高,塑性和韧性也得到改善,常用于要求力学性能较高、截面尺寸较大的铸件。

3. 灰铸铁的用途

由于灰铸铁具有以上一系列性能特点,而且生产成本比钢低得多,因此被广泛地用来制作各种受力不大或以承受压应力为主和要求减震性好的机床床身与机架、结构复杂的壳体与箱体、承受摩擦的缸体与导轨等。灰铸铁是汽车制造工业中应用最多的一种铸铁,在汽车上多用于不镶缸套的整体缸体、缸盖等零件的制造,还可用以制造飞轮、飞轮壳、变速箱壳及盖、离合器壳及压板、进排气歧管、制动鼓以及液压制动总泵和分泵的缸体。灰铸铁在汽车上的应用如表3-26所示。

表3-26 灰铸铁在汽车上的应用

牌 号	应用举例
HT150	进排气歧管、变速器壳体、水泵叶轮
HT200	凸轮轴正时齿轮、飞轮壳、气缸体、气缸盖、气门导管、制动蹄等
HT250	气缸体、飞轮、曲轴带轮等

3.6.3 可锻铸铁

可锻铸铁俗称马铁或玛钢,它是由白口铸铁经长时间的高温石墨化退火而获得的具有团絮状石墨组织的铸铁,因其塑性优于灰铸铁而得名,实际上可锻铸铁并不能进行锻造加工。

1. 可锻铸铁的组织及性能

可锻铸铁的组织一般为铁素体基体加团絮状石墨或珠光体基体加团絮状石墨。铁素体基体的可锻铸铁因其断口呈黑色,故称黑心可锻铸铁。

可锻铸铁因基体组织不同，其性能也不相同。黑心可锻铸铁具有较高的塑性和韧性，而珠光体可锻铸铁则具有较高的强度、硬度和耐磨性，但塑性和韧性低于黑心可锻铸铁。

由于可锻铸铁中的石墨呈团絮状，因此，极大程度地减轻了对金属基体的割裂作用和应力集中现象，所以其强度比灰铸铁高很多，塑性和韧性也有较大的提高。

2. 可锻铸铁的用途

由于可锻铸铁既有较好的铸造性能，又有较高的强度和一定的塑性和韧性，因此主要用于制造形状复杂、强度和韧性要求较高的薄壁零件，如汽车的后桥壳、差速器壳、轮毂、制动踏板、供排水系统和煤气管道的管件接头和阀门壳体等。因为当铸件壁较厚、尺寸较大时，其心部的冷却速度不够快，铁水浇注时难以获得整个截面的白口组织，所以仅适用于薄壁和小型零件。

虽然可锻铸铁的力学性能比灰铸铁好，但它所用的原料是白口铸铁，成本较高，而且仅适用于薄壁和小型零件，所以，随着球墨铸铁的发展，原来使用可锻铸铁制造的零件逐渐被球墨铸铁替代。

可锻铸铁在汽车上的应用如表 3-27 所示。

表 3-27 可锻铸铁在汽车上的应用

牌　号	应用举例
KTH350-10	后桥壳、差速器壳、减速器壳、轮毂、钢板弹簧吊架、制动蹄片等
KTZ450-06	曲轴、凸轮轴、连杆、车轮活塞环、发动机摇臂等

3.6.4 球墨铸铁

球墨铸铁是在灰铸铁的铁水中加入球化剂（稀土镁合金）和孕育剂（硅铁），进行球化和孕育处理后得到的具有球状石墨的铸铁。

1. 球墨铸铁的组织及性能

球墨铸铁的组织可看成是碳钢的基体加球状石墨。按基体组织不同，常用的球墨铸铁有铁素体球墨铸铁、铁素体-珠光体球墨铸铁、珠光体球墨铸铁、马氏体球墨铸铁和贝氏体球墨铸铁等。

由于球墨铸铁中石墨呈球状，对基体的割裂作用和引起应力集中现象减至最小，因此基体的强度利用率高。在所有铸铁中，球墨铸铁的力学性能最高，与相应组织的铸钢相似；冲击疲劳抗力高于中碳钢；屈强比是钢的两倍。但球墨铸铁的塑性和韧性均低于铸钢。

球墨铸铁的力学性能与基体组织和石墨的状态有关。石墨球越细小、越圆整、分布越均匀，则球墨铸铁的强度、塑性、韧性越好。铁素体基体具有较高的塑性和韧性；珠光体基体强度、硬度和耐磨性较高；马氏体基体硬度最高，但韧性最低；贝氏体基体具有良好的综合力学性能。

球墨铸铁具有近似于灰铸铁的某些优良的铸造性能、减摩性、切削加工性等。但球墨铸铁也有一些缺点，如化学成分要求严格，白口倾向大，凝固时收缩率大等，因而对熔炼、铸造工艺要求高，生产成本高。

由于球状石墨对基体割裂作用不大，因此球墨铸铁可通过热处理进行强化。常用的热处理方法有退火、正火、调质、等温淬火等，也可以进行表面淬火、渗氮等。其工艺过程可参考有关热处理资料。

2. 球墨铸铁在汽车上的应用

常用球墨铸铁在汽车上的应用如表 3-28 所示。

表 3-28 球墨铸铁在汽车上的应用

牌　号	应用举例
QT450-10	轮毂、转向器壳、制动蹄、牵引钩前支承座、辅助钢板弹簧支架等
QT600-03	曲轴、发动机摇臂、牵引钩支承座、钢板弹簧侧垫板及滑块等

3.6.5 蠕墨铸铁

蠕墨铸铁是近几年来发展起来的一种新型铸铁。它是在灰铸铁的铁水中加入适量的蠕化剂和孕育剂，经蠕化和孕育处理后获得的具有蠕虫状石墨的铸铁。目前常用的蠕化剂有稀土镁钛合金、稀土硅铁合金和稀土硅钙合金等。

1. 蠕墨铸铁的组织及性能

蠕墨铸铁的组织是由钢的基体和蠕虫状石墨组成。其基体也有铁素体基体、铁素体-珠光体基体和珠光体基体三种。

由于蠕墨铸铁中的石墨呈蠕虫状(类似于片状，但片短而厚，头部较圆、较钝，形似蠕虫)，对基体的割裂作用介于灰铸铁与球墨铸铁之间，因此其力学性能也介于灰铸铁与球墨铸铁之间。既具有灰铸铁良好的导热性、减震性、切削加工性和铸造性能，又有与球墨铸铁相近的抗拉强度、塑性和韧性。

2. 蠕墨铸铁在汽车上的应用

蠕墨铸铁主要应用于经受热循环载荷、要求组织致密、强度较高且形状复杂的零件，如大型柴油机的气缸体、制动鼓，大型电动机外壳、阀体、机座等。在汽车上主要用于制造柴油机气缸盖、进排气管、制动盘和制动鼓等。

3.6.6 特殊性能铸铁

为满足工业上对铸铁的特殊性能要求，向铸铁中加入某些合金元素，从而可获得具有特殊性能的铸铁，包括耐热铸铁、耐磨铸铁和耐蚀铸铁。汽车中常用的有耐热铸铁和耐磨铸铁。

1. 耐热铸铁

普通铸铁加热到 450 ℃以上的高温时，会发生表面氧化和“热生长”现象。热生长是指铸铁在高温下氧化性气氛沿石墨片边界和裂纹渗入铸铁内部，形成内氧化以及因渗碳体分解成石墨产生的体积不可逆膨胀现象，严重时胀大 10%左右，使铸铁体积变化，力学性能降低，出现显微变形和裂纹。

耐热铸铁是在铸铁中加入硅、铝、铬等元素，使铸件表面在高温下形成一层致密的氧化膜，将内层金属与氧化介质隔绝，使内层金属在高温时不被氧化，从而提高了铸铁的耐热性。

常用耐热铸铁有高硅和铝硅耐热球墨铸铁。例如 RQTSi5 是硅耐热球墨铸铁，使用温度可达 850 ℃，应用于炉条、烟道挡板、换热器等。RQTAl5Si5 是硅铝耐热球墨铸铁，使用温度可达 1050 ℃，应用于加热炉底板、钩链、焙烧机构件等。耐热铸铁在汽车上主要用于制造高温下工作的发动机进、排气门座和排气管密封环等。

2. 耐磨铸铁

耐磨铸铁是在灰铸铁中加入铬、钼、铜、钛、磷等合金元素而形成的。磷在铸铁中能形成硬而脆的磷化物，从而提高铸铁的耐磨性；铬、钼、铜在铸铁中使组织细化，既能提高硬度和耐磨性，又能提高强度和韧性。

常用的耐磨铸铁有高磷耐磨铸铁和铬钼铜耐磨铸铁等，主要用于制造在高温下强烈摩擦的零件，如汽车的气缸套、活塞环、排气门座圈等。

3. 耐蚀铸铁

耐蚀铸铁是指在腐蚀性介质中工作时，具有耐腐蚀能力的铸铁。提高铸铁耐腐蚀性的途径基本上与不锈钢相同，一般加入一定量的硅、铝、铬、镍、铜等合金元素，使其在铸铁表面形成一层连续致密的保护膜，阻止腐蚀继续进行，并提高铸铁基体的电极电位，从而提高铸铁的耐腐蚀性。

耐蚀铸铁主要用于化工机械，如制造容器、管道、泵、阀门等。

3.7 典型汽车零件的选材

在汽车制造过程中，从设计新产品、改造老产品，到维修、更换零件，都会涉及零件的选材、热处理工艺的确定和热处理工序安排等问题。这对提高产品质量和生产率，降低成本有着重要的意义。

3.7.1 汽车零件的选材原则

1. 零部件的失效

机械零部件的失效是指零部件由于某种原因丧失了正常的工作能力，具体表现为：

(1) 零部件完全破坏，不能继续工作。

(2) 零部件严重损伤，继续工作不安全。

(3) 不能满意地达到预期的效果。

零部件的失效形式有：

(1) 弹性变形失效。

(2) 塑性变形失效。

(3) 断裂失效。

(4) 表面损伤失效。

零部件失效的原因有：

(1) 设计不合理。

(2) 选材错误。

(3) 加工工艺不当。

(4) 装配使用不当。

2. 零部件选材的基本原则

1) 使用性能原则

使用性能是指零部件在工作过程中应具备的力学性能、物理性能和化学性能，它是选材的最主要依据。根据使用性能原则选材的步骤如下：

(1) 分析零部件的工作条件，确定使用性能；

(2) 分析零部件的失效原因，确定主要使用性能；

（3）将对零部件的使用性能要求转化为对材料性能指标的要求；

（4）材料的预选。

几种常用零部件的工作条件、失效形式及性能要求如表 3-29 所示。

表 3-29　几种常用零部件的工作条件、失效形式及性能要求

零部件	工作条件		失效形式	主要力学性能
	承受应力	载荷性质		
紧固螺栓	拉、剪	静	过量变形、断裂	强度、塑性
传动齿轮	压、弯	循环、冲击	磨损、麻点、剥落、疲劳断裂	表面硬度、疲劳强度、心部韧性
传动轴	弯、剪	循环、冲击	疲劳断裂、过量变形、轴颈磨损	综合力学性能
弹簧	弯、剪	循环、冲击	疲劳断裂	屈强比、疲劳强度
连杆	拉、压	循环、冲击	断裂	综合力学性能
轴承	压	循环、冲击	磨损、麻点剥落、疲劳断裂	硬度、接触疲劳强度
冷作模具	复杂	循环、冲击	磨损、断裂	硬度、足够的强度和韧性

2）工艺性能原则

金属材料的工艺性能是指金属适应某种加工工艺的能力，主要是切削加工性能、材料的成型性能（铸造、锻造、焊接）和热处理性能（淬透性、变形、氧化和脱碳倾向等）。

3）经济性原则

选材的经济性原则是在满足使用性能要求的前提下，采用便宜的材料，使零部件的总成本（包括材料的价格、加工费、试验研究费、维修管理费等）达到最低，以取得最大的经济效益的原则。为此，材料选用应充分利用资源优势，尽可能采用标准化、通用化的材料，以降低原材料成本，减少运输、试验研究费用。

3.7.2　汽车齿轮的选材

齿轮是机械工业中应用最广泛的重要零件之一，主要用于传递动力、改变运动速度和运动方向。齿轮的选材要从齿轮的工作条件、失效形式及其对材料的性能要求等方面综合考虑。汽车变速齿轮如图 3-51 所示。

1. 汽车齿轮的工作条件

汽车齿轮主要分装在变速器和差速器中，在变速器中，通过齿轮改变发动机、曲轴和主轴齿轮的速比；在差速器中，通过齿轮增加扭矩，调节左右轮的转速。全部发动机的动力均通过齿轮传给主轴，推动汽车运行。所以，汽车齿轮受力较大，受冲击频繁，对其耐磨性、疲劳强度、心部强度以及冲击韧性等的要求比一般机床齿轮高。齿轮工作时的受力情况为：由于传递扭矩，齿根承受很大的交变弯曲应力；换挡、启动或啮合不均匀时，轮齿承受一定冲击载荷；因加工、安装不当或齿、轴变形等引起的齿面接触不良，以及外来灰尘、金属屑等硬质微粒的侵入都会成为附加载荷而使工作条件恶化。因此齿轮的工作条件和受力情况是较复杂的。

2. 汽车齿轮的主要失效形式

根据齿轮的工作条件，其主要失效形式是轮齿断裂、齿面剥落、齿面磨损以及过量塑性变

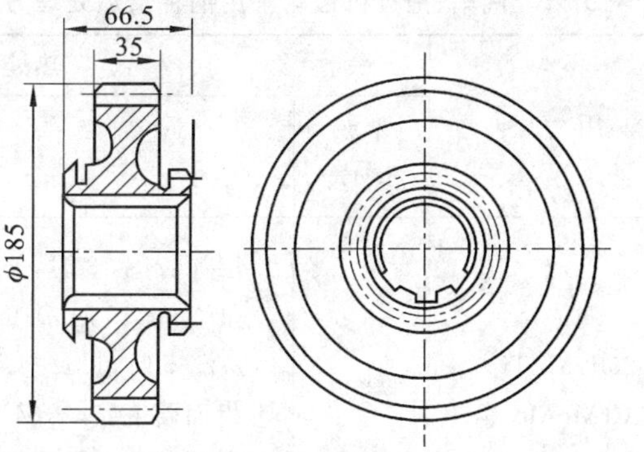

图 3-51 汽车变速齿轮

形。汽车齿轮的主要失效形式如表 3-30 所示。

表 3-30 汽车齿轮的主要失效形式

失效形式	失效表现
疲劳断裂	主要从根部发生，这是齿轮最严重的失效形式，常常一齿断裂会引起数齿甚至所有齿断裂
齿面磨损	由于齿面接触区摩擦，使齿厚变小
齿面接触疲劳破坏	在交变接触应力作用下，齿面产生微裂纹，微裂纹的发展引起点状剥落（或称麻点）
过载断裂	主要是冲击载荷过大造成的断齿

3. 对汽车齿轮的性能要求

根据工作条件及失效形式的分析，可以对齿轮材料提出如下性能要求：

(1) 高的弯曲疲劳强度，特别是齿根处要有足够的强度；

(2) 高的齿面硬度和耐磨性；

(3) 较高的心部强度和足够的冲击韧性；

(4) 热处理变形小。

4. 典型汽车齿轮的选材

在我国应用最多的汽车齿轮用材是合金渗碳钢 20Cr 或 20CrMnTi，并经渗碳、淬火和低温回火等热处理强化后使用。渗碳后表面碳含量大大提高，保证淬火后得到高硬度，提高耐磨性和接触疲劳抗力。由于合金元素提高了淬透性，淬火、低温回火后可使心部获得较高的强度和足够的冲击韧性。为了进一步提高齿轮的使用寿命，渗碳、淬火、低温回火后，还可以采用喷丸处理，增大表面压应力，有利于提高齿面和齿根的疲劳强度，并清除氧化皮。

合金渗碳钢齿轮的工艺路线一般为：下料→锻造→正火→切削加工→渗碳、淬火及低温回火→喷丸→磨削加工。

汽车、拖拉机齿轮常用钢种及热处理方法如表 3-31 所示。

表 3-31　汽车、拖拉机齿轮常用钢种及热处理方法

序号	齿轮类型	常用钢种	热处理：主要工序	热处理：技术要求
1	汽车变速器和分动器齿轮	20CrMnTi 20CrMnMo 等	渗碳	层深：$m_n<3$ 时，0.6～1.0 mm； $3<m_n<5$ 时，0.9～1.3 mm； $m_n>5$ 时，1.1～1.5 mm。 齿面硬度：58～64 HRC。 心部硬度：$m_n\leqslant5$ 时，32～45 HRC； $m_n>5$ 时，29～45 HRC
		40Cr	（浅层）碳氮共渗	层深大于 0.2 mm。 表面硬度：51～61 HRC
2	汽车驱动桥主动及从动圆柱齿轮	20CrMnTi 20CrMo	渗碳	渗层深度按图纸要求，硬度要求同序号 1 中渗碳工序
	汽车驱动桥主动及从动圆锥齿轮	20CrMnTi 20CrMnMo	渗碳	层深：$m_s<5$ 时，0.9～1.3 mm； $5<m_s<8$ 时，1.0～1.4 mm； $m_s>8$ 时，1.2～1.6 mm。 齿面硬度：58～64 HRC。 心部硬度：$m_s\leqslant8$ 时，32～45 HRC； $m_s>8$ 时，29～45 HRC
3	汽车驱动桥差速器行星及半轴齿轮	20CrMnTi 20CrMo 20CrMnMo	渗碳	同序号 1 中渗碳工序
4	汽车发动机凸轮轴齿轮	HT150 HT200		170～229 HBS
5	汽车曲轴正时齿轮	35，40，45，40Cr	正火	149～179 HBS
			调质	207～241 HBS
6	汽车启动机齿轮	15Cr 20Cr 20CrMo 15CrMnMo 20CrMnTi	渗碳	层深：0.7～1.1 mm。 表面硬度：58～63 HRC。 心部硬度：33～43 HRC
7	汽车里程表齿轮	20 Q215	（浅层）碳氮共渗	层深：0.2～0.35 mm

续表

序号	齿轮类型	常用钢种	热处理	
			主要工序	技术要求
8	拖拉机传动齿轮，动力传动装置中的圆柱齿轮、圆锥齿轮及齿轮轴	20Cr 20CrMo 20CrMnMo 20CrMnTi 30CrMnTi	渗碳	层深：不小于模数的 0.18，但不大于 2.1 mm。 各种齿轮渗层深度的上下限不大于 0.5 mm，硬度要求同序号 1、2
		40Cr 45Cr	（浅层）碳氮共渗	同序号 1 中碳氮共渗工序
9	拖拉机曲轴正时齿轮、凸轮轴齿轮、喷油泵驱动齿轮	45	正火	156～217 HBS
			调质	217～255 HBS
		HT150		170～229 HBS
10	汽车、拖拉机油泵齿轮	40，45	调质	28～35 HRC

注：①m_n——法向模数；

②m_s——端面模数。

3.7.3 汽车轴类零件的选材

轴是汽车上的最重要零件之一，主要用于支撑传动零件（如齿轮、凸轮等）、传递运动和动力。根据轴类零件的工作条件和失效形式，对其材料有以下性能要求：

（1）良好的综合力学性能，足够的强度、硬度、塑性和一定的韧性，以防止过载断裂和冲击断裂。

（2）高的疲劳强度，对应力集中敏感性低，以防疲劳断裂。

（3）足够的淬透性，热处理后表面要有高硬度、高耐磨性，以防磨损失效。

（4）良好的切削加工性能，价格便宜。

轴类零件的选材既要考虑材料的强度，也要考虑冲击韧性和表面耐磨性。因此，轴一般用锻造或轧制的低、中碳钢或合金钢制造。

由于碳钢比合金钢便宜，并且有一定的综合力学性能，对应力集中敏感性小，所以一般轴类零件使用较多。常用的优质碳素结构钢有 35，40，45，50 钢等，其中 45 钢最常用。为改善其性能，这类钢一般要经过正火、调质或表面淬火热处理。

合金钢比碳钢具有更好的力学性能和热处理工艺性，但对应力集中敏感性较高，价格也较高，所以，当载荷较大并要求限制轴的外形、尺寸和重量，或轴颈的耐磨性要求高时，可采用合金钢。常用的合金钢有 20Cr、40Cr、40CrNi、20CrMnTi、40MnB 等。常用合金钢也必须采用相应的热处理才能充分发挥其作用。

除了上述碳钢和合金钢外，还可以采用球墨铸铁和高强度灰铸铁作为轴的材料，特别是曲轴的材料选用。

1. 汽车发动机曲轴的选材

曲轴是汽车发动机中形状复杂的重要零件之一，如图 3-52 所示。汽车发动机曲轴的作用是输出动力，并带动其他部件运动。曲轴在工作中受到弯曲、扭转、剪切、拉压、冲击及交变应力作用。曲轴的形状极不规则，其上的应力分布极不均匀，曲轴颈与轴承还发生滑动摩擦。曲轴的主要失效形式是疲劳断裂和轴颈严重磨损两种。根据曲轴的工作条件和失效形式，要求曲轴应具备以下性能：

(1) 高的强度和一定的冲击韧性。

(2) 足够的抗弯、扭转和疲劳强度。

(3) 足够的刚度。

(4) 轴颈表面有高的硬度和耐磨性。

实际生产中，按照制造工艺，将汽车发动机曲轴分为锻造曲轴和铸造曲轴。锻造曲轴一般采用优质中碳钢和中碳合金钢制造，如 30、35、35Mn2、40Cr、35CrMo 等，经模锻、调质、切削加工后对轴颈部进行表面淬火。铸造曲轴主要由铸钢、球墨铸铁、珠光体可锻铸铁及合金铸铁等制造，如 ZG230-450、QT600-3、KTZ450-5、KTZ500-4 等。铸钢曲轴经铸造、高温正火、高温回火、切削加工后对轴颈进行气体渗碳、淬火、回火处理。

2. 汽车半轴的选材

汽车半轴是驱动车轮转动的直接驱动零件，也是汽车后桥中的重要受力部件，如图 3-53 所示。汽车运行时，发动机输出的扭矩经过变速器、差速器和减速器传给半轴，再由半轴传给车轮，带动汽车行驶。半轴在工作时主要承受扭转力矩、交变弯曲及一定的冲击载荷。在通常情况下，半轴的寿命主要取决于花键齿的抗压陷和耐磨损的性能，但断裂现象也不时发生。载重汽车半轴最容易损坏的部位是在轴的杆部和凸缘的连接处、花键端以及花键与杆部相连的部位。这些部位发生损坏时，一般为疲劳断裂。

图 3-52　汽车发动机曲轴

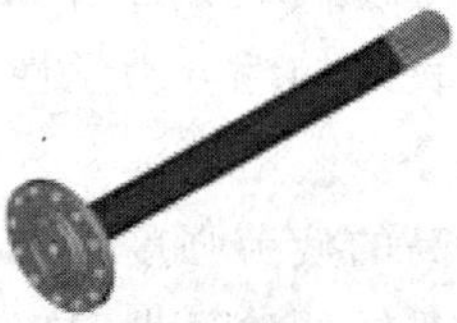

图 3-53　汽车半轴

根据半轴的工作条件，要求半轴材料具有高的抗弯强度、疲劳强度和较好的韧性。汽车半轴是要求综合力学性能较高的零件，通常选用调质钢制造。中、小型汽车的半轴一般用 45 钢、40Cr 制造；而重型汽车则用 40MnB、40CrNi 或 40CrMnMo 等淬透性较高的合金钢制造。半轴加工中常采用喷丸处理及滚压凸缘根部圆角等强化方法。为提高半轴的疲劳强度，使其获得良好的综合力学性能，采用调质处理，其高温回火工序采用快冷，防止出现回火脆性。花键部位为提高硬度和耐磨性，需要进行表面淬火和低温回火。

汽车半轴常用材料、技术要求及热处理工艺如表 3-32 所示。

表 3-32 汽车半轴常用材料、技术要求及热处理工艺

类　别	材　料	技术要求	热处理工艺
轿车和吉普车	40Cr	淬火、中温回火：杆部 28～32 HRC，法兰 28～32 HRC	淬火温度：840 ℃～860 ℃。水冷后空冷。 回火温度：400 ℃～460 ℃。水冷
		感应淬火：硬化层深度 4～6 mm，硬度 50～55 HRC	中频淬火，180 ℃～250 ℃回火
	20CrMnTi	渗碳淬火：硬化层深度 1.5～1.8 mm。 硬度：59～68 HRC	渗碳温度：(930±10) ℃。随炉冷却。 淬火温度：830 ℃～850 ℃。油冷。 回火温度：180 ℃～200 ℃。空冷
载重车	40Cr	预备热处理：正火	加热温度：860 ℃～900 ℃。流动空气中冷至 600 ℃空冷
		最终热处理： 感应淬火：硬化层深度 3～6 mm。 硬度：49～62 HRC	中频淬火，180 ℃～200 ℃回火
	40MnB	预备热处理：调质，硬度 229 HBS～269 HBS	淬火加热温度：(840±10) ℃。油冷
		最终热处理： 感应淬火：硬化层深度 1～7 mm。 硬度：52～63 HRC	中频淬火，180 ℃～200 ℃回火
重型车	40CrMnMo	预备热处理：退火 硬度≤225 HBS	加热温度：860 ℃～880 ℃。流动空气冷却
		最终热处理： 淬火、中温回火，硬度 37～44 HRC	淬火温度：(840±10) ℃。流动空气冷却。 回火温度：(480±10) ℃。水冷

3.7.4 汽车弹簧的选材

弹簧是一种重要的机械零件。它的基本作用是利用材料的弹性和弹簧本身的结构特点，在载荷作用下产生变形时，把机械功或动能转变为形变能；在恢复变形时，把形变能转变为动能或机械功。弹簧的种类很多，按形状分主要有螺旋弹簧、板弹簧、涡卷弹簧几种，如图 3-54 所示。不同的弹簧用途不同，如：汽车、拖拉机、火车中使用的悬挂弹簧，主要起缓冲或减震作用；汽车发动机中的气门弹簧，在外力去除后能自动恢复到原来位置，起到复位作用；钟表、玩具中的发条起储存和释放能量的作用。

对弹簧材料的主要性能要求是：高的弹性极限和高的屈强比，高的疲劳强度以及一定的塑性和韧性。一些特殊弹簧还要求有良好的耐热性和耐腐蚀性。

中碳钢和高碳钢都可制作弹簧，但因其淬透性和强度较低，只能用来制造截面较小、受力较小的弹簧。合金弹簧钢则可制造截面较大、屈服极限较高的重要弹簧。

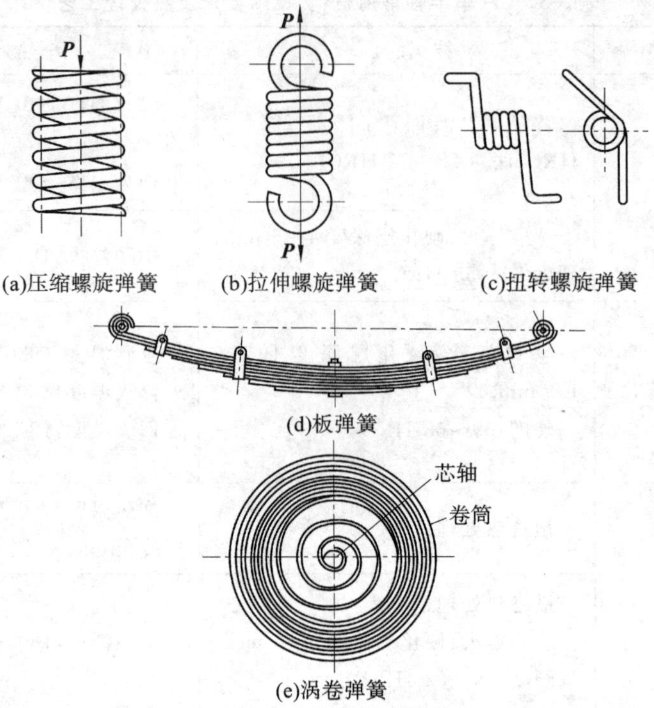

图 3-54 弹簧的种类

1. 汽车板簧的选材

汽车板簧用于缓冲和吸振，承受很大的交变应力和冲击载荷，其主要失效形式为刚度不足引起的过度变形或疲劳断裂。因此对汽车板簧材料的要求是要有较高的屈服强度和疲劳强度。

汽车板簧一般选用弹性高的合金弹簧钢制造，如 65Mn、60Si2Mn 钢等。对于中型或重型汽车，板簧还采用 50CrMn、55SiMnVB 钢；对于中型载货汽车用的大截面积板簧，则采用 55SiMnV、55SiMnVNb 钢制造。

板簧一般采用的加工工艺路线为：热轧钢板冲裁下料→压力成型→淬火、中温回火→喷丸处理。喷丸强化处理也是对板簧进行表面强化的重要手段，目的是为了提高板簧的疲劳强度。

2. 气门弹簧的选材

气门弹簧是一种压缩螺旋弹簧，其用途是在凸轮、摇臂或挺杆的联合作用下，使气门打开和关闭。气门弹簧受力不是很大，可采用淬透性比较好、晶粒细小、有一定耐热性的 50CrVA 钢制造。其工艺路线为：冷卷成型→淬火、中温回火→喷丸处理→两端磨平。

3.7.5 箱体类零件的选材

一般箱体类零件结构复杂，具有不规则的外形和内腔，且壁厚不均匀。这类零件包括各种机械设备的横梁、支架、底座、齿轮箱、轴承座、阀体、泵体等，在汽车上的应用主要有气缸体、气缸盖、变速箱壳体、驱动桥壳等，质量相差很大，从几千克到数十吨。工作条件相差也很大，其中有的基础件以承受压力为主，如内燃机气缸体（见图 3-55）、气缸盖，并要求有较好的刚度和减摩性；有的要承受弯曲、扭转、拉压和冲击载荷，如汽车的驱动桥壳。总的来说，箱体类零件受力不大，但要求有良好的刚度和密封性。

根据箱体类零件的结构特点和使用要求，通常以铸件作为毛坯，且以铸造性能良好、价格低

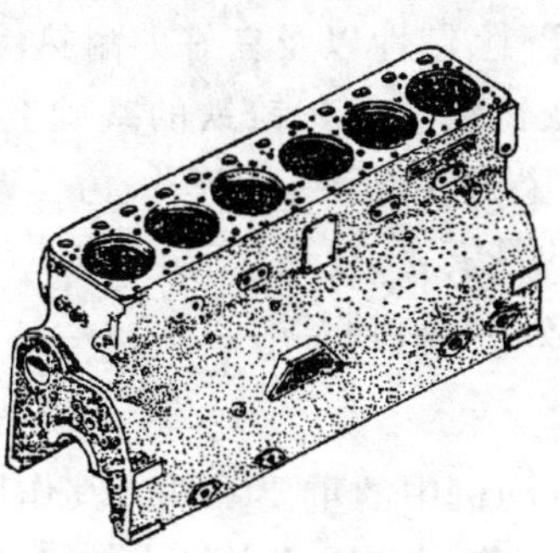

图 3-55 内燃机气缸体

廉，并具有良好的耐压、耐磨、减摩性的灰铸铁为主。对于质量要求不严格的一般内燃机的气缸盖、气缸体可采用灰铸铁；对于受力复杂或受冲击载荷的零件采用铸钢、可锻铸铁或球墨铸铁制造，如汽车的驱动桥壳；风冷发动机、小轿车发动机的气缸体、气缸盖可选用质量轻、导热良好的铝合金制造。

对铸铁件应进行去应力退火或时效处理；铸钢件常采用完全退火或正火处理。

3.7.6 其他零件的选材

1. 发动机缸套的选材

发动机的工作循环是在气缸内完成的。气缸内与活塞接触的内壁面，由于直接承受燃气的冲刷，并与活塞存在一定压力的高速相对运动，使气缸内壁受到强烈的摩擦。气缸内壁的过量磨损是造成发动机大修的主要原因之一。因此，气缸的缸体一般采用普通铸铁或铝合金制造，而气缸工作面则用耐磨材料制成缸套镶入气缸。

常用缸套材料为耐磨合金铸铁，主要有高磷铸铁、硼铸铁、合金铸铁等。为了提高缸套的耐磨性，可以用镀铬、表面淬火、喷镀金属钼或其他耐磨合金等办法对缸套进行表面处理。

2. 活塞组的选材

活塞、活塞销和活塞环等零件组成活塞组，如图 3-56 所示，与缸体、缸盖配合形成一个容积变化的密闭空间，以完成内燃机的工作过程，在工作中承受燃气作用力并通过连杆将力传给曲轴输出。活塞组工作条件十分苛刻，在高温、高压燃气条件下工作，工作温度最高可达 1000 ℃，并在气缸内做高速往复运动，产生很大的惯性载荷。活塞在传力给连杆时，还承受着交变的侧压力。对活塞材料的性能要求是热强度高，导热性好，吸热性差，膨胀系数小，减摩性、耐磨性、耐蚀性和工艺性好。

图 3-56 汽车活塞组

常用的活塞材料是铝硅合金。铝合金的特点是导热性好、密度小；硅的作用是使膨胀系数减小，耐磨性、耐蚀性、硬度、刚度和强度提高。铝硅合金活塞需进行固溶处理及人工时效处理，以提高表面硬度。

活塞销传递的力矩比较大，且承受交变载荷。这就要求活塞销材料应有足够的刚度、强度及耐磨性，还要求外硬内韧，同时具有较高的疲劳强度和冲击韧性。活塞销材料一般用 20、20Cr、18CrMnTi 等低合金钢。活塞销外表面应进行渗碳或液体碳氮共渗处理，以满足活塞销外表面硬而耐磨、内部韧性好而耐冲击的要求。

活塞环材料应具有一定的耐磨性、韧性以及良好的耐热性、导热性和易加工性等性能特点。目前一般多用以珠光体为基体的灰铸铁或在灰铸铁的基础上添加一定量的铜、铬、钼及钨的合金元素的合金铸铁，也有的采用球墨铸铁或可锻铸铁。为了改善活塞环的工作性能，活塞环宜进行表面处理。目前应用最广泛的是镀铬，可使活塞环的使用寿命提高 2～3 倍。其他表面处理的方法还有喷镀、磷化、氧化、涂敷合成树脂等。

3. 连杆的选材

连杆如图 3-57 所示，是汽车发动机中的重要零件。其作用是连接活塞和曲轴，并将活塞的往复运动转变为曲轴的旋转运动，把作用在活塞上的力传给曲轴以输出功率。

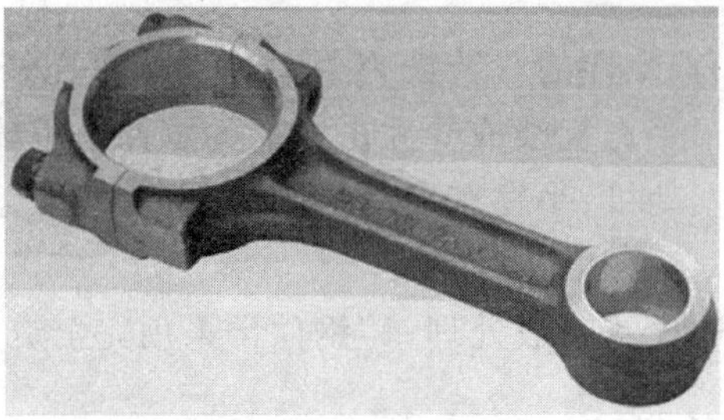

图 3-57　连杆示意图

连杆工作时受到复杂的拉、压应力的作用，还要承受气体做功时的冲击载荷。其主要失效形式是疲劳断裂和过量变形。因此要求连杆材料必须具有良好的综合力学性能及高的疲劳强度。

通常连杆材料选用综合力学性能好的中碳钢和中碳合金钢，如 45、40Cr、40MnB 等。合金钢虽具有很高的强度，但对应力集中很敏感。所以，在连杆外形、过渡圆角等方面需严格要求，还应注意表面加工质量，以提高疲劳强度，否则高强度合金钢的应用并不能达到预期效果。

4. 气门的选材

气门的主要作用是打开和关闭进、排气道。气门工作时，需要承受较高的机械负荷和热负荷，尤其是排气门工作温度高达 650 ℃～850 ℃。另外，气门头部还承受气体压力及落座时因惯性力而产生的相当大的冲击。气门经常出现的故障有：气门座扭曲、气门头部变形、气门座表面积炭时引起燃烧废气对气门座表面强烈的烧蚀。

对气门的主要要求是保证燃烧室的气密性。气门材料应选用耐热、耐蚀、耐磨的材料。进、排气门工作条件不同，材料的选择也不同。进气门一般可用 40Cr、35CrSi、38CrSi、35CrMo、42Mn2V 等合金钢制造；而排气门则要求用高铬耐热钢制造，采用 4Cr10Si2Mo 作为气门材料时，可承受的工作温度为 550 ℃～650 ℃，采用 4Cr14Ni14W2Mo 作为气门材料时，可承受的工作温度为 650 ℃～900 ℃。

5. 汽车（车身、纵梁、挡板等）冷冲压零件的选材

在汽车零件中，冷冲压零件种类繁多，占总零件数的 50%～60%。汽车冷冲压零件采用的材料有钢板和钢带，钢板包括热轧钢板和冷轧钢板。

热轧钢板主要用来制造一些承受一定载荷的结构件，如保险杠、制动盘、纵梁等。这些零件不仅要求钢板具有一定的刚度、强度，而且还要求具有良好的冲压成形性能。冷轧钢板主要用来制造形状复杂、受力较小的机械外壳、驾驶室车身等覆盖零件。这些零件对钢板的强度要求不高，但要求具有优良的表面质量和良好的冲压性能，以保证高的成品合格率。

近年开发的加工性能良好、屈服强度和抗拉强度高的薄钢板(高强度钢板),由于其可降低汽车自重,提高燃油经济性,在汽车上获得广泛应用。高强度钢板已用于制造横梁、边梁、保险杠、车顶、车门、前脸、后围、行李箱、发动机罩等。

3.7.7 钢铁材料在汽车上的应用

目前,钢铁材料在汽车材料中占主导地位。汽车发动机、底盘及车身主要零件的用材情况分别如表3-33、表3-34所示。

表 3-33 钢铁材料在汽车发动机零件上的应用

代表零件	材料种类及牌号	使用性能要求	主要失效形式	热处理及其他
缸体、缸盖、飞轮、正时齿轮	灰铸铁:HT200	刚度、强度、尺寸稳定性	产生裂纹、孔壁磨损、翘曲变形	不处理或去应力退火。也可用ZL104铝合金制作缸体、缸盖,固溶处理后时效
缸套、排气门座等	合金铸铁	耐磨性、耐热性	过量磨损	铸造状态
曲轴等	球墨铸铁:QT600-2	刚度、强度、耐磨性	过量磨损、断裂	表面淬火、圆角滚压、渗氮,也可以用锻钢件
活塞销等	渗碳钢:20、20Cr、18CrMnTi、12Cr2Ni4	强度、冲击韧性、耐磨性	磨损、变形、断裂	渗碳、淬火、回火
连杆、连杆螺栓、曲轴等	调质钢:45、40Cr、40MnB	强度、疲劳强度、冲击韧性	过量变形、断裂	调质、探伤
各种轴承、轴瓦	轴承钢、轴承合金	耐磨性、疲劳强度	磨损、剥落、烧蚀破裂	不热处理(外购)
排气门	高铬耐热钢:4Cr10Si2Mo、4Cr14Ni14W2Mo	耐热性、耐磨性	起槽、变宽、氧化烧蚀	淬火、回火
气门弹簧	弹簧钢:65Mn、50CrVA	疲劳强度	变形断裂	淬火、中温回火
活塞	高硅铝合金:ZL108、ZL110	耐热强度	烧蚀、变形、断裂	固溶处理及时效
支架、盖、罩、挡板、油底壳等	钢板:Q235、08、20、16Mn	刚度、强度	变形	不热处理

表 3-34 钢铁材料在汽车底盘及车身零件上的应用

代表零件	材料种类及牌号	使用性能要求	主要失效形式	热处理及其他
纵梁、横梁、传动轴（4000 r/min）、保险杠、钢圈等	钢板：25、16Mn	强度、刚度、韧性	弯曲、扭斜、铆钉松动、断裂	要求用冲压工艺好的优质钢板
前桥（前轴）转向节臂（羊角）、半轴等	调质钢：45、40Cr、40MnB	强度、韧性、疲劳强度	弯曲变形、扭转变形、断裂	模锻成型、调质处理、圆角滚压、无损探伤
变速箱齿轮、后桥齿轮等	渗碳钢：20CrMnTi、40MnB	强度、耐磨性、接触疲劳强度及断裂强度	麻点、剥落、齿面过量磨损、变形、断齿	渗碳（渗碳层深度 0.88 mm 以上）淬火、回火，表面硬度 58～62 HRC
变速器壳、离合器壳	灰铸铁：HT200	刚度、尺寸稳定性、一定的强度	产生裂纹、轴承孔磨损	去应力退火
后桥壳等	可锻铸铁：KTH350-10 球墨铸铁：QT400-10	刚度、尺寸稳定性、一定的强度	弯曲、断裂	后桥还可以用优质钢板冲压后焊成或用铸钢
钢板弹簧	弹簧钢：65Mn、60Si2Mn、50CrMn、55SiMnVB	耐疲劳、冲击和腐蚀	折断、弹性减退、弯度减小	淬火、中温回火、喷丸强化
驾驶室、车厢罩等	08 钢板、20 钢板	刚度、尺寸稳定性	变形、开裂	冲压成型
分泵活塞、油管	有色金属： 铝合金、纯铜	耐磨性、强度	磨损、开裂	

思考与练习

1. 实际的金属晶体中存在哪些缺陷？对金属的力学性能有何影响？

2. 做手工锯条和铁锤所使用的钢是什么钢种？有何主要区别？

3. 汽车金属材料在选材时要考虑哪些方面的基本原则？

4. 用下列三种方法制造齿轮：用厚钢板切出圆饼，再加工成齿轮；用粗钢棒切下圆饼，再加工成齿轮；由圆钢棒锻造成圆饼，再加工成齿轮。哪一种方法较为理想？为什么？

4

项目四
汽车用有色金属及其合金材料

【学习目标】

1. 了解汽车常用有色金属的性能要求；
2. 熟悉汽车上使用的有色金属的识别；
3. 学会汽车常用零部件选用有色金属的方法和应用。

【任务单】

1.纯铝的性能有何特点？铝合金一般分哪几类？

2.汽车上应用的铝合金以(　　　　)为主，主要用于活塞、气缸盖、气缸体等零件。

3.对滑动轴承合金有哪些性能要求？常用的滑动轴承合金有哪些？

4.1 铝及铝合金

4.1.1 纯铝

纯铝的塑性好，强度与硬度低。纯铝是银白色的轻金属，密度为 2.72 g/cm^3，仅为铁的 1/3，经常用作各种轻质结构材料。工业纯铝导电性好，仅次于银、铜和金，居第四位，其导热性是铁的三倍。由于铝的表面能生成一层致密的氧化铝薄膜，可以阻止铝进一步氧化，因此其抗大气腐蚀性能好，但对酸、碱、盐的耐蚀性较差。因为纯铝的导电导热性随其纯度降低而变差，所以纯度是铝材料的重要指标。纯铝具有极好的塑性(A=30%～50%，Z=80%)，容易加工成各种丝、线、棒、箔、片等型材。但纯铝强度、硬度很低(R_m=70～100 MPa，20 HBS)，焊接性能较差，一般不适宜制作各种结构件。

纯铝主要用途是代替贵重的铜制作导线、电缆、电气元件等，还可制作质轻、导热、耐大气腐蚀的器具及包覆材料。在汽车上常用于制作垫片、内外装饰件和铭牌等。

铝的含量不低于 99.00%时为纯铝，其牌号用 1××× 表示。牌号的最后两位数字表示最低铝百分含量，牌号的第二位字母表示原始纯铝的改型，如字母为 A，则表示原始纯铝，如果是 B～Y 的其他字母，则表示为原始纯铝的改型，如牌号 1A60 的铝板，表示其最低铝的百分含量应为 99.60%的原始纯铝。

4.1.2 铝合金

铝合金是在铝中加入硅、铜、镁、锌、锰等元素制成的合金，其强度和硬度比纯铝要高，而且可以通过变形或热处理等方法进一步强化，所以可用来制造各类结构零件及生活用品。

铝合金在汽车上的应用日趋广泛，不仅可用于制造活塞、气缸体、气缸盖、连杆和进气歧管等发动机零件，还可用于制造轮毂、离合器壳、转向器壳和变速器拨叉等底盘零件，甚至车身、车架等也开始采用铝合金制造。常见铝合金制造的汽车零件如图 4-1 所示。

现在的世界名车都大量采用了铝合金零部件。在兵器领域，铝合金已成功地用于步兵战车和装甲运输车上，最近研制的榴弹炮炮架也大量采用了新型铝合金材料。在航天工业中，铝合金是运载火箭和宇宙飞行器结构件的重要材料。

根据铝合金的成分和工艺特点，可将其分为变形铝合金和铸造铝合金两大类。

1. 变形铝合金

变形铝合金含合金元素少，塑性优良，分为可热处理变形铝合金和不可热处理变形铝合金。其常用的强化手段为冷变形，适合压力加工。变形铝合金根据其主要性能又分为防锈铝合金、硬铝合金、超硬铝合金和锻铝合金四类，其中防锈铝是不能热处理强化的铝合金。变形铝合金的新牌号为 2×××，3×××，…，9×××，分别按顺序代表其主要合金元素为铜、锰、硅、镁、镁和硅、锌、其他合金及备用合金组。牌号的第二位数字或字母表示改型情况，最后两位数为同一组中不同铝合金的标识代码。

常用变形铝合金的牌号及应用如表 4-1 所示。

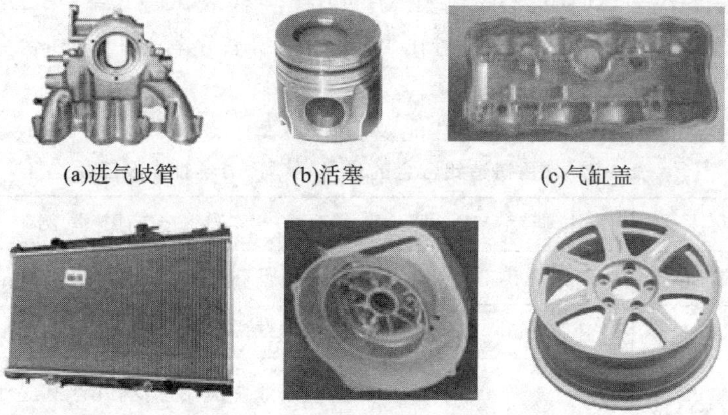

(a)进气歧管 (b)活塞 (c)气缸盖

(d)散热器 (e)离合器壳 (f)轮毂

图 4-1 常见铝合金制造的汽车零件

表 4-1 常用变形铝合金的牌号及应用

类别	牌号		应用举例
	旧	新	
防锈铝合金	LF2	5A02	冷冲压件和容器、铆钉、焊接油箱、油管、骨架零件等
	LF4	5083	广泛用于船舶、汽车、飞机、导弹等方面，民用多用来生产自行车、挡泥板等
	LF21	3A21	在液体或气体介质中工作的低载荷零件、如油箱、油管、饮料罐、液体容器等
硬铝合金	LY11	2A11	制造要求中等强度的零件和构件，如螺栓、铆钉、空气螺旋桨叶片、冲压连接部件等
	LY12	2A12	用量最大，用于制造各种要求高载荷的零件和构件，如飞机上的蒙皮、骨架零件、隔框、翼肋、翼梁、铆钉等
	LY16	2A16	用于高温下(250～350 ℃)工作的零件，如压缩机叶片圆盘及焊接件、高温容器等
超硬铝合金	LC4 LC15	7A04 7A15 7075	飞机蒙皮、螺钉及受力构件，如大梁桁条、隔框、翼肋、起落架零件等，多用以取代 2A12
锻铝合金	LD5 LD7	2A50 2A70	形状复杂和中等强度的锻件和冲压件、内燃机活塞、压气机叶片、叶轮等
	LD10	2A14	高载荷锻件和模锻件

2. 铸造铝合金

铸造铝合金的熔点比变形铝合金低，铸造流动性好，可制造形状复杂的铸件。但铸造铝合金强度较低，塑性和韧性差。铸造铝合金可分为 Al-Si 系、Al-Cu 系、Al-Mg 系和 Al-Zn 系四大类。

其代号用“铸铝”的汉语拼音字首“ZL”与三位数字表示：第一位数字表示铸造铝合金的类

别，1 代表 Al-Si 系，2 代表 Al-Cu 系，3 代表 Al-Mg 系，4 代表 Al-Zn 系；第二位数字和第三位数字表示合金的顺序号。铸造铝合金的牌号由 Z（“铸”的拼音字首）加 Al 和合金元素符号及表示其平均质量分数的数字组成。

常用铸造铝合金的代号、牌号、力学性能及应用如表 4-2 所示。

表 4-2 常用铸造铝合金的代号、牌号、力学性能及应用

代号	牌号	抗拉强度/MPa	应用举例
ZL101	ZAlSi7Mg	205	适于铸造形状复杂、工作温度在 200 ℃以下的高气密性和低载荷零件，如仪表壳、水泵壳、船舶零件等
ZL102	ZAlSi12	155	
ZL105	ZAlSi5Cu1Mg	230	在航空工业中应用广泛，用于铸造形状复杂、承受较高静载荷、工作温度在 225 ℃以下的零件，如气缸体、盖等
ZL201	ZAlCu5Mn	295	工作温度在 300 ℃以下的中等负载零件，如内燃机缸头、活塞等
ZL301	ZAlMg10	280	工作温度在 200 ℃以下，长期在大气或海水中工作的零件，如水上飞机、船舶零件
ZL401	ZAlZn11Si7	245	工作温度在 200 ℃以下，形状复杂的大型零件，如汽车零件、飞机零件、仪器仪表零件、医疗器械及日用品等

4.1.3 铝及铝合金在汽车上的应用

铝具有比强度高、耐腐蚀性优良、适合多种成型方法、较易再生利用等优点，是汽车工业应用较多的金属材料，特别是能源、环境、安全等方面的原因对汽车轻量化的要求越来越迫切，使用轻量化材料是实现汽车轻量化的重要途径，而铝是应用得比较成熟的轻量化材料。近 20 年来，铝在汽车上的用量和在汽车材料构成中所占份额都有明显的增加。由铝合金制造的零件已经遍及汽车的发动机、底盘、车身等各个部分。

汽车上应用的铝合金以铸造铝合金为主，主要用于活塞、气缸盖、气缸体等零件。与铸铁比，铝的导热性能约高三倍，因而适于制造需要散热的热交换器零件。此外铸造铝合金还用于制造离合器壳体、变速箱壳体、后桥壳、转向器壳体、摇臂盖、正时齿轮壳体等壳体类零件，发动机部件，以及保险杠、车轮、发动机框架、转向节液压泵体、制动钳、油缸及制动盘等非发动机结构件。且今后有进一步扩大应用的趋势。发动机部件用铝合金制造轻量化效果最为明显，一般可减重 30%以上。

4.2 铜及铜合金

铜是人类历史上应用最早的金属，也是至今应用最广的有色金属之一，铜及铜合金具有优良的导电性、导热性，较强的抗大气腐蚀性和一定的力学性能，优良的减摩性和耐磨性并具有良好的加工性能，被广泛地应用在电气、仪表、汽车、造船及机械制造工业中。据统计，一辆载货汽车需用 20 kg 左右的铜。汽车上使用的铜主要是纯铜、黄铜和青铜。

4.2.1 纯铜

1. 纯铜的特性及应用

纯铜呈紫红色，故俗称紫铜。纯铜的强度和硬度都不高，但塑性很好，适合深冲压力加工。纯铜的密度比钢铁大，是铝的三倍多。其导电和导热性能优良，在所有金属中仅次于银。其化学稳定性好，在大气和海水中具有良好的耐腐蚀性。工业纯铜很少用于制造机械零件，一般作为导电、导热、耐蚀材料使用。

由于工业纯铜强度、硬度低，不宜作受力的结构材料。在汽车上的应用主要是利用其导电性，制作电线、电缆和电气接头等电气元件；利用其导热性制作散热器等导热元件。此外，纯铜还可用于制作气缸垫、进排气管垫、轴承衬垫和油管等。

2. 纯铜的牌号

工业纯铜按杂质含量分为 T1、T2、T3、T4 四个牌号，其中 T 是“铜”字汉语拼音字首，数字表示顺序号，数字越大则纯度越低。

纯铜(加工产品)的代号、成分及应用如表 4-3 所示。

表 4-3 纯铜(加工产品)的代号、成分及应用

类别	代号	杂质总量/(%)	应用举例
纯铜	T1	0.05	制作导电、导热、耐腐蚀器具材料，如电线、电缆、蒸发皿、储藏容器等
	T2	0.10	
	T3	0.30	
无氧铜	TU1	0.03	电真空器件、高导电性导线等
	TU2	0.05	

4.2.2 铜合金

纯铜因其成本较高，强度低，不适宜作为结构件。若向纯铜中加入合金元素制成铜合金，则不仅提高了强度，而且仍保持纯铜优良的物理和化学性能。因此，在机械工业中广泛使用的是铜合金。

铜合金按加入的主要合金元素分为黄铜、青铜、白铜三大类。

1. 黄铜

黄铜是指以锌(Zn)为主要合金元素的铜合金，具有美观的黄色。黄铜按成分分为普通黄铜(锌为唯一合金元素)和特殊黄铜(除锌以外还加入了其他合金元素)；按加工方法分为加工黄铜和铸造黄铜。

普通黄铜的牌号为“H”(“黄”的拼音字首)加两位数字(表示铜的质量分数的百分数)。特殊黄铜的牌号是在“H”之后标出除锌以外的主要合金元素符号，并在其后分别标明铜及合金元素质量分数的百分数。

铸造黄铜具有良好的铸造性能，其熔点较低，金属液流动性好。铸造黄铜的牌号由字母“Z”(“铸”的拼音字首)加 Cu(铜的化学符号)，再加主要合金元素的化学符号及其质量分数的百分数组成。

常用黄铜的代号(牌号)及应用如表 4-4 所示。

表 4-4 常用黄铜的代号(牌号)及应用

类别	代号或牌号	应用举例
普通黄铜	H90	制造散热器、冷凝管、双金属片及艺术品、证章等
	H68	强度及塑性好,应用最广泛,制作复杂冷冲件和深冲件,如子弹壳、导管、雷管、散热器外壳等
	H62	螺钉、螺母、铆钉、垫圈、弹簧、筛网等
特殊黄铜	HPb59-1	螺钉、垫片、衬套、轴套等冲压件和切削加工件
	HMn58-2	应用较广,主要用于制造船舶零件、精密电气零件(如引线框)等
铸造黄铜	ZCuZn38	一般结构件,如螺杆、螺母、法兰、手柄、阀体等
	ZCuZn31Al2	电机、仪表压铸件及船舶耐蚀件
	ZCuZn40Mn2	在淡水、海水及蒸汽中工作的阀体、管道零件

2. 青铜

青铜原指以锡(Sn)为主要合金元素的铜合金,因其外观呈银青黑色而得名。现在则泛指除黄铜和白铜以外的铜合金。按合金元素的不同,青铜主要有锡青铜、铅青铜、硅青铜、铍青铜和钛青铜等;按加工方法,青铜分为加工青铜和铸造青铜。

加工青铜的牌号为"Q"("青"的拼音字首)加合金元素符号再加数字(表示合金的质量分数的百分数)。铸造青铜则在最前面加上字母"Z"("铸"的拼音字首)。

常用青铜的代号(牌号)、性能特点及应用如表 4-5 所示。

表 4-5 常用青铜的代号(牌号)、性能特点及应用

类别	组别	代号或牌号	性能特点	应用举例
加工青铜	锡青铜	QSn4-3	具有较高的强度、硬度和良好的耐腐蚀性、减摩性及抗磁性	弹簧、化工管道、机械耐磨零件和抗磁零件
		QSn6.5-0.1		精密仪器中的耐磨零件和抗磁元件、弹簧
		QSn4-4-2.5		飞机、拖拉机、汽车用轴承和轴套的衬垫
	铝青铜	QAl9-4	比锡青铜和黄铜有更高的强度、耐磨性和耐腐蚀性,而且价格便宜、色泽美观	轴承、蜗轮、螺母及在蒸汽、海水中工作的高强度耐蚀零件等
		QAl7		重要的弹簧及弹性元件
	铍青铜	QBe2 QBe1.9	具有高的强度、硬度、弹性、耐磨性、耐腐蚀性和耐疲劳性,但价格昂贵	重要的弹簧及弹性元件、耐磨零件、高压高速高温轴承、钟表齿轮、罗盘零件、塑料模工作零件
	硅青铜	QSi3-1	具有较高的力学性能及耐腐蚀性能	弹簧、耐蚀零件、蜗轮蜗杆、齿轮、电线及电话线

续表

类别	组别	代号或牌号	性能特点	应用举例
铸造青铜	锡青铜	ZQSn10 ZQSn10-2	铸造流动性较差，易形成分散缩孔，但凝固后体积收缩小	铸造齿轮、轴承、螺母等耐磨零件，以及阀门、泵体、水管配件
	铝青铜	ZQAl9-4 ZQAl10-3	有较高的力学性能，铸造性能好，组织致密，气密性高，耐磨性好	较高载荷的轴承、轴套、齿轮、螺母等
	铅青铜	ZQPb10-10	有良好的自润滑性能，易切削，铸造性能较差，易产生比重偏析	中等载荷的轴承、轴套及双金属耐磨零件、耐酸铸件
		ZQPb30		高速高压下工作的航空发动机及高速柴油机的轴承

3. 白铜

白铜是指以镍(Ni)为主要合金元素的铜合金，一般呈银白色，镍含量越高，颜色越白。白铜按成分也分为普通白铜和特殊白铜(除镍以外还加入了其他合金元素)。普通白铜的牌号为"B"("白"的拼音字首)加数字(表示镍的质量分数的百分数)。

特殊白铜的牌号是在"B"之后标出除镍以外的主要合金元素符号，并在其后分别标明镍及合金元素质量分数的百分数。

常用白铜的代号(牌号)、成分及应用如表 4-6 所示。

纯铜加镍能显著提高强度、耐蚀性、硬度、电阻和热电性，并降低电阻率温度系数。白铜较其他铜合金的机械性能、物理性能都异常良好，延展性好，硬度高，色泽美观，耐腐蚀，富有深冲性能。白铜的缺点是主要添加元素——镍属于稀缺的战略物资，因而价格比较昂贵。

表 4-6　常用白铜的代号(牌号)、成分及应用

类别	代号或牌号	Cu 以外的合金成分/(%)			应用举例
		Ni(+Co)	Mn	Zn	
普通白铜	B30	29.0～33.0	0	0	船舶仪器零件、化工机械零件、日用品及工艺品
	B19	18.0～20.0	0	0	
	B5	4.4～5.0	0	0	
特殊白铜	BZn15-20	13.5～16.5	0	18.0～22.0	潮湿条件下和强腐蚀介质中工作的仪表零件、医疗器械
	BMn40-1.5	42.5～44.0	11.0～13.0	0	电阻丝、热电偶丝

4.2.3 铜和铜合金在汽车上的应用

铜和铜合金在汽车上主要用于制作散热器、制动系统管路、液压装置、齿轮、轴承、刹车摩擦

图 4-2　汽车散热器

片、电气元件、垫圈以及各种接头、配件和饰件等。其中 H68 用于散热器夹片、散热器本体主片、暖风散热器主片等；HPb59-1 用于化油器配制针、制动阀阀座、曲轴箱通风阀座、储气筒放水阀本体及安全阀座等；ZCuPb30 用于曲轴轴瓦、曲轴止推垫圈等；QSn4-4-2.5 用于活塞销衬套、发动机摇臂衬套等；ZCuSn5Pb5Zn5 用于离心式润滑油滤清器上、下轴承。图 4-2 所示为汽车散热器。

4.3　其他有色金属

4.3.1　滑动轴承合金

轴承是一种重要的机械零件。虽然滚动轴承有很多优点，应用很广，但因滑动轴承具有承压面积大、工作平稳无噪声及检修方便等优点，所以滑动轴承在重载高速的场合还是被广泛应用。常见的轴瓦结构如图 4-3 所示。

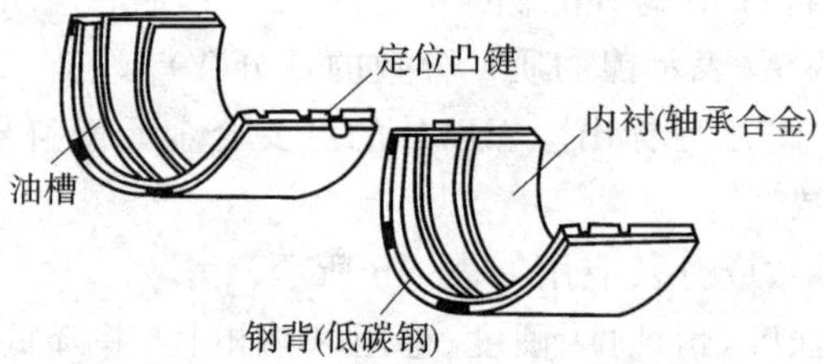

图 4-3　常见的轴瓦结构

理想的轴承合金组织应具备如下特征：软基体上分布着均匀硬质点，如图 4-4 所示。常用的轴承合金按主要化学成分可分为锡基、铅基、铝基和铜基，其中锡基和铅基轴承合金称为巴氏合金。

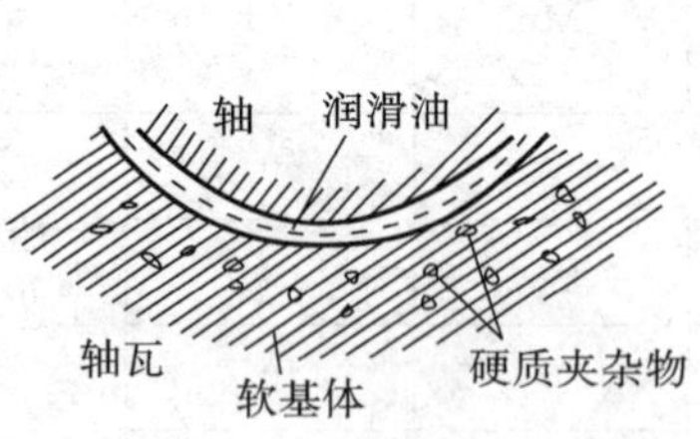

图 4-4　轴承合金的组织示意图

常用的滑动轴承合金有锡基轴承合金、铅基轴承合金、铝基轴承合金、铜基轴承合金等。滑动轴承合金一般在铸态下工作，其牌号以“铸”字汉语拼音字首 Z 开头，表示方法为“Z＋基本元素符号＋主加元素符号＋主加元素含量＋辅加元素符号＋辅加元素含量…”。例如，ZSnSb12Pb10Cu4 即表示含 Sb 为 12%、含 Pb 为 10%、含 Cu 为 4%的锡基轴承合金。

常用轴承合金的牌号、性能特点及应用如表 4-7 所示。

表 4-7 常用轴承合金的牌号、性能特点及应用

类别	牌号	性能特点	应用举例
锡基轴承合金	ZSnSb12Pb10Cu4	软而韧，耐压，硬度较高，热强度低	适于一般中速、中载发动机轴承，但不适用于高温部分
	ZSnSb11Cu6	减摩性和抗磨性较好，具有优良的导热性和耐蚀性	应用较广，适于重载、高速的蒸汽机、涡轮机、柴油机、电动机、透平压缩机的轴承及轴瓦
	ZSnSb4Cu4	韧性为巴氏合金中最高的，与ZSnSb11Cu6相比强度较低	韧性要求较高、浇注层较薄的重载、高速轴承，如涡轮机、航空发动机轴承
铅基轴承合金	ZPbSb16Sn16Cu2	价格便宜，但冲击韧性低，不能承受冲击载荷	无冲击或小冲击载荷、高速轴承、轴衬，如汽车、轮船轴承、轴衬
	ZPbSb15Sn10	冲击韧性比前者高，磨合性好，有较好的综合使用性能	中载、中速、中冲击载荷机械的轴承，如汽车、拖拉机发动机曲轴、连杆轴承
	ZPbSb15Sn5	与锡基ZSnSb11Cu6相比，耐压强度相当，塑性和导热性较差	低速、轻载机械轴承，如水泵、空压机轴承、轴衬

4.3.2 钛及钛合金

1. 纯钛

纯钛是银白色金属，密度为4.5 g/cm^3，熔点高达1688 ℃，是一种高熔点的轻金属。钛有两种同素异构体，在882.5 ℃以上为体心立方晶格的β-Ti，在882.5 ℃以下为密排六方晶格的α-Ti。

纯钛塑性好、强度低，容易加工成形，可制成细丝和薄片。在大气和海水中有优良的耐蚀性，在硫酸、盐酸、硝酸、氢氧化钠等介质中都很稳定，钛的抗氧化能力优于大多数奥氏体不锈钢。

钛的性能受杂质的影响很大，少量的杂质就会使钛的强度激增，塑性显著下降。工业纯钛中常存杂质有N、H、O、Fe、Mg等。根据杂质含量，工业纯钛有三个等级牌号TA1、TA2、TA3，“T”为“钛”字汉语拼音字首，其后顺序数字越大，表示纯度越低。

工业纯钛因其密度小和耐腐性，是航空航天、船舶、化工等工业中常用的结构材料。常用于制作350 ℃以下工作、强度要求不高的零件及冲压件，如飞机蒙皮、骨架、隔热板，石油化工用热交换器、海水净化装置及船舰零部件。

2. 钛合金

为了提高强度和耐热性能，在纯钛中加入铝、铬、钼、锆、钒、锰、铁等合金元素可获得不同类型的钛合金。钛合金按其使用时的组织状态的不同，可分为α型钛合金、β型钛合金和(α+β)型钛合金。钛合金的牌号用“T+类别代号+顺序号”表示。其中，类别代号A、B、C分别表示α型钛合金、β型钛合金和(α+β)型钛合金。

常用钛合金的牌号、性能特点及应用如表4-8所示。

表 4-8 常用钛合金的牌号、性能特点及应用

类型	牌号	性能特点	应用举例
α型钛合金	TA5 TA6 TA7	硬度低,不能热处理强化,但有较高的高温强度、抗氧化性及良好的焊接性能	在 500 ℃以下工作的零件,如飞机骨架及蒙皮、导弹燃料罐、超音速飞机的涡轮机匣
β型钛合金	TB1 TB2	具有较高的强度和优良的冲压性能,可通过热处理强化	在 350 ℃以下工作的零件,压气机叶片、轴、轮盘等重载荷旋转件、飞机构件
(α+β)型钛合金	TC1 TC2 TC4 TC10	低温及高温强度高、塑性好、低温韧性好,具有良好的抗海水腐蚀能力	长期在 400 ℃以下工作的冲压件和焊接件,有一定高温强度的发动机零件,在低温下使用的火箭的液氢燃料箱部件,等等

4.3.3 镁及镁合金

镁在地球上的储量也十分丰富,仅次于铝、铁而居第三位。镁及镁合金的主要优点是密度小,比强度(强度与密度之比)高,抗震能力强,可承受较大的冲击载荷,并且具有优良的切削加工和抛光性能。

1. 纯镁

纯镁是银白色金属,密度为 1.74 g/cm3,相当于铝的 2/3,是工业用金属中密度最小的。纯镁具有很高的化学活性,耐腐蚀性很差,强度和塑性均较低,一般不直接用作结构材料。

2. 镁合金

在纯镁中加入 A1、Zn、Mn、Zr 及稀土元素等,制成镁合金。目前应用的镁合金主要有 Mg-Mn 系、Mg-A1-Zn 系、Mg-Zn-Zr 系和 Mg-RE-Zr 系等合金系。它们分为变形镁合金和铸造镁合金两大类。其牌号分别以 MB 和 ZM 加数字表示。常用的变形镁合金有 MB1、MB2、MB8、MB15 等。其中应用较多的是 MB15,它具有较高的强度和良好的塑性,且热处理工艺简单,热加工后直接进行时效便可强化,能制造形状复杂的大型锻件。常用的铸造镁合金有 ZM1、ZM2、ZM5。它们具有较高的强度和良好的铸造工艺性,适于生产各类铸件。但耐热性较差,长期使用温度不高于 150 ℃。

目前镁合金一般用于汽车上的座椅骨架、仪表盘、转向盘和转向柱、轮圈、发动机气缸盖、变速器壳、离合器壳等零件,其中转向盘和转向柱、轮圈是应用镁合金较多的零件。

由于镁合金具有良好的阻尼系数,减振量大于铝合金和铸铁,用于壳体可以降低噪声,用于座椅、轮圈可以减少振动,提高汽车的安全性和舒适性。虽然镁合金有这些优点,但从成本上看它仍然偏高于铝合金。尽管如此,镁合金的应用前景仍然看好,随着技术的发展将有更多的零件用镁合金来制造。

4.3.4 锌及锌合金

锌呈蓝白色,密度为 7.14 g/cm^3,室温下较脆。由于锌在常温下表面易生成一层保护膜,所以锌主要用作钢铁表面的防护性镀层。

锌能和铝、铜、镁等合金元素组成锌合金。锌合金的强度较高,铸造性能好,价格也不高,但

其塑性较低，耐热性、焊接性较差。锌合金也可分为变形锌合金和铸造锌合金。铸造锌合金主要用于受力不大、形状复杂的小尺寸结构件或装饰件。目前应用最广的铸造锌合金是ZZnAl4Cu1Mg。锌合金在汽车上可用于制造汽油泵壳、机油泵壳、车门手柄、雨刮器、安全带扣和内饰件等。

4.3.5 硬质合金

硬质合金是一种粉末冶金材料。它虽然不是合金工具钢，但是一种重要的刃具和模具材料。其特点是硬度极高、红硬性好(切削温度可达 1000 ℃)、耐磨性好。用硬质合金制作的刀具，切削速度比高速钢还可提高 4～5 倍。由于硬质合金的硬度很高，切削加工困难。

1. 金属陶瓷硬质合金

金属陶瓷硬质合金是将一些高熔点、高硬度的金属碳化物(WC、TiC)微米级粉末和黏结剂(Co、Ni、Mo 等)混合后，在模具中加压成型，再经高温烧结而成的粉末冶金制品。

常用硬质合金的牌号、成分及应用如表 4-9 所示。

表 4-9 常用硬质合金的牌号、成分及应用

类别	牌号	主要成分/(%)			硬度(HRA)	应用举例
		碳化钨	碳化钛	钴		
钨钴类硬质合金	YG3	97	0	3	91	用于加工脆性材料(铸铁及胶木等非金属材料)。其中，含钴量高的抗弯强度高，韧性好，而硬度、耐磨性低，适于粗加工
	YG6	94	0	6	89.5	
	YG8	92	0	8	89	
	YG15	85	0	15	87	
	YG20	80	0	20	85.5	
钨钴钛类硬质合金	YT5	85	5	10	89	用于加工韧性材料(各种钢件)。由于 TiC 的耐磨性好，热硬性高，因而这类硬质合金的热硬性好，加工的光洁度也好
	YT15	79	15	6	91	
	YT30	66	30	4	92.5	
通用硬质合金	YW1	84	6	6	91.5	又称为万能硬质合金，用来切削不锈钢、耐热合金等难加工的材料，刀具寿命更长
	YW2	82	6	8	90.5	

2. 钢结硬质合金

钢结硬质合金是以难熔金属硬质化合物为硬质相、以合金钢为黏结剂，用粉末冶金方法生产的一种新型合金。钢结硬质合金由于含有大量的钢基体，因而具有可热处理性和加工性，同时具有金属陶瓷硬质合金的高强度、高耐磨、高抗压强度特点。

钢结硬质合金按其硬质相材质可分为 TiC 基、TiN 基、TiCN 基、WC 基和 Co 基五类。目前开发的以 TiC 基和 WC 基的钢结硬质合金为主，常用的钢结硬质合金牌号为 DT、TLMW50、GT35。

思考与练习

1. 常用的硬质合金有哪几种？其性能有何异同？
2. 常用的铝合金有哪几种？在汽车上有哪些应用？
3. 常用的铜及铜合金有哪几种？在汽车上有哪些应用？

项目五

汽车用非金属材料

5

【学习目标】

1. 了解汽车常用非金属材料的性能要求；

2. 熟悉汽车上使用的非金属材料的识别；

3. 学会汽车常用零部件选用非金属材料的方法和应用。

【任务单】

1. 汽车上主要应用塑料的部件有哪些？
2. 塑料是由（　　　　）和（　　　　）两大部分组成的。
3. 汽车上常用的复合材料主要有哪些？

通常将金属及合金以外的其余材料称为非金属材料。非金属材料有其独特的性能,在民用和工业中应用越来越广泛。本项目主要介绍汽车常用的塑料、橡胶、陶瓷材料、复合材料等非金属材料。

5.1 塑料

塑料是目前机械工业中应用最广泛的高分子材料,它是以合成树脂为基本原料,再加入一些用来改善使用性能和工艺性能的添加剂后,在一定温度和一定压力下制成的高分子材料。

5.1.1 塑料的组成和分类

1. 塑料的组成

塑料是由合成树脂和添加剂两大部分组成的。

1) 合成树脂

合成树脂是从煤、石油和天然气中提炼的高分子化合物。合成树脂是塑料的主要成分,它决定了塑料的基本性能,并起着黏结剂的作用。大多数塑料是以所加合成树脂的名称来命名的,如聚氯乙烯塑料就是以聚氯乙烯树脂为主要成分的塑料。有些合成树脂可以直接用作塑料,如聚乙烯、聚苯乙烯等。在工程塑料中,合成树脂占40%~100%。

2) 添加剂

添加剂主要用于改善塑料的使用性能和工艺性能,常用的添加剂有填充剂、增塑剂、稳定剂、固化剂、润滑剂、阻燃剂等。

填充剂主要起强化作用,也能改善或提高塑料的某些性能。如加入氧化硅可提高塑料的硬度和耐磨性,加入云母、石棉粉可以改善塑料的电绝缘性和耐热性,加入铝粉可提高塑料对光的反射能力及防止塑料老化等。通常塑料中填充剂的用量可达20%~50%,填充剂的加入可节约树脂用量,降低塑料制品的成本;增塑剂可以提高塑料的可塑性和柔软性,如在聚氯乙烯树脂中加入邻苯二甲酸二丁酯,可使塑料变得柔软而富有弹性;稳定剂可以提高塑料在光和热作用下的稳定性,以延缓塑料的老化;固化剂可以促使塑料在加工过程中硬化。此外,还可加入润滑剂、阻燃剂、着色剂、抗静电剂等,来优化塑料的各种特定性能。

2. 塑料的分类

塑料的品种很多,分类方法也不同,常见的有以下两种分类方法。

1) 按合成树脂的热性能分

塑料按合成树脂的热性能可分为热塑性塑料和热固性塑料(见表5-1)。

(1) 热塑性塑料。热塑性塑料是指受热时软化,冷却后变硬,再加热又软化,冷却又变硬,可反复多次加热塑制的塑料。这类塑料加工成型方便,力学性能较好,生产周期短,可回收再利用。但耐热性较差,容易变形。热塑性塑料数量很大,约占全部塑料的80%,常用的有聚乙烯、聚氯乙烯、聚苯乙烯、聚酰胺(尼龙)、ABS塑料等。

(2) 热固性塑料。热固性塑料是指经一次固化后,不再受热软化,只能塑制一次的塑料。这类塑料耐热性能好,受热不易变形,但生产周期短,力学性能不高,且废旧塑料不能回收利用。常用的热固性塑料有酚醛树脂、氨基树脂、环氧树脂、有机硅树脂等。

表 5-1 按塑料的热性能分类

类别	典型塑料及代号	特征
热塑性塑料	聚氯乙烯(PVC) 聚乙烯(PE) 聚丙烯(PP) 聚酰胺(PA) 缩醛塑料(POM) 聚碳酸酯(PC)	树脂为线型高分子化合物，能溶于有机溶剂，加热可软化，易于加工成型，并能反复塑化成型。这类塑料一般机械强度较高，成形性能良好
热固性塑料	酚醛塑料(PF) 氨基塑料(UF) 有机硅塑料(SI) 环氧树脂(EP)	网型高分子树脂，固化后重新加热不再软化和熔融，也不溶于有机溶剂，不能反复成型与再生使用。这类塑料一般具有较高的耐热性与刚性，但脆性大

2. 按使用范围分

塑料按使用范围可分为通用塑料和工程塑料。

(1) 通用塑料是指产量大、用途广、通用性强、价格低的塑料。主要有聚乙烯、聚丙烯、聚氯乙烯、聚苯乙烯、酚醛塑料和氨基塑料等。这类塑料的产量占塑料总产量的75%以上，可以用来制作日常生活用品、包装材料以及一般机械零件。

(2) 工程塑料是指用于工程构件和机械零件的塑料。这类塑料力学性能较高，耐热性、耐腐蚀性较好，可用来替代金属材料制造某些结构件。工程塑料主要有聚酰胺(尼龙)、聚碳酸酯、聚甲醇和ABS塑料等。

5.1.2 塑料的主要特性

(1) 质量轻，一般塑料的密度在0.83～2.2 g/cm^{3}之间，仅是钢铁的1/8～1/4。因此用塑料制造汽车零部件，可大幅度减轻汽车的整车装备质量，降低汽车自重，减少油耗。

(2) 化学稳定性好，一般的塑料对酸、碱、盐和有机溶剂都有良好的耐蚀性能，特别是聚四氟乙烯，除了能与熔融的碱金属作用外，其他化学药品包括“王水”也难以腐蚀。因此，在腐蚀介质中工作的零件可采用塑料制作，或采用在表面喷塑的方法提高其耐腐蚀能力。

(3) 比强度高，尽管塑料的强度要比金属低些，但由于塑料密度小，质量轻，因此以等质量相比，其比强度要高。如用碳素纤维强化的塑料，它的比强度要比钢材高2倍左右。

(4) 电绝缘性能好，塑料几乎都有良好的电绝缘性，可与陶瓷、橡胶和其他绝缘材料相媲美。因此，汽车电器零件广泛采用塑料作为绝缘体。

(5) 吸振性和消声性良好，塑料具有吸收和减少振动和噪声的性能。因此，用塑料制作汽车保险杠、仪表板和方向盘等，可以增强缓冲作用，提高车辆的安全性和舒适性。

(6) 耐磨性和减摩性优良，大多数塑料的摩擦系数较小，耐磨性好，能在半干摩擦甚至完全无润滑条件下良好地工作，所以可以制作齿轮、密封圈、轴承、衬套等要求耐磨的零件。

(7) 容易加工成型，塑料通常一次注塑成型，可制造复杂形状的异形曲面，如汽车仪表板等，适合批量生产，加工成本低。

塑料除了具有以上优点外，也存在一定缺点。如：与钢相比其力学性能较低；耐热性较差，一般只能在100 ℃以下长期工作；导热性差，其导热系数只有钢的1/200～1/600。此外，塑料还有易老化、易燃烧、温度变化时尺寸稳定性差等缺点。

5.1.3 塑料的成型工艺方法

1. 注射成型

注射成型也称注塑成型，是将塑料原料在注射机的加热料筒加热至熔融状态，然后在注射机螺杆和活塞的推动下，使之注入成型模具型腔，并在模具内固化定型，如图 5-1 所示。

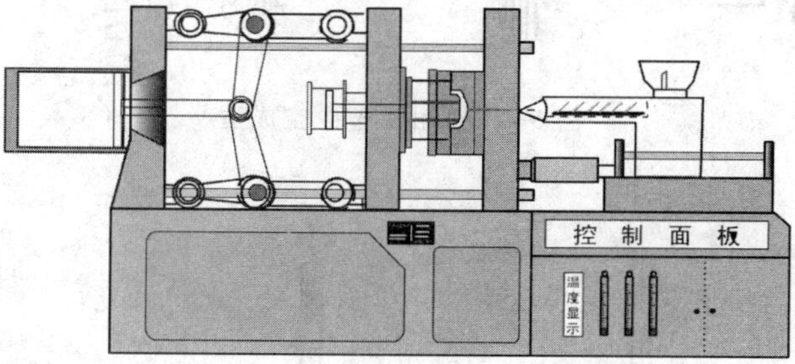

图 5-1 注射成型设备

2. 压制成型

压制成型也称压塑成型，是将塑料原料直接加在敞开的模具型腔内，再将模具闭合，塑料在热和压力作用下成为流动状态并充满型腔，然后由化学或物理变化使塑料硬化成型，如图 5-2 所示。

3. 压注成型

压注成型也称传递成型，是将塑料原料加入预热的加料室，然后通过压柱向塑料施加压力，塑料在高温高压下熔融并通过浇注系统进入模具型腔，逐渐硬化成型，如图 5-3 所示。压注成型主要用于热固性塑料的成型。

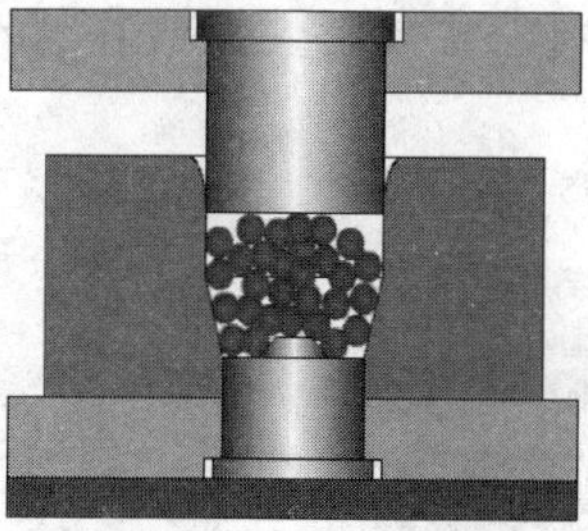

图 5-2 压制成型示意图

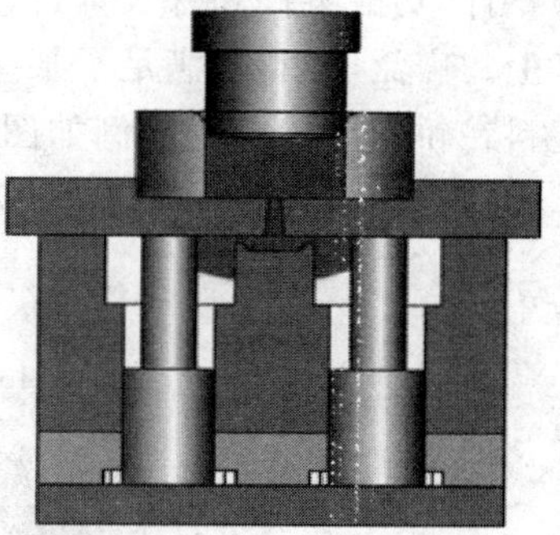

图 5-3 压注成型示意图

4. 挤出成型

挤出成型也称挤塑成型，是通过挤塑机螺杆的推动，使黏流状态的塑料在高温高压下通过具有特定断面形状的机头口模，然后连续进入温度较低的定型模并固化，生产出具有所需断面形状的连续型材。

5. 中空成型

中空成型源于古老的玻璃吹瓶工艺，也称吹塑成型，常用来成型包装容器（如各种瓶、桶、箱)。中空成型可分为挤出吹塑中空成型(见图 5-4)和注射吹塑中空成型(见图 5-5)两大类。

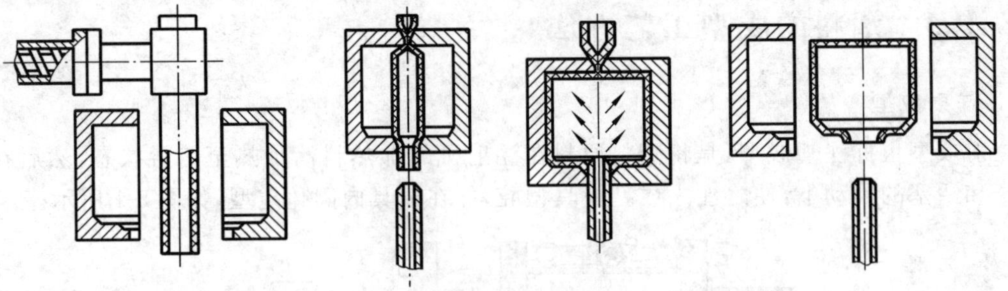

图 5-4　挤出吹塑中空成型

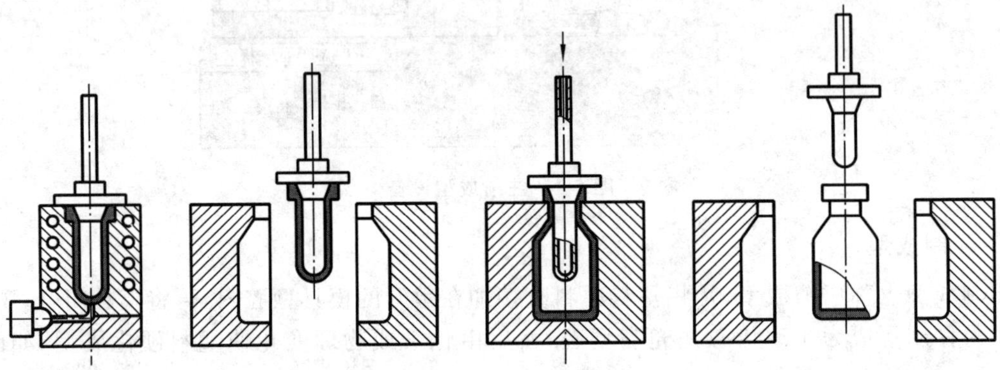

图 5-5　注射吹塑中空成型

5.1.4　塑料在汽车上的应用

塑料在汽车上除了广泛应用于制造各种内装饰件外,目前已可用来替代部分金属材料,制造某些结构零件、功能零件和外装饰件。目前塑料在轿车上的用量占全车质量的 8%～12%。塑料在汽车上的广泛应用,既满足了某些汽车零部件特殊性能要求,也是实现汽车轻量化的有效途径。塑料在轿车上的应用实例如图 5-6 所示。常用塑料的主要特性及其在汽车上的应用如表 5-2 所示。

图 5-6　塑料在轿车上的应用实例

1—前保险杠;2—散热器格栅;3—车灯框;4—散热器固定框;5—空气滤清器壳;6—发动机装饰罩;7—进气管;8—制动液罐;9—蓄电池壳;10—补偿水箱;11—后视镜壳;12—仪表板;13—转向盘;14—车门内饰板;15—车厢内饰;16—后保险杠;17—车窗框;18—车门饰条;19—座椅;20—车轮罩

表 5-2 常用塑料的主要特性及其在汽车上的应用

种类	化学名称	代号	主要特性	应用
热塑性塑料	丙烯腈-丁二烯-苯乙烯	ABS	综合力学性能优良，耐热性、尺寸稳定性好，易于加工成型	收音机壳、仪表壳、制冷与采暖系统部件、工具箱、扶手、散热器格栅、内饰车轮罩、变速器壳、车体件、前围板、格栅、车头灯框等
	聚酰胺	PA	强度高，韧性好，耐磨性、耐疲劳性、耐油性等综合性能良好，但吸水性和收缩率大	散热器水室、转向器衬套、各种齿轮、皮带轮、发动机零件、顶盖、油箱、油管、进气管、车轮罩、插头、轮胎帘布、安全带、车外装饰板件、风扇叶片、里程表齿轮、衬套等
	聚甲醛	POM	综合力学性能优良，尺寸稳定性好，耐磨性、耐油性、耐老化性好，吸水性小	燃油系统、电气设备系统、车身体系的零部件、线夹、杆塞连接件、支撑元件、半轴齿轮和行星齿轮垫片、汽油泵壳、转向节衬套等
	聚乙烯	PE	强度较高，耐高温、耐磨，耐蚀性和绝缘性好	内护板、地板、燃油箱、行李舱、冲洗水水箱、挡泥板、扶手骨架、刮水器、自润滑耐磨机械零件、内装饰板、车窗框架、手柄等
	聚四氟乙烯	PTFE	化学稳定性优良，耐蚀性极高，摩擦系数小，耐高温性、耐寒性和绝缘性好	各种密封圈、垫片
	聚对苯二甲酸乙二醇酯	PET	耐蠕变、抗疲劳性、耐摩擦性好，磨耗小而硬度高，具有热塑性塑料中最大的韧性；电绝缘性能好，吸湿性高，成型前必须干燥。耐弱酸和有机溶剂，但不耐热水浸泡，不耐碱	纺织物、盖、皮带、轮胎帘布、气囊、壳体等
	聚对苯二甲酸丁二醇酯	PBT	具有高耐热性、韧性、耐疲劳性，自润滑性好，低摩擦系数，耐候性好，吸水率低，仅为 0.1%，在潮湿环境中仍保持各种物性(包括电性能)，电绝缘性好，但介电损耗大。耐热水、碱类、酸类、油类，但易受卤化烃侵蚀，耐水解性差，低温下可迅速结晶，成型性良好	电子器件外壳、保险杠、车身覆盖件、刮水器杆、齿轮等

续表

种类	化学名称	代号	主要特性	应用
热塑性塑料	聚苯醚	PPO	抗冲击性能优良，耐磨性、绝缘性、耐热性好，吸水率低，尺寸稳定性好，但耐老化性差	耐冲击格栅、车头灯框、仪表板、装饰件、小齿轮、轴承、水泵零件、嵌板、车轮罩盖等
	聚酰亚胺	PI	耐高温性能好，强度高，综合性能优良，耐磨性和自润滑性好	正时齿轮、密封垫圈、泵盖等
	聚丙烯	PP	耐热性、耐蚀性较好，成型容易，但收缩率大，低温呈脆性，耐磨性不高	保险杠、蓄电池壳、仪表板、挡泥板、嵌板、采暖及制冷系统部件、发动机罩、空气滤清器、导管、容器、侧遮光板、内饰镶条、内装饰板、散热器固定框、前围板等
	聚氯乙烯	PVC	强度较高，化学稳定性、绝缘性较好，耐油性、抗老化性也较好，但耐热性差，成型加工性能较差	电线电缆包材、防撞系统、涂料、内装饰件、软垫板、电气绝缘体等
	聚碳酸酯	PC	力学性能优良，尺寸稳定性好，耐热性较好，但疲劳强度低，耐磨性不高	保险杠、前轮边防护罩、车门把手、车身覆盖件、挡泥板、前照灯、散光玻璃、格栅、仪表板等
	聚甲基丙烯酸甲酯（有机玻璃）	PMMA	高光学透明性、耐候性佳、刚性佳、易染色、耐化学性差，长期使用温度最高为 93 ℃，应力集中处较易碎化	后挡板、灯罩及其他装饰品等
热固性塑料	酚醛塑料	PF	强度高，耐热性好，绝缘性、化学稳定性、尺寸稳定性等好，但质地较脆，抗冲击性差	电气绝缘件、摩擦片、化油器等
	环氧树脂	EP	强度较高，韧性较好，收缩率低，绝缘性、化学稳定性、耐蚀性好	汽车涂料、胶黏剂、玻璃钢构件等
	聚氨酯泡沫	PU	力学性能优良，吸振缓冲性、绝热性好，加工简单，易于成型	坐垫、仪表板垫及罩盖、挡泥板、车内地板、车顶棚、遮阳板、减震器、护板、防撞条、保险杠。软质用于坐垫、内饰材料；半硬质用于转向盘、仪表板、保险杠、扶手等

1. 聚氨酯泡沫塑料在汽车上的应用

聚氨酯泡沫塑料具有一系列优异的性能，其原料组分都是液体，生产操作方便，只要简单地改变其原料配方，便可得到极软到极硬范围的泡沫，同其他软质泡沫塑料相比，还具有下述系列优点:半硬质聚氨酯泡沫塑料可分为普通型和自结皮型两种。其中普通型的制品,其密度可根据需要由 60 kg/m³ 调整到 150 kg/m³,有利于汽车轻量化。半硬质聚氨酯泡沫塑料是开孔的,其制品有良好的回弹性,使人接触后感觉舒服,并能吸收 50%~70%的冲击能量。自结皮型半硬质聚氨酯泡沫塑料在发泡时能自行在产品外壁结成 0.5~3 mm 的表皮,具有较高的拉伸断裂强度和耐磨性,并能注塑发泡成型具有不同花纹和颜色的制品。

汽车工业轻量化推动了聚氨酯泡沫塑料的飞跃发展。在 20 世纪 70 年代之后,由于整体发泡自结皮技术和聚氨酯反应注射模塑法成型技术的开发成功,更加扩大了聚氨酯泡沫塑料在汽车上的应用范围。

2. 汽车结构件用通用塑料注射制品

通用塑料具有质量小、成型自由性好、电气绝缘性较好及原材料丰富、价格较便宜等优点,汽车上的塑料制品急剧增加。通用塑料既可以制造汽车机械零件,又可制造内饰件。汽车轻量化中应用最多的通用塑料有聚丙烯(PP)、聚氯乙烯(PVC)、聚乙烯(PE)和 ABS 塑料四大类。它们主要采用注射成型制作汽车零部件,也有利用其片或膜作面料的。

1) 聚丙烯在汽车上的应用

聚丙烯俗称百折胶,是通用塑料中最轻的一种。目前各种类型汽车上的聚丙烯零件品种已超过 70 种。表 5-3 中列出了用聚丙烯制造的主要汽车零件的名称及其质量。

表 5-3 PP 汽车零件

汽车零件名称		质量/kg	数量/件
功能件及壳体	分电器盖	0.092	1
	仪表灯壳	0.021	1
	加速踏板	0.082	1
	后灯壳	0.423	2
	冷却风扇	0.380	1
	暖风壳	2.190	1
	风扇护圈	0.800	1
	刮水器电动机套	0.014	2
	转向盘	0.744	1
	杂物箱盖	0.207	1
	杂物箱	0.669	1
	空气滤清器壳	1.800	1
配件及其他	后视镜框(外)	0.038	2
	后视镜框(内)	0.059	1
	千斤顶手柄	0.020	1
	安全腰带	0.023	2
	高压线夹	0.010	4
	打火机	0.003	1
	室内灯具	0.028	1
	清洗剂水池	0.016	1
	特殊信号灯	0.025	1
	天线柱	0.080	1
	减震器防尘罩	0.005	4
	其他灯具	0.012	2
	扶手	0.120	2

改性 PP 保险杠具有成本低、质量小、可循环再利用等优势，其数量已占保险杠总数的 70%。

经过改性的 PP 既可制作汽车内饰件，又可制作结构件，如转向盘、后视镜框、嵌块式车门内饰件、侧面装饰件和转向柱套、发动机和取暖通风系统的有关零件。

2）聚乙烯(PE)在汽车上的应用

PE 在汽车上的用量占汽车塑料总用量的 5%～6%，次于聚氯乙烯、ABS 塑料、聚丙烯、聚氨酯，居第 5 位。聚乙烯主要用于制造各种储罐和空气导管。汽车工业中所用的 PE 基本上属于中、低压聚乙烯，主要用途分内饰件、外装件和底盘件三大类(见表 5-4)。

表 5-4　PE 应用举例

使用部位	使用零件名称	树　脂
外装件	挡泥板、衬板、汽油箱、夹钩扣、弹簧衬垫、车轮罩、汽油过滤器套壳	MDPE、LDPE
内饰件	空气导管、扶手、覆盖板、承载地板、夹钩扣、柱套、风扇护罩、行李舱隔板、备胎夹箍、转向盘遮阳板、行李舱衬里(顶棚与门的减振材料)	HDPE、LDPE
底盘件	空气导管、蓄电池、制动液储罐、夹钩扣、清洗液罐	HDPE

塑料燃油箱正在取代金属燃油箱，这是由于塑料燃油箱具有形状设计自由性大、轻量化效果显著、抗介质侵蚀性好、抗冲击性好及燃烧时不易引起爆炸等一系列优点，故逐渐取代金属燃油箱，广泛用于轿车中。HDPE 树脂具有较高抗冲击强度和较好耐应力开裂性能，用于挤出吹塑的汽车燃油箱。

聚氯乙烯具有化学稳定性好、介电性能高、耐油且不易燃烧，同时又有一定的机械强度，价格便宜等优点，故广泛应用于化工、建筑、电子、轻工、农业及机械等国民经济各部门中。PVC 在汽车上的应用主要是制作内饰件及各种制品的表皮及盖、罩，如坐垫套、车门内衬、顶棚衬里表皮、软饰仪表板表皮、后盖板表皮、操纵杆盖板、转向盘表皮、货箱衬里、备胎罩盖、玻璃升降器盖、地板、地毯及电线包皮等。

因 PVC 的抗冲击强度较低，耐热性较差，故限制了其使用范围。而 ABS 树脂不仅具有优异的力学性能和良好的成型加工性能，而且与 PVC 有较好的相容性。于是便研究成功了 PVC/ABS 合金用以作为仪表板的表皮材料，其真空吸塑成型仪表板表皮技术在世界上各种轿车中被普遍采用，在我国中低档轿车的捷达、桑塔纳等车型均采用真空吸塑成型仪表板表皮。

3）改性聚苯乙烯及 ABS 塑料在汽车上的应用

改性聚苯乙烯是指苯乙烯的均聚物及其与其他单体共聚物、合金等一族树脂的总称。ABS 具有良好的性能，并能通过改性获得特殊性能，故广泛用于制作汽车内饰件和外装件。表 5-5 所示为苯乙烯类塑料在汽车零部件中的应用情况。

表 5-5 苯乙烯类塑料在汽车工业中的应用

零件名称	种 类	型 号
格栅	ABS	高抗冲型(电镀型)
	AAS	高抗冲型
灯壳	ABS、AES	高抗冲型
上通风盖板	ABS、AAS	亚耐热型
车轮罩	ABS	高抗冲型
	MPPO	亚耐热型
支架、百叶窗类	ABS	亚耐热型
标志装饰	AES、AAS	高光泽型
标牌、装饰件	ABS	一般电镀型
后护板	ABS	一般型
缓冲护板	AES	高光泽型
挡泥板、镜框	ABS、AAS、AES	高抗冲型
仪表板	ABS	超耐热抗冲型
	GF、增强 AS、ABS	
装饰件	ABS(改性 PPO)	超耐热型
仪表罩(仪表类)	ABS	超耐热型
收音机罩	ABS	耐热型
门立柱装饰	ABS	亚耐热型
工具箱	ABS	耐热或亚耐热型
导管类	ABS	耐热或亚耐热型
空气排气口	ABS、PC/ABS(MPPO)	耐热抗冲型
控制箱、调节器手柄	ABS	一般型
装饰件类、开关、旋钮、转向柱套、转向盘喇叭盖	ABS	高刚型、耐热抗冲型
仪表板表皮	ABS/PVC 合金	

5.1.5 塑料的回收与利用

通常以填埋或焚烧的方式处理废旧塑料，焚烧产生的大量有毒气体会造成二次污染，填埋会占用较大空间，塑料自然降解需要百年以上，且析出的添加剂会污染土壤和地下水等。

目前，废塑料处理技术的发展趋势是回收利用，但现在废塑料的回收和再生利用率低，技术水平还不够完善。废旧塑料的回收方法主要包括以下几种：

1. 直接燃烧

直接燃烧并回收能量，包括垃圾发电；用于炼铁高炉取代焦炭作还原剂、用作水泥窑的燃料；燃烧后用于各种发电锅炉；一部分油化燃料可用于汽车。

2. 熔融再生

将废旧塑料熔融再生，即将废旧塑料加热熔融后重新塑化。根据原料性质，熔融再生可分为简单再生和复合再生两种。

简单再生主要回收树脂厂和塑料制品厂的边角废料以及易于挑选清洗的一次性消费品和

塑料零件，如聚酯饮料瓶、食品包装袋、汽车上更换下来的塑料零件等，回收后其性能与新料差不多。

复合再生将废旧塑料零件热裂解或催化裂解，裂解因最终产品分为回收化工原料（如乙烯、丙烯、苯乙烯等）以及得到燃料（汽油、柴油、焦油等）。

废旧塑料在其他方面的用途也非常广泛，如可以用来制作混凝土、水泥、人造沙、填料等。

5.2 橡胶

橡胶是一种具有高弹性的高分子材料。由于它具有高弹性，优良的伸缩性、吸振性、耐磨性、隔音性，因此在汽车制造和维修中广泛用于制造轮胎、风扇皮带、各种皮管、油封、门窗密封胶条、制动皮碗等。

5.2.1 橡胶的组成和分类

1. 橡胶的组成

橡胶是以生胶为主要原料，并添加适量的配合剂制成的高分子材料。

1）生胶

生胶是橡胶制品的主要组成物，其性能决定了橡胶制品的性能。生胶的耐热性、耐磨性差，强度低，一般不能直接制造橡胶制品，大多只作为橡胶的原料。

2）配合剂

配合剂是为了改善和提高橡胶制品的性能而加入的物质，主要有硫化剂、硫化促进剂、填充剂、增塑剂和防老剂等。

硫化剂的作用是改善橡胶分子结构，提高橡胶制品的弹性、强度、耐磨性、耐蚀性和抗老化能力，常用的铝硫化剂是硫黄、氧化硫、硒等；硫化促进剂起加速硫化过程、缩短硫化时间的作用，常用的有氧化锌、氧化铝等；填充剂的作用是提高橡胶制品的强度、硬度，减少生胶用量，降低成本和改善加工工艺性能，常用的有炭黑、滑石粉、氧化硅、氧化锌、陶土、碳酸盐等；增塑剂的作用是提高橡胶制品的塑性，改善黏附力，并能降低橡胶制品的硬度，提高耐寒性，常用的增塑剂有硬脂酸、精制蜡、凡士林以及一些油类和酯类；防老剂主要是延缓和防止橡胶老化。

2. 橡胶的分类

按照原料的来源，橡胶分为天然橡胶、合成橡胶和再生橡胶。

1）天然橡胶

天然橡胶是从橡胶树上采集的胶乳，经凝固、干燥、加压等工序制成的片状生胶。它具有优良的弹性，较高的强度、耐磨性、耐寒性、防水性、绝热性、电绝缘性以及良好的加工性能。缺点是耐老化性和耐候性差，耐油性和耐溶剂性较差，易溶于汽油和苯类溶剂，易受强酸侵蚀，且易自燃。

天然橡胶广泛应用于制造轮胎、胶带、胶管以及胶鞋、医疗卫生制品等。

2）合成橡胶

合成橡胶是用石油、天然气、煤等为原料，通过化学合成的方法制成的与天然橡胶性能相似的高分子材料。合成橡胶的原料来源丰富、价格低廉，其产量已超过了天然橡胶。

根据性能和用途，合成橡胶可分为通用橡胶和特种橡胶两大类。凡是性能与天然橡胶接近，物理、机械和加工性能较好，可以做轮胎和一般橡胶配件的，称为通用合成橡胶；而具有特殊性能，专供耐油、耐热、耐寒、耐化学腐蚀等制品使用的，称为特种合成橡胶。

合成橡胶的弹性和抗拉强度不如天然橡胶，但耐磨性、耐热性优良，用于各种轮胎、传动皮带、胶管、衬垫材料等。

3）再生橡胶

再生橡胶是利用废旧橡胶制品经再加工而成的橡胶材料。再生橡胶强度较低，但有良好的耐老化性，且加工方便，价格低廉，在汽车上常用于制造橡胶地垫、各种封口胶条等，也可用于制作胶管、胶带、胶鞋的鞋底等。

5.2.2 橡胶的基本性能

1. 极高的弹性

这是橡胶独特的性能。橡胶的伸长率可达 100%～1000%。橡胶在开始受负荷时变形量很大，随着外力的增加，抵抗变形的能力也迅速增加，起到缓冲的作用。因此，橡胶可以制作减轻碰撞、敲击和吸收振动的零件，如发动机支架软垫等。

2. 良好的热可塑性

橡胶在一定温度下失去弹性，称为热可塑性。橡胶处于热可塑状态时，容易加工成各种形状和尺寸的制品，而且当加工外力去除后，仍能保持该变形下的形状和尺寸。根据这一特性可把橡胶加工成不同形状的制品。

3. 良好的黏着性

黏着性是指橡胶与其他材料黏成整体而不易分离的能力。橡胶特别容易与毛、棉、尼龙等牢固地黏结在一起，如汽车轮胎就是利用橡胶与棉、毛、尼龙、钢丝等牢固地黏结在一起而制成的。

4. 良好的绝缘性

橡胶大多数是绝缘体，是制造电线、电缆等导体的绝缘材料。

此外，橡胶还具有良好的耐腐蚀性、密封性和耐寒性等。但橡胶的导热性差，抗拉强度低，尤其容易老化。

橡胶的老化是指橡胶随着时间的推移，出现变色、发黏、变硬、变脆和龟裂等现象。为减缓橡胶老化、延长橡胶制品使用寿命，在橡胶制品使用过程中应避免与酸、碱、油及有机溶剂接触，尽量减少受热、日晒和雨淋等。

5.2.3 橡胶在汽车上的应用

橡胶是汽车上常用的一种重要材料，其中用量最大的制品是轮胎，目前全世界生产的橡胶约有 80%用于制造轮胎。此外，橡胶还广泛用于制造各种胶带、胶管、减震配件以及耐油配件等。常见汽车橡胶制品如图 5-7 所示。

1. 轮胎

轮胎安装在轮毂上，支承着全车的重量，行驶时使车轮和路面可靠附着而不会打滑，并能吸收振动和冲击。轮胎由外胎、内胎和垫带组成。内胎中充满空气，外胎用来保护内胎，起承受负荷与路面摩擦的作用。外胎由帘布层、缓冲层、胎面、胎侧和胎圈等部分组成。垫带用来防止轮

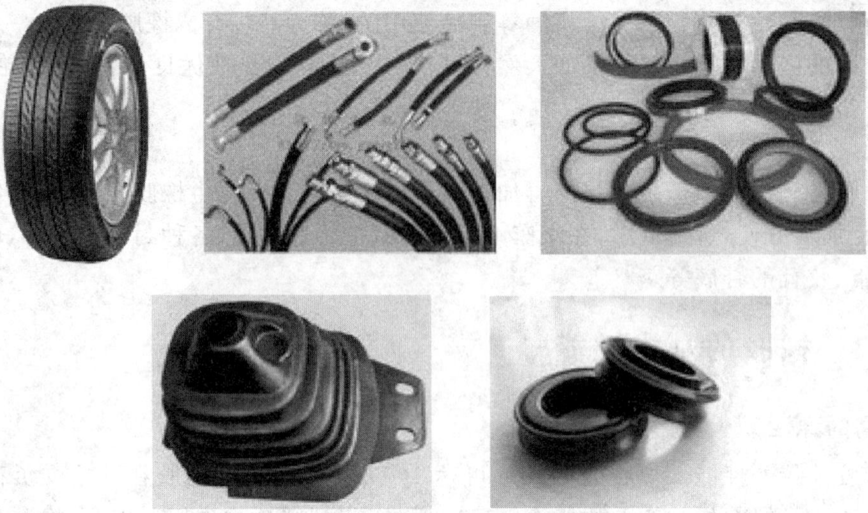

图 5-7　常见汽车橡胶制品

辋磨损内胎。

随着汽车工业的发展，对汽车用轮胎提出了更高的要求，如需要改善汽车的行驶性能、增加车速、乘坐舒适等，普通结构的轮胎已不能满足目前使用的要求，因而出现了相对新型结构的轮胎。选择耐磨性好的天然橡胶和合成橡胶构成的胎面层，以及高强度纤维所构成的不同形式的帘布层等可制造各种机能的轮胎，以适应各种汽车的应用。新型轮胎（如子午线轮胎）具有行驶性能好、行驶温度低、行驶里程高、耐磨性好、节省燃料、缓冲性能好、乘坐舒适等一系列的优点。

2. 橡胶配件

汽车用橡胶配件主要有各种胶管、传动带、油封及高压密封、减震缓冲胶垫、窗玻璃密封条等。这些橡胶配件应用于汽车各种部位，数量虽不多，但对汽车的质量与性能具有重要作用。

汽车用胶管包括水、气、燃油、润滑油、液压油的输送管，其中液压制动胶管、气压制动胶管、其他制动胶管、水箱胶管、动力转向液压胶管、离合器液压胶管等是汽车上重要的机能件。

汽车用的胶带大多是无接头的环形带。汽车的偏心轴等传动带多采用齿形三角带，要求传动速度准确、耐高速、噪声低、使用时间长。

橡胶密封件以油封为主，包括密封圈、衬垫等，用于前后轴、曲轴、离合器、变速器、差速器、制动系统和排气系统等部位。油封制品虽然体积小，但对整车性能却有十分重要的影响。

另外，汽车门、玻璃密封条用于防止风雨侵袭，所采用的橡胶原料多为乙丙橡胶，也有将氯丁橡胶或丁苯橡胶并用的，以达到经久耐用的目的。

3. 风扇皮带

风扇皮带是汽车上常用的一种橡胶制品，主要是用于传递曲轴皮带轮和水泵、发电机、压缩机等皮带轮之间的动力。风扇皮带是一种三角皮带，特点是没有接头，传动平稳均匀；嵌在皮带轮槽里面，靠轮槽两侧面传递动力，不容易滑动，短距离及高速传动时的效率高；缓冲弹性好，不会影响或损坏传动机件的精度。

汽车常用橡胶的种类、特性及应用如表 5-6 所示。

表 5-6 汽车常用橡胶的种类、特性及应用

种　类	代号	主要特性	应　用
天然橡胶	NR	良好的耐磨性、抗撕裂性，加工性能良好，但耐高温、耐油性较差，易老化	轮胎、胶带、胶管和通用橡胶制品等
丁苯橡胶	SBR	优良的耐磨性、耐老化性能，力学性能与天然橡胶相近，但加工性能特别是黏着性较天然橡胶差	可替代天然橡胶应用于轮胎、胶带、胶管和通用橡胶制品等
氯丁橡胶	CR	良好的物理性能和力学性能，耐腐蚀、耐老化、耐油，黏着性好，但耐寒性较差，密度较大，绝缘性能差	胶带、胶管、电线护套、垫圈、密封圈和汽车门窗嵌条等
丁基橡胶	IIR	良好的气密性，吸振能力强，化学稳定性好，耐气候和耐酸性能良好，但耐油性和加工性能较差	轮胎内胎、胶管、电线护套和减震元件等
丁腈橡胶	NBR	优良的耐油、耐老化、耐磨性能，耐热性、气密性好，但耐寒性、绝缘性较差	油封、油管、皮碗和密封圈等耐油元件

5.3 玻璃

玻璃是由石英砂、纯碱、长石、石灰石等为主要原料，并加入某些金属氧化物辅料，在1550 ℃～1600 ℃的高温窑中煅烧至熔融后，经成型、冷却所获得的非金属材料，通常具有透明、隔音、隔热等特性，并具有良好的化学稳定性。在现代汽车中，玻璃不仅是一种功能性外装饰件，而且还与保障视野、优化乘坐环境、减少行车阻力以及美观等多种要求有关，它是汽车的重要组成部分。

5.3.1 玻璃的种类及特点

玻璃的种类繁多，按用途不同可分为建筑玻璃、工业玻璃、光学玻璃、化学玻璃和玻璃纤维等。其中建筑玻璃又分为平板玻璃、波纹玻璃；工业玻璃又分为钢化玻璃、夹层玻璃、中空玻璃、夹丝玻璃等。常用玻璃有以下几种：

1. 平板玻璃

平板玻璃无色透明，具有良好的透光性，但抗弯强度极低、脆性大，破碎后形成尖锐棱角，主要用于建筑物门窗。

2. 磨砂玻璃

磨砂玻璃又叫毛玻璃，它是对平板玻璃进行表面磨砂处理而得到的。其主要特点是透光不透明，常用于制作浴室、卫生间门窗等，还可用于制作灯罩、黑板面等。

3. 钢化玻璃

钢化玻璃是普通玻璃经过高温淬火处理的特种玻璃，即将普通玻璃加热到一定温度后，迅

速冷却进行特殊钢化处理。其性能特点是具有很高的温度急变抵抗能力，耐冲击性和强度较高。钢化玻璃主要用于高层建筑的门窗、厂房的天窗，汽车、火车，船舶的门窗和汽车的风窗玻璃等。

4. 夹丝玻璃

夹丝玻璃又称防碎玻璃，玻璃中间夹有一层金属网。特点是强度高，不易破碎。即使破碎，玻璃碎片也会附着在金属网上而不易脱落，具有一定的安全性。适用于建筑中需要采光而对安全性要求又比较高的场合，如厂房天窗、防火门窗、地下采光窗等。

5. 夹层玻璃

夹层玻璃又称安全玻璃。它是将两片或两片以上的平板玻璃或钢化玻璃用聚乙烯醇缩丁醛塑料衬片黏合而成。这种玻璃具有较高的强度，在受到破坏时，会产生辐射状或同心圆形裂纹，碎片不易脱落，且不影响透明，不产生折光现象，可用作汽车前挡风玻璃。

6. 信号玻璃

信号玻璃主要有平板色玻璃、凸透镜玻璃、偏光镜玻璃和牛眼形玻璃四种。它要求具有较高的透明度、有选择的透光性、色彩鲜艳均匀等特性。广泛用于铁路、公路、水路、航空等领域制作各种信号机、信号灯。

5.3.2 汽车上常用的玻璃

玻璃是汽车上具有重要功能的外装件。汽车上使用的玻璃主要是车窗玻璃，根据玻璃在汽车上的安装位置不同分为风窗玻璃、后窗玻璃、前角窗玻璃、前门窗玻璃、后角窗玻璃、后门窗玻璃等，如图 5-8 所示。

汽车用玻璃必须是透明性、耐候性、强度及安全性能高的夹层玻璃、局部钢化玻璃或钢化玻璃。

钢化玻璃在受到冲击破碎后，碎片小而无棱角，如图 5-9(a)所示，不会造成人体伤害。但这种玻璃在破碎前会产生很多裂纹，由于光线的漫射作用，玻璃会变得模糊不清，如果用于风窗玻璃，会影响驾驶员视线，容易造成事故，所以钢化玻璃只能作为汽车后窗玻璃和侧窗玻璃。

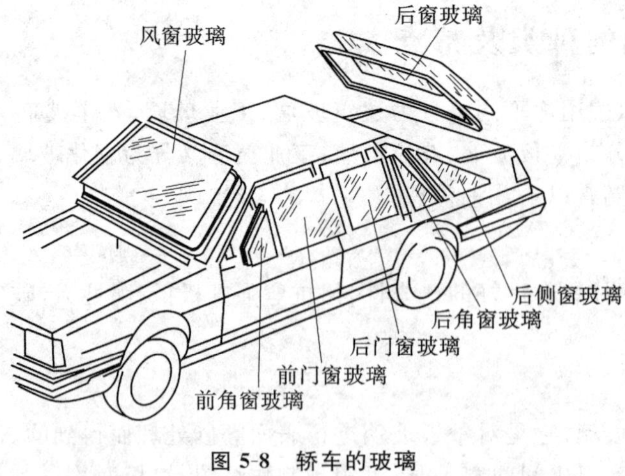

图 5-8 轿车的玻璃

局部钢化玻璃只对玻璃局部进行淬火，在玻璃受到冲击作用时，玻璃局部碎裂为细小的碎块，中部则破碎成大块，如图 5-9(b)所示。局部钢化玻璃的这种特性在临破碎之前能使玻璃保持一定的透明度，可使驾驶员受到较小的伤害，还有短暂的时间来进行应急处理。同样，局部钢化玻璃也是作为汽车后窗玻璃和侧窗玻璃的选择。

夹层玻璃因其具有良好的安全性、较高的强度，受到破坏时碎片不易脱落(见图 5-9(c))，不影响透明，不产生折光现象等特点，因此，各国已制定有关法规，规定轿车的前挡风窗必须安装夹层玻璃。

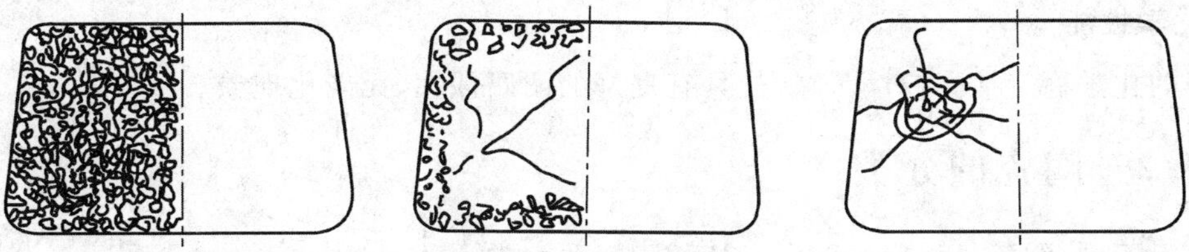

(a)钢化玻璃　(b)局部钢化玻璃　(c)夹层玻璃

图 5-9　性能不同的汽车车窗玻璃

5.3.3　玻璃的回收与利用

国内外的各种研究机构和企业已经对废玻璃的回收利用做了大量的研究。废玻璃经粉碎、预成型、加热焙烧后，可做成各种建筑材料，如玻璃马赛克、玻璃饰面砖、玻璃质人造石材、泡沫玻璃、微晶玻璃、玻璃器皿、人造彩砂、玻璃微珠、彩色玻璃球、玻璃陶瓷制品、高温黏合剂等。

我国的废玻璃回收率只有 13%，大量的废玻璃还没有得到有效回收利用。欧洲发达国家实施的玻璃回收计划则显得卓有成效，其瓶罐玻璃回收量已超过 9×10^6 吨/年。

回收玻璃的转型利用是指将回收的玻璃直接加工，将其转为其他有用材料的利用方法。这种利用方法分为两类，一种是非加热型，另一种是加热型。非加热型利用也称机械型利用，具体方法是根据使用情况直接粉碎，或先将回收的破旧玻璃进行清洗、分类、干燥等预先处理，再采用机械的方法将它们粉碎成小颗粒，或研磨加工成小玻璃球待用。加热型利用是将废玻璃捣碎后，用高温熔化炉将其熔化，再用快速拉丝的方法制得玻璃纤维。这种玻璃纤维可广泛用于制取石棉瓦、玻璃缸及各种建材与日常用品。

5.4　陶瓷

传统意义上的陶瓷是陶器和瓷器的总称。现代陶瓷的概念是指以天然硅酸盐或人工合成化合物为原料，经过制粉、配料、成型和高温烧结而制成的无机非金属材料。

5.4.1　陶瓷的基本性能

1. 力学性能

陶瓷最突出的性能特点是高硬度(一般为 1000～5000 HV，而淬火钢的硬度只有 500～800 HV)、高耐磨性、极高的红硬性(可达 1000 ℃)和高抗压强度，但其抗拉强度和韧性都很低，脆性很大。

2. 热性能

陶瓷的熔点很高(一般在 2000 ℃左右)，有很好的高温强度，其高温抗蠕变能力强，1000 ℃

以上也不会氧化，故可用作耐高温材料。陶瓷热膨胀系数低，导热性小，是优良的高温绝缘材料，但其抗热震性差，温度剧烈变化时易破裂，不能急热骤冷。

3. 电性能

大多数陶瓷都具有较好的电绝缘性能，可直接作为传统的绝缘材料使用。尤其在高温、高电压工作条件下，陶瓷是唯一的绝缘材料。

4. 化学性能

陶瓷的化学稳定性高，对酸、碱、盐具有良好的耐腐蚀性，无老化现象。

5.4.2 陶瓷的分类

按原料不同，陶瓷分为普通陶瓷和特种陶瓷两大类。

1. 普通陶瓷

普通陶瓷是以黏土（$Al_2O_3 \cdot 2SiO_2 \cdot 2H_2O$）、石英（$SiO_2$）、长石（$K_2O \cdot Al_2O_3 \cdot 6SiO_2$）等天然硅酸盐为原料，经粉碎、成型、烧制而成的产品。其特点是坚硬而脆，绝缘性和耐蚀性极好，制造工艺简单，成本低廉。主要用于日用、建筑、卫生陶瓷制品以及工业上应用的高低压电瓷、耐酸及过滤陶瓷等。

2. 特种陶瓷

特种陶瓷是采用纯度较高的金属氧化物、氮化物、碳化物和硼化物等化工原料，沿用普通陶瓷的成型方法烧制而成的陶瓷制品。特种陶瓷具有一些独特的力学性能、物理性能及化学性能。

1）氧化铝陶瓷

氧化铝陶瓷是应用最广的工程陶瓷，其主要成分是 Al_2O_3，又称为刚玉瓷。它具有高硬度（1500 ℃时为 80 HRA，仅次于金刚石等材料而居第五位）、高强度（比普通陶瓷高 2～3 倍）及良好的耐磨性、绝缘性和化学稳定性，是理想的耐高温材料，但抗热震性能差，不能承受温度的突变以及冲击载荷。主要用于制造刀具、坩埚、热电偶的绝缘套等，在汽车上常用于制造火花塞绝缘体、汽车排气净化器、发动机活塞、气缸套、凸轮轴、柴油机喷嘴等零件。

2）氮化硅陶瓷

氮化硅陶瓷具有极高的化学稳定性，除氢氟酸外，能耐各种酸碱腐蚀，也可抵抗熔融金属的侵蚀；同时具有优异的电绝缘性以及很高的硬度、耐磨性和减摩性。常用作在腐蚀介质下工作的机械零件，如耐蚀水泵密封环、高温轴承、冶金容器和管道、炼钢生产上的铁液流量计等。

3）碳化硅陶瓷

碳化硅陶瓷是目前高温强度最高的陶瓷，在 1400 ℃时抗弯强度仍能达到 500～600 MPa，其热稳定性、耐蚀性和耐磨性很好。主要用于热电偶套管、火箭尾喷嘴以及高温轴承、高温热交换器、密封圈和核燃料的包封材料等。

4）硼化物陶瓷

硼化物陶瓷具有高硬度和较好的耐化学侵蚀能力。硼化物陶瓷熔点范围为 1800～2500 ℃。与碳化物陶瓷相比，硼化物陶瓷具有较高的抗高温氧化能力，使用温度达 1400 ℃。主要用于高温轴承、内燃机喷嘴、各种高温器件等。

5.4.3 陶瓷在汽车上的应用

陶瓷应用于汽车上，可以有效地降低车辆重量，提高发动机的热效率，降低油耗，减少排气污染，提高易损件寿命，完善汽车智能性功能。用氮化硅陶瓷材料制成的陶瓷纤维活塞，耐磨性好，可以有效地防止铝合金活塞由于热膨胀系数大而产生的“冷敲热拉”现象。所谓“冷敲”即冷车时，活塞与气缸壁配合间隙过大，活塞换向时引起敲击；“热拉”即热车时，因二者配合间隙过小，拉伤气缸。特种陶瓷可用于制作陶瓷凸轮轴、气门、气门座、摇臂等零件，可以充分发挥其优良的耐热性和耐磨性。日本五十铃汽车公司研究开发的发动机用氮化硅材料制成气门，三菱公司采用陶瓷制成发动机摇臂，使用效果良好。特种陶瓷在高温下有良好的热稳定性，被广泛用作汽油机点火系火花塞的基体。日本五十铃汽车公司研制的陶瓷发动机采用陶瓷作进、排气管，可以承受 800 ℃～900 ℃的高温，取消了隔热板，减小了发动机体积，并使排气净化效果提高 2 倍。

目前，陶瓷在汽车上的应用正在逐步扩大，国外已经开发了陶瓷复合发动机，将燃烧室内的气缸套、活塞气门等近 40%的零件采用陶瓷制造，并取消了冷却和散热装置，功率提高了 10%，油耗降低了 30%。由此可见，陶瓷在汽车上的应用前景十分广阔。

5.5 复合材料

复合材料是由两种或两种以上性质不同的材料通过人工组合而成的固体材料。它不仅综合了各组成材料的优点，而且还具有单一材料无法达到的优越的综合性能。因此，复合材料在各个领域都得到了广泛应用。例如：钢筋混凝土是钢筋、水泥和沙石组成的人工复合材料；现代汽车中的玻璃纤维挡泥板，就是脆性的玻璃和韧性的聚合物相复合而成的；先进的 B2 隐形战略轰炸机的机身和机翼则大量使用了石墨和碳纤维复合材料。

5.5.1 复合材料的性能特点

1. 比强度和比模量高

比强度(强度/密度)和比模量(弹性/密度)是衡量汽车材料承载能力的重要指标。复合材料的比强度和比模量比金属材料高得多，如碳纤维-环氧树脂复合材料的比强度是钢的 7 倍，比模量是钢的 5.6 倍。因此，将复合材料用于要求强度高、重量轻的动力设备可大大提高动力设备的效率。由复合材料制成的汽车与使用钢材制造的汽车质量相比要轻 1/3～1/2，这对提高整车动力性能，降低油耗，增加负载非常有益。

2. 抗疲劳性能好

多数金属的疲劳极限是抗拉强度的 40%～50%，而碳纤维增强复合材料则可达 70%～80%。这是由于纤维复合材料特别是纤维树脂复合材料对缺口、应力集中敏感性小，而且纤维和基体能够阻止和改变裂纹扩展方向，因此复合材料具有较高的抗疲劳性能。

3. 耐高温性能好

由于复合材料增强纤维的熔点均很高，一般都在 2000 ℃以上，而且在高温条件下仍然可保持较高的高温强度，故用它们增强的复合材料具有较高的高温强度和弹性模量，特别是金属基复合材料更显出其优越性。例如：一般铝合金在 400 ℃时，弹性模量接近于零，强度值也从 500 MPa降至 30～50 MPa；而碳纤维或硼纤维增强的铝材，在 400 ℃时强度和弹性模量可保持接近室温的水平。

4. 减震性能好

许多机器和设备(如汽车、动力机械等)的振动问题十分突出,而复合材料的减震性能好。原因是纤维增强复合材料的比模量大,则自振频率高,可避免产生共振而引起的早期破坏。另外,纤维与基体之间的界面吸震能力强,故振动阻尼性好,即使发生振动也会很快衰减。

除以上几点外,许多复合材料都有良好的断裂安全性、化学稳定性、减摩性、隔热性以及良好的成型工艺等性能。

复合材料也有其不足之处,比如其伸长率较小,抗冲击性低,横向拉伸和层间抗剪强度较低,尤其是生产成本比其他工程材料高得多。但是,由于复合材料具有上述优越特性,因此在航空航天等国民经济及尖端科学技术上都有较广泛的应用。

5.5.2 常用复合材料的种类

复合材料一般由基体相和增强相组成。基体相有形成几何形状和黏结作用,有金属基体和非金属基体两大类;增强相有提高强度和韧性的作用。复合材料按增强相的物理形态分为纤维增强复合材料、层叠复合材料和颗粒复合材料。

1. 纤维增强复合材料

纤维增强复合材料中承受载荷的主要是增强相纤维。而增强相纤维处于基体之中,彼此隔离,其表面受到基体的保护,因而不易遭受损伤。塑性和韧性较好的基体能阻止裂纹的扩展,并对纤维起到黏结作用,复合材料的强度因而得到很大的提高。纤维种类很多,但用于现代复合材料的纤维主要是指高强度、高模量的玻璃纤维、碳纤维、石墨纤维及硼纤维等。

2. 层叠复合材料

层叠复合材料是以两层或两层以上不同的板材经热压胶合而成的,根据复合形式有夹层结构的复合材料、双层金属复合材料、塑料-金属多层复合材料。夹层复合材料已广泛应用于飞机机翼、船舶、火车车厢、运输容器、安全帽、滑雪板等;由两种膨胀系数不同的金属板制成的双层金属复合材料可用于测量和控制温度的简易恒温器。

3. 颗粒复合材料

颗粒复合材料是由一种或多种颗粒均匀分布在基体材料内所组成的复合材料。一般颗粒的尺寸越小,增强效果越明显。颗粒的直径为0.01～0.1 μm的称为弥散强化材料。不同颗粒起着不同的作用,如:加入银粉、铜粉可提高导电、导热性能;加入 μm 磁粉可提高导磁性;加入MoS_2可提高减摩性;而陶瓷颗粒增强的金属基复合材料具有高的强度、硬度、耐磨性、耐蚀性和小的膨胀系数,可用于制作高速切削刀具、重载轴承及火焰喷嘴等高温工作零件。

5.5.3 复合材料在汽车上的应用

目前,汽车上常用的复合材料主要有纤维增强复合材料、金属基复合材料、陶瓷基复合材料等。

1. 纤维增强复合材料及其在汽车中的应用

纤维增强复合材料(FRP)因其具有强度高、质量小、耐腐蚀、加工性好及可制造A级表面汽车外覆盖件等特点,已被广泛应用于汽车车身部件。FRP是今后取代金属材料制造汽车主要覆盖件及受力构件的最有前途的轻量化材料。通常,FRP是指玻璃纤维和热固性树脂的复合材料，但是，增强用的纤维除玻璃纤维之外，还有碳纤维和高强度纤维，基体树脂根据使用要求可用环氧树脂、酚醛树脂、不饱和聚酯等。

1）SMC在车身部件中的应用

SMC是玻璃纤维增强不饱和聚酯片状模压塑料基复合材料（sheet molding compound，缩略语为SMC），是一种新型的制造车身件的复合材料。它是在不饱和聚酯中加入引发剂、增稠剂、低收缩剂、填料及染料等成分，经过充分混合成树脂糊，在SMC机组中树脂糊充分浸渍切短的玻璃纤维，经辊压而成的片状复合材料。它属于热固性塑料增强复合材料，能在一定的温度和压力下交联固化而成型。

利用SMC设计产品时具有较高的灵活性与自由度，强度较高，可实现零部件整体化，尺寸稳定，外观漂亮，易于涂装，电绝缘性好，抗冲击性能好，能在－40 ℃温度下使用，热变形温度和耐老化性能均高于普通热塑性材料，使用寿命高于15年，较适合用于制造车身部件。

SMC材料在加热的模具中可以流动，因此便于制造带有筋板或局部凸起的不等厚的大型车身覆盖件。另外，高强度的SMC和普通的SMC还可以混合使用，例如用SMC材料成型制造的车门，外表层用光洁性好的SMCR-30，中间层用高强度型的SMCC30/R20，内层用美观的着色低收缩型SMC。

2）能冲压成型的FRP材料

由于SMC材料成型车身及其他汽车零部件的速度慢，为了使塑料基的复合材料的成型速度既接近金属材料的冲压加工，又能利用现成的金属冲压设备，以适应大批量生产的汽车工业，于是，能冲压的FRP塑料基板材（stampable sheet）应运而生。

这种材料又称为GMT，它是冲压成型的玻璃纤维毡增强的热塑性塑料片材，相当于热固性的SMC片材。其典型代表是美国PPG公司生产的Azdel和STX两种冲压成型片材，前者是用玻璃纤维毡增强的PP塑料复合材料，后者是一种玻璃纤维增强的尼龙（PA）塑料复合材料。

GMT片材中的玻璃纤维均匀地分布在片材中，树脂含量容易控制，并可通过选择增强材料与在混合料中加入各种不同的添加剂，使产品具有更高的刚度与硬度、更好的机械性能，以符合汽车所要求的表面外观、阻燃性或静电屏蔽性。为了提高片材的纵向强度，选择单向纤维毡，使纵向强度比横向强度高25％～50％，这种片材适合制作保险杠或平板构件。用湿法生产的GMT，片材在加热后，纤维的流动性好，还可以模压出带金属嵌件或者是密度不同的构件。GMT片材适宜制作汽车车门。

2. 金属基复合材料（MMC）

金属基复合材料通常是由低强度、高韧性的基体和高强度、高弹性模量的纤维组成的。金属基复合材料的基体大多采用铝、铜、铝合金、铜合金、镁合金和镍合金，增强材料一般为纤维状、颗粒状和晶须状的碳化硅、碳化硼、氧化铝和碳纤维，要求具有高的强度和弹性模量（抵抗变形及断裂）、高抗磨性（防止表面损伤）与高化学稳定性（防止与空气和基体发生化学反应）。

1）纤维增强金属基复合材料（FRM）

纤维增强金属基复合材料是利用纤维的特性制造的质轻的结构材料。其优点为：比强度高、比刚性高，制成同等强度的零件可使重量下降；耐磨性和耐热性能好；热传导和电导性优良。因而FRM在汽车上用来制造活塞环、连杆、气缸体、活塞销等。

2）颗粒、晶须增强金属基复合材料

颗粒及晶须增强金属基复合材料是目前应用范围最广、开发前景最大的一类金属基复合材料。这类材料的金属基大多数是密度较低的铝、镁和铜合金，以便提高复合材料的比强度和比模量，其中较为成熟、应用较广的是铝基复合材料。这类复合材料所采用的增强材料为碳化硅、碳化硼、氧化铝颗粒或晶须，其中以碳化硅为主。汽车工业上应用的碳化硅颗粒铝合金基复合材料发展最快，它的强度比中碳钢好，与钛合金相近而又比铝合金略高，其耐磨性也比铝合金、钛合金好，密度只有钢的 1/3，与铝相近。汽车上用来制造发动机活塞、喷油嘴部件、制动装置等。

3. 陶瓷基复合材料

陶瓷具有耐高温、抗氧化、高弹性模量和高抗压强度等优点，但由于脆性大经不起冲击，因而限制了陶瓷的使用。20 世纪 80 年代以来，通过在陶瓷材料中加入颗粒、晶须及纤维等得到的陶瓷基复合材料，使陶瓷的韧性大大提高。

陶瓷基复合材料具有高强度、高弹性模量、低密度、耐高温、高的耐磨性和良好的韧性，目前已用于高速切削工具和内燃机部件上。汽车工业的研究重点是用陶瓷替代金属制造发动机的零部件以至整机，用陶瓷材料可以提高热效率、无须水冷，而且比硬质合金的重量轻得多。例如，采用氮化硅陶瓷复合材料制造发动机的涡轮增压器，比镍基合金涡轮增压器的重量减轻 34%，启动到 104 r/min 所需的时间缩短了 36%。

5.6 汽车用摩擦材料

汽车用摩擦材料是汽车上的消耗材料之一，主要起到传递动力、制动减速、停车制动等作用，是汽车制动系统与行车系统的重要组成部分。采用摩擦材料制造的汽车零部件主要包括汽车制动摩擦片、汽车离合器摩擦片以及手制动摩擦片等。汽车摩擦材料对于汽车的安全性、使用性能及操纵稳定性起着十分重要的作用。

5.6.1 汽车用摩擦材料的性能要求

汽车制动摩擦片、汽车离合器摩擦片的主要功能是将动能转变成热量，然后将热量吸收或散发掉，同时通过摩擦减低摩擦材料和被它贴合的部件之间的相对运动。为了达到这些目的，对汽车用摩擦材料提出以下性能要求。

1. 高且稳定的摩擦系数

摩擦系数是摩擦材料的一个最为主要的技术指标，通常不是一个常数，而受温度、压力、速度或者表面状态、摩擦环境等影响而变化。理想的摩擦系数，应该是受这些因素的影响较小。

2. 良好的耐磨性

耐磨性是衡量摩擦材料使用寿命的一个重要指标。良好的耐磨性使摩擦对偶的磨损降低。

3. 较好的物理、力学性能

摩擦材料具有较好的物理、力学性能，除满足摩擦材料在加工过程中的要求之外，还要满足在使用中的强度要求，以保持良好的使用性能。通常包含的指标是冲击韧度、抗压强度、抗剪强度、导热系数、耐热性等。

4. 不产生过大的噪声

汽车制动噪声的产生，因素很复杂，一般就摩擦材料而言，低模量、低摩擦系数则不易产生过大的噪声。

5.6.2 汽车摩擦材料的组成

汽车摩擦材料主要由增强材料、填充材料及黏结材料等组成。

1. 增强材料

增强材料是摩擦材料一个重要的骨架组成部分，纤维的选用对摩擦材料的摩擦、磨损性能有着重要的影响。增强材料主要有以下几种：

1）石棉

石棉作为一种天然矿物纤维，具有质轻、价廉、分散性好、增强效果好等特点，在摩擦材料中得到了广泛的应用。20 世纪 20—80 年代，石棉增强摩擦材料基本能满足当时汽车及工程机械的需要。从 1972 年国际肿瘤医学会确认石棉及其高温挥发物属于致癌物质后，国际上掀起了一股禁止使用石棉摩擦材料的浪潮。此外，随着汽车科技的进步及世界性的能源危机，汽车的车速更高，制动器更小，盘式制动器出现，对摩擦材料的要求更高，使用条件也更为严酷。现今，高速轿车在紧急制动时前轮盘式制动器温度可达 300 ℃～800 ℃，而石棉在 400 ℃左右将失去结晶水，石棉脱水后导致摩擦性能不稳定、出现制动噪声等。因此，石棉摩擦材料明显不能适应汽车工业和现代社会需求，正逐渐被其他材料取代。

2）钢纤维

钢纤维摩擦材料为半金属摩擦材料，是以钢纤维代替石棉纤维增强材料而制成的摩擦材料。使用低碳钢及采取超声波切削生产出的钢纤维含油量低，表面活性好，价格便宜，因此在半金属摩擦材料中得到广泛应用。钢纤维的一个显著特点就是导热性好。钢纤维以其高导热性能使局部表面热量迅速扩散至内部，从而降低摩擦面温度，避免表面温度过高，防止树脂基体因热分解而导致材料磨损，缩短使用寿命。与石棉摩擦材料相比，钢纤维摩擦材料有平稳的摩擦系数，300 ℃～500 ℃时摩擦系数较少衰退；其高温磨损小，可压缩性低。但钢纤维相对密度较大，易锈蚀，易产生刺耳的制动噪声。

3）玻璃纤维

玻璃纤维属于无机硅酸盐纤维，故其热稳定性较好。玻璃纤维发展历史较长，产品质量稳定，产量较大，价格也较便宜，因此在汽车摩擦材料中得到了一定范围的应用。但玻璃纤维硬度高，磨损比石棉增强材料大一倍以上，工作温度高时形成玻璃珠，摩擦系数不稳定。

降低玻璃纤维硬度及采用改性树脂基体可以改善上述缺陷。如国外采用 E 玻璃纤维制成的离合器片，具有良好的耐磨性，使用平稳，噪声小，无振动。

4）碳纤维

碳纤维具有比强度高、比模量高、耐热、耐磨、耐腐蚀及热膨胀系数较适宜等一系列优点。碳纤维增强碳基体的复合摩擦材料在航空航天工业中已得到了广泛应用。碳纤维作为汽车摩擦材料的增强纤维使用时主要存在两大障碍：一是原材料价格偏高，产量有限；二是碳纤维表面活性低，与基体树脂相容性差。此外，现有碳纤维一般为长纤维，难以达到适用于汽车摩擦材料的短纤维使用要求。

碳纤维增强材料比玻璃纤维增强材料有更高的摩擦系数和低的磨损率。

5）有机纤维

有机纤维摩擦材料有芳纶、聚丙烯纤维、聚乙烯醇纤维、聚酯纤维等，其本身燃点高，高温热分解不明显。有机纤维单独作为增强纤维使用时，一般都须经过表面处理。通常是把天然或合成的有机纤维放在非电解的处理液中，使纤维表面镀上薄薄一层金属。进行过表面处理的有机纤维，既具有金属纤维的优点，如导热性好、耐磨等，又有非金属纤维的特点，如相对密度小、韧性好。有机纤维可以提高摩擦材料的稳定性，降低磨损量，对降低制动噪声也有明显作用。有机纤维摩擦材料以芳纶摩擦材料为最佳，但目前在降低价格和提高工艺上有待进一步努力。

6）混杂纤维

混杂纤维采用两种或两种以上纤维进行混杂增强，不仅可以降低成本，还可充分发挥每一种纤维的优点，弥补相互的缺陷，使性能更加完善，更加优异。

采用混杂纤维为增强纤维将是摩擦材料的一个主要方向。目前，国内外已进行了碳纤维/钢纤维、玻璃纤维/有机纤维、钢纤维/芳纶混杂的研究，并取得了良好的效果。

2. 填充材料

填料是摩擦材料中不可缺少的部分，其在摩擦材料中主要起改善材料的物理与力学性能，调节摩擦性能及降低成本的作用，可分为有机、无机和金属三种材料。

目前，填料常用重晶石、硅灰石、氧化铝、铬铁矿粉、氧化铁及铜、铅等粉末。

3. 黏结材料

汽车摩擦材料用黏结材料多以酚醛树脂为主，也有相当一部分使用了含橡胶、腰果油、聚乙烯醇或其他高分子材料成分的改性酚醛树脂。

5.7 汽车涂装材料

涂料是一种涂覆在物体（被保护和被装饰对象）表面并能形成牢固附着的连续薄膜的配套性工程材料，是起保护、装饰作用的一类精细化工业产品。汽车涂料是指各种类型汽车在制造过程中涂装线上使用的涂料及汽车维修时使用的修补材料。汽车涂料品种多，用量大，涂层性能要求高，涂装工艺特殊，已经发展成为一种专用涂料。

1. 汽车涂料的分类

汽车涂料的分类方法很多，常见的有以下几种：

（1）按涂装对象的不同，可分为新车原装涂料、汽车修补涂料。

（2）按功能分类：汽车用底漆、汽车用中间层涂料、汽车用面漆、防腐蚀涂料。

（3）按涂装方式分类：汽车用电泳漆、汽车用液体喷漆、汽车用粉末涂料、汽车用高固体分涂料、涂装后处理材料（防锈蜡、保护蜡等）。

2. 汽车涂料的组成

1）底漆

涂料由成膜物质、颜料、溶剂和助剂组成。汽车表面的涂层大致可以分为三层，即底漆层、中间涂层和面漆层，各涂层使用的涂料有各自的特点。

底层涂料由颜料、黏合剂、溶剂及一些添加剂组成，它们在油漆中起着不同的作用。正确的底漆层和中间涂层是构成车身涂层的基础部分，如果底漆层和中间涂层不正确或涂层涂料的组合配比不正确，面漆就会受到影响，甚至出现开裂或剥落现象。底漆是直接喷涂在经过预处理的车身表面上的第一道漆。在汽车修补漆作业中，底漆既可以喷涂在裸露的金属和塑料表面，也可以用于覆盖旧漆面。它的主要功能是牢固附着于车身表面，为整个漆膜提供牢固的基础，使漆膜与车身结合为一体，当底漆直接喷涂在金属表面时还可以增强金属的耐腐蚀能力。

常用的底漆有双组分环氧树脂底漆、富锌底漆、清洗型底漆及抗碎裂底漆等。

(1) 环氧树脂底漆。它由底漆和催化剂组成，环氧树脂底漆非常适用于大面积填充的情况，例如可以用堆起的环氧树脂底漆与经过打磨的裸露车身结合，在填充后得到光滑的表面。环氧树脂底漆使用方便，可以为严重损坏的车身提供良好的防腐蚀保护。大多数环氧树脂底漆中混合有无铅的灰氧化铁或红氧化铁，所以在底漆喷涂 1 h 后，如果表面足够光滑就可以直接喷涂面漆而不必打磨。

(2) 富锌底漆。它可以保护焊接处不受腐蚀。这种底漆中的锌可以防止焊接区域发生电化学腐蚀，缺点是与其他面层材料的黏结性不好。

(3) 清洗型底漆。它也称为乙烯树脂清洗型底漆。如果要追求非常好的抗腐蚀性，就要在腻子或封闭底漆下面涂清洗型底漆，它对碱、油及盐等物质具有很高的抗腐蚀作用。这种底漆的还原剂中含有磷酸，可以浸入车身表面，对钢、铝、塑料及其他金属产生强大的黏结力。在裸露的金属表面喷涂这种涂料后，如果不进行机械磨削就很难除去涂层。

(4) 抗碎裂底漆。它是特别为车身下部配置的，在行驶中车身的这个部位很容易受到来自路面石块的冲击而损伤，这种涂料可以抵抗石块、沙砾等路面碎粒的撞击，有助于减小敲击噪声，并可以改进车身的抗腐蚀性。

2) 中间层涂料

如果车身只是喷涂底漆，就不能填平砂纸磨痕或其他表面缺陷，所以需要使用中间涂层。中间涂层是介于底漆层和面漆层之间的涂层，它的主要功能是改善车身表面和底漆的平整度，消除缺陷和封固被涂装表面，为面漆层提供良好的基础，还能提高面漆涂层的亮度和丰满度，提高漆膜整体的抗外力冲击性。

常见中间涂层涂料的种类和特点如下：

(1) 中涂漆。中涂漆也称为二道浆底漆，通常用在汽车底漆和面漆或底色漆之间，主要作用是填平被涂表面的微小刮痕。中涂漆中颜料和填料的含量比底漆多，比腻子少，它既能牢固地附着在底漆表面上，又容易与上面的面漆涂层结合，起着承上启下的重要作用。中涂漆还具有良好的流动性和良好的刮痕填平性，能消除喷涂表面的洞眼和纹路等，使得喷涂面漆后能得到平整的涂层，提高了整个漆膜的亮度和丰满度。中涂漆一般呈灰色，具有良好的湿打磨性，打磨后能得到非常光滑的表面。为了节省面漆涂料和简化涂装工艺，此类涂料有与面漆同色化的趋势。为了减轻打磨的工作量，流动性更好、与面漆结合性更好的免打磨中涂漆也将出现。

(2) 腻子。腻子是一种含颜料较多的涂料，专用于填平被涂装表面的缺陷，一般是采用刮涂，也可喷涂和刷涂。腻子层干燥后进行打磨，可以获得平滑的涂装表面。腻子可以刮涂在底漆上，也可以直接刮涂在金属表面。刮腻子可以获得良好的填平效果，但是要求操作人员具有较高的技巧。例如常见的油性灰腻子、环氧树脂腻子和水性腻子，在使用时每道工序的干燥时间和层间晾干时间均应仔细控制，否则会产生表干里不干的结果，使总体需要的干燥时间增长。双组分聚酯腻子(原子灰)是靠化学反应固化的，可快速形成厚膜，使用起来很方便。刮腻子的作用一般只是在于提高喷涂表面的平整度和装饰性，腻子涂层容易老化开裂，加之手工刮涂和打磨腻子的劳动强度大，因此汽车制造厂是靠提高模具的精度和加工技术来确保车身表面的平整度的，在汽车生产流水线上已经不再使用腻子，腻子主要用于汽车修理厂中的车漆修补作业。

(3) 封闭底漆。中间涂层中的底漆涂料由颜料、黏合剂、溶剂及一些添加剂组成。封闭底漆是涂面漆前的最后一道中间层涂料，涂膜呈光亮或半光亮，主要功能是封闭底涂层，并具有一定的填平和增强面漆光亮功能。封闭底漆的光泽比中涂漆高，与面漆接近，因此还能显现出被涂装面的缺陷，便于操作人员消除。封闭底漆用于装饰性要求较高的轿车涂层中。

(4) 防渗封闭底漆。为了防止涂装表面的旧漆涂层的颜色渗出封闭底漆涂层，尤其是旧漆涂层是有机颜料时，需要使用防渗封闭底漆。涂装防渗封闭底漆后不能直接打磨，需要喷涂具有填平作用的中涂层涂料后才能进行打磨。

3) 面漆

面漆和底漆一样也是由颜料、黏合剂、溶剂及一些添加剂组成的，传统的汽车涂装工艺均采用溶剂型中涂＋面漆(底色漆＋罩光清漆)。近年来，由于溶剂型涂料的挥发性有机化合物VOC(一种污染物)排放量较高，各国涂料界都在从事减少环境污染的水性涂料、粉末涂料和高固体分涂料的研究开发。

(1) 水性涂料。由于水和溶剂在性能上有较大差别，水性涂料在涂装时漆膜易出弊病：水的表面张力大、颜料分散性差，难以获得高装饰性和耐蚀性好的涂膜性能；水的腐蚀性大，需改造或新建喷涂线；水的比热大、难挥发，要求涂装环境的温度和湿度严格控制在规定范围内。欧美各国经多年攻关研究，汽车用水性涂料的涂膜和施工性能都得到了根本的改善。水性中涂漆的特点是施工固体分高，烘烤温度低，漆膜性能与传统溶剂型中涂漆相当，抗石击性能优于溶剂型中涂漆膜。

(2) 粉末涂料。粉末涂料由于低污染、节能、高效和低成本等原因，成为一般金属表面涂装的首选材料，但粉末涂料的抗紫外线能力和耐候性较差，在汽车涂装，尤其是整车涂装方面的应用较晚。随着技术的日臻完善和粉末涂料性能的提高，现已完全能满足轿车涂装的各项要求，如外观装饰性、耐候性、耐化学性、抗划伤性、抗紫外线性等。

(3) 高固体分涂料。高固体分涂料多采用低黏度的聚酯、丙烯酸树脂及高固体分的氨基树脂。由于高固体分涂料采用低黏度树脂，易产生流挂，施工不便。为保证漆膜厚度，又要防止其产生流挂，必须采用各种助剂来改变涂料的流平性，如气相二氧化硅、有机膨润土、氢化蓖麻油，以及流挂控制剂(SCA)、凝胶粉(MICRO-GFL)等，方可获得优异的抗流挂性能和漆膜外观。另一方面，由于高固体分氨基树脂醚化度高，聚合度低，交联活性低，自聚反应少，其固化过程不易控制，可能会影响漆膜性能，因此固化过程控制和流挂控制是高固体分涂料的两大技术关键。

3. 汽车用涂料的发展趋势

以环氧树脂为主要基材的涂料需求越来越大，它已成为粉末涂料业发展最快的品种。从20世纪70年代开始，发达国家对汽车生产中有机溶剂的排放制定了严格的控制指标。为减轻挥发性有机物VOC排放量，20世纪80年代末开始采用水性涂料，20世纪90年代开始应用粉末涂料。以环氧树脂为代表的粉末涂料研发历史已有20多年，为了追求汽车涂料的高耐候性、高耐蚀性、高耐磨性，以及耐热、保光、保色等性能和卓越的装饰性，开发研究有相当的难度，开始仅用于汽车零部件、汽车底漆、抗石击穿底漆等，直到20世纪90年代末才批量用于轿车面漆和罩光面漆，成为汽车用的粉末涂料。目前汽车车身采用干粉态或浆液态粉末涂料涂装已获成功，它们或作为底漆、单层涂料，或作为罩光面漆。目前主要有环氧聚酯混合型、聚酯型、聚氯酯型和丙烯酸型等。

5.8 汽车内外饰件材料选用

5.8.1 汽车内饰件材料的选用

内饰件(见图5-10)通常是指汽车内部装饰所用的一些产品，种类很多，主要包括仪表板、门内护板、顶棚、座椅系统、空调调节钮、方向盘、门内衬、车顶内衬、地胶等，不仅仅是只起到装饰作用，还需要兼顾功能性、安全性及节能环保等方面的要求。

1. 内饰件材料的选用原则

(1)使用性能要求；
(2)工艺性能要求；
(3)经济性能要求。

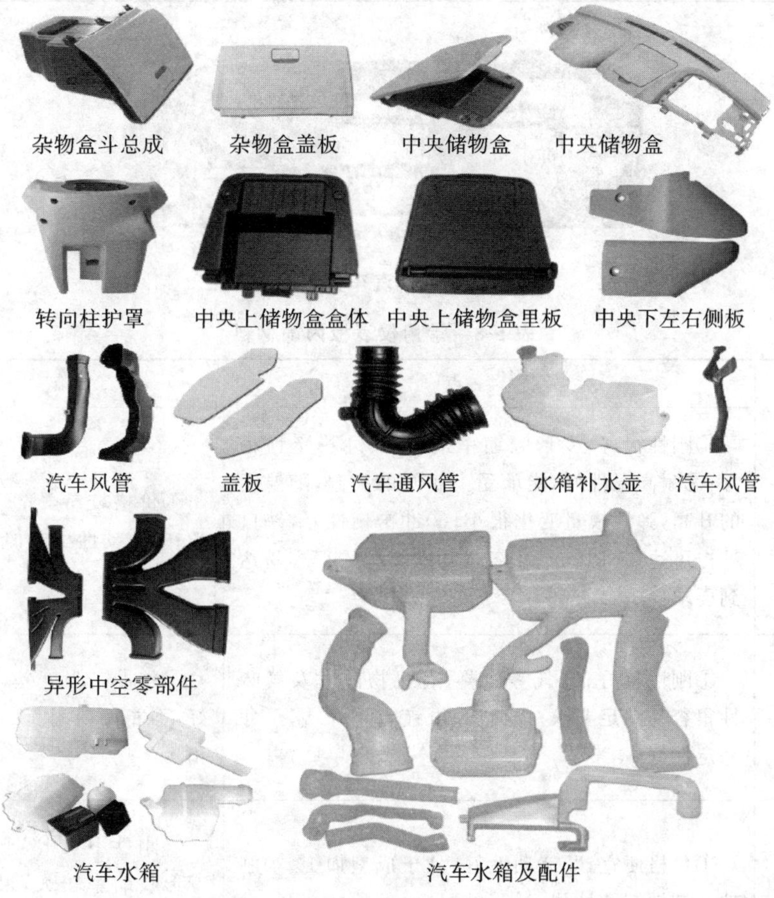

图 5-10 汽车内饰件

2. 仪表板系统材料的选用

1) 仪表板本体材料的选用

仪表板(见图 5-11)的成型工艺、材料等如表 5-7 所示，常用仪表板内饰材料如表 5-8 所示。

表 5-7 仪表板的成型工艺、材料

	硬质仪表板	软质仪表板	
		骨架	表皮
成型工艺	注塑，表面喷漆	注塑成型	①搪塑；②吸塑；③喷涂
材料	PP＋Talc，PC/ABS	PC/ABS，PPO，PP＋EPDM＋T20	①PVC 搪塑粉；②PVC/ABS 片材；③PU
外观	良好	良好	

续表

	硬质仪表板	软质仪表板	
		骨架	表皮
手感	较差	较好	
成本	低	高	
适用车型	经济型	中高级车	

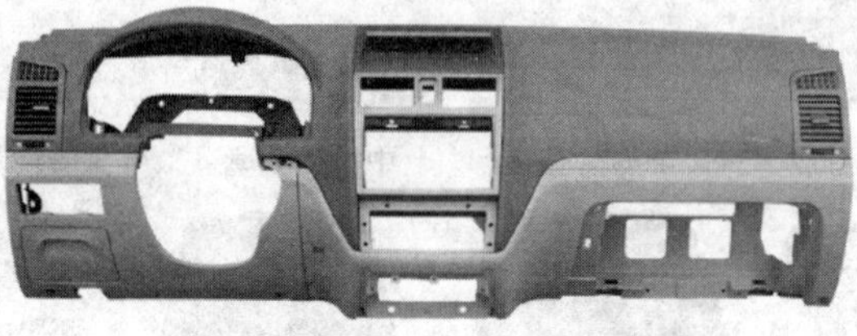

图 5-11　汽车仪表板

表 5-8　常用仪表板内饰材料

材料名称	优　　点	缺　　点
PC＋ABS	①刚性很好，变形收缩率最低，尺寸稳定性很好；②耐高温性好，能承受 110 ℃的高温，随温度的升高，弹性模量变化很小；③冲击韧性好，缺口冲击可达 20 kJ/m²；④各气味性指标均很容易达到要求	①价格较昂贵；②成型周期时间稍长；③流动性稍差，制品表面粗糙
ABS	①刚性较好；②气雾冷凝、有机物散发及气味性很容易满足要求；③喷漆、电镀效果好；④尺寸稳定性好	①抗冲击强度差；②耐高温性不够好，不能长期耐 110 ℃高温；③价格稍贵
PP＋EPDM＋T20	①价格便宜；②流动性好，易于成型加工；③刚性和韧性综合性能好	①刚性不及 PC＋ABS 与 ABS；②变形收缩率较大，尺寸稳定性不好；③随温度升高，弹性模量下降快
麻纤维板	较环保，可回收	韧性不好，易产生共振响声

2）仪表框

目前常用的仪表框（见图 5-12）材料主要有 ABS 和 PC＋ABS 材料。对于中高档车采用性能较好的 PC＋ABS 材料，对于中低档车采用性价比较高的耐热级 ABS 材料。

3）中控面板

常用的中控面板（见图 5-13）材料主要有 PC＋ABS 和 ABS 两类。此两类材料刚性、气味性、尺寸稳定性都较好，差别之处在于：PC＋ABS 材料流动性差，导致制品表面质量不如 ABS 好，所以对于喷漆件不太合适。

此外，PC＋ABS 价格高于 ABS 材料。因此，如是喷漆件用 ABS，如是仿桃木和其他处理方式用 PC+ABS。

图 5-12 仪表框

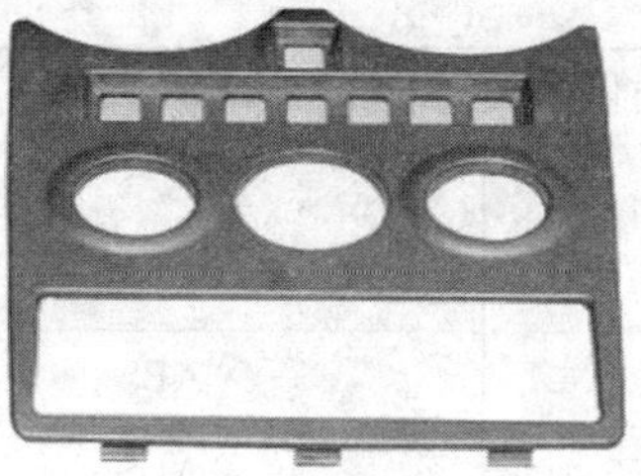

图 5-13 中控面板

4）手套箱

手套箱(见图 5-14)一般多采用改性 PP(PP+EPDM+T20)或 PC+ABS 注塑成型,豪华车在内部多采用植绒工艺,避免存放物品在行车时产生噪声。手套箱的附件(如把手、转轴轴销、卡扣、卡夹)多选用 POM 材料,能够耐反复冲击和耐磨。

5）出风口

出风口(见图 5-15)叶片多采用 PA6、ABS/PC;出风口座采用 ABS 或 PP+T;风门叶片可选择 PP+T 为其骨架,EPDM 为其密封圈;旋钮开关总成则需 POM、TPO 等耐磨材料。

图 5-14 手套箱

图 5-15 出风口

3. 顶饰系统材料的选用

1）顶棚

顶棚(见图 5-16)一般分为软顶和成型顶(也叫硬顶)两种。

软顶结构简单,可以是单层表皮,也可以是复合衬垫的表皮,可以直接黏结在车顶上,材料一般由表面的 PVC、无纺布和针织面料及背面的海绵层复合而成。软顶质量轻,价格低廉,柔软,但是装配费时,外观不好,隔声隔热性能差,一般只用于客货两用车和低性能要求的乘用车上。

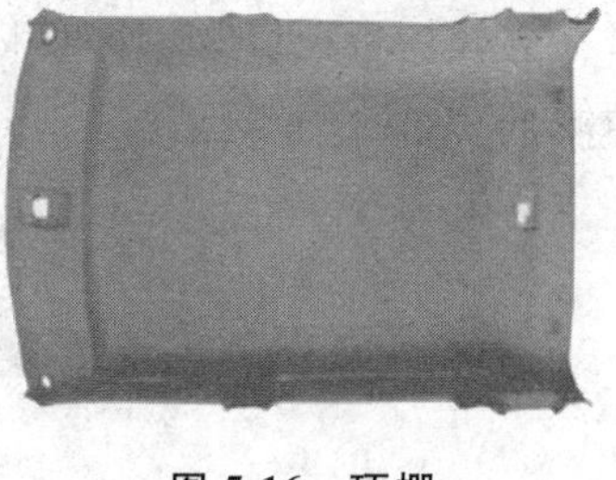

图 5-16 顶棚

成型顶棚由表皮和基材组成,大多采用表皮和基材复合,最后采用模具成型。经过模具成型的顶棚,大多能保持其形状,具有一定的刚度和韧性。表皮材料一般有 PVC 薄膜、无纺布或针织面料,通常在表面复合一层软质海绵来改善成型后的外观。基材要求选用隔声、隔热、耐久性和抗变形性的材料,热塑性板材如改性 PS、PP、PU,热固性板材如包含热固性树脂填充的再生纤维、麻纤维、玻璃纤维、玻璃棉等,复合类板材如发泡的 PE、PU、玻璃纤维、无纺布等复合而成,最后模压成型。

2）遮阳板

遮阳板(见图 5-17)一般分 PVC 表皮和面料两种装饰物。遮阳板塑料件主要材料如表 5-9

所示。

表 5-9 遮阳板塑料件主要材料

零　件	材　料	零　件	材　料
轴座	POM	吊钩	PA66/PE/POM
灯座	ABS	侧抽板	ABS
镜盖板	ABS	盖板帽	PP
转轴	PA6/PA66	轴套	PA6/GF30/ABS

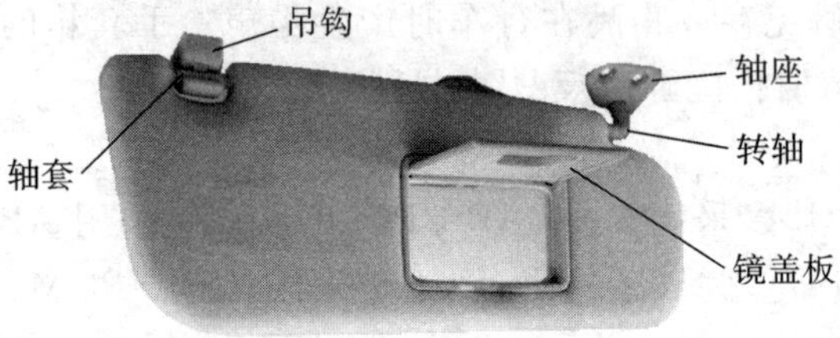

图 5-17 遮阳板

4. 门护板系统材料的选用

图 5-18 门护板

本体作为整个门护板(见图 5-18)的骨架,承载全部功能件和装饰件,需要有足够的强度和刚度,能够保持不变形,常用材料为 PP+EPDM+TD20;嵌饰板的材质与本体一致;扶手由于有舒适度要求,一般采用骨架、发泡层、表皮三层结构,骨架采用 PVC,发泡层用泡沫+织物,表层采用皮革;装饰条考虑到整体造型效果,需要做表面处理,多采用 ABS;地图袋和扬声器面罩材料与本体一致。

5. 立柱护板系统材料的选用

立柱护板(见图 5-19)可以分为纯注塑件和面料包覆件,面料包覆件分为面料热压复合件、植绒件、低压注塑件。

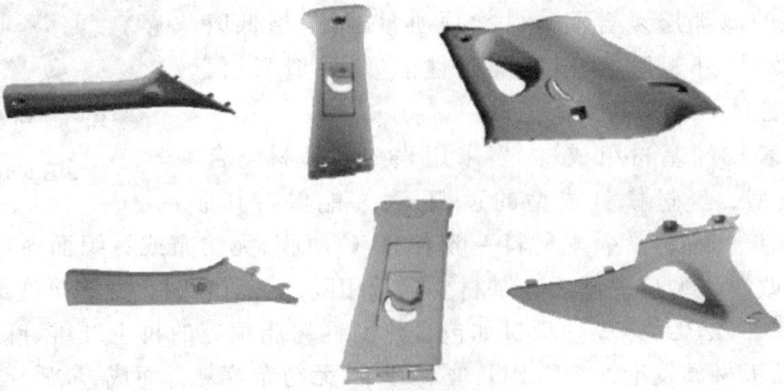

图 5-19 立柱护板

5.8.2 汽车外饰件材料的选用

1. 保险杠总成

普通乘用车保险杠(见图 5-20)材料可选用 PP＋PE,要求较高的可选用 PP＋EPDM＋Talc。

格栅材料一般采用耐热 ABS、PC＋ABS。

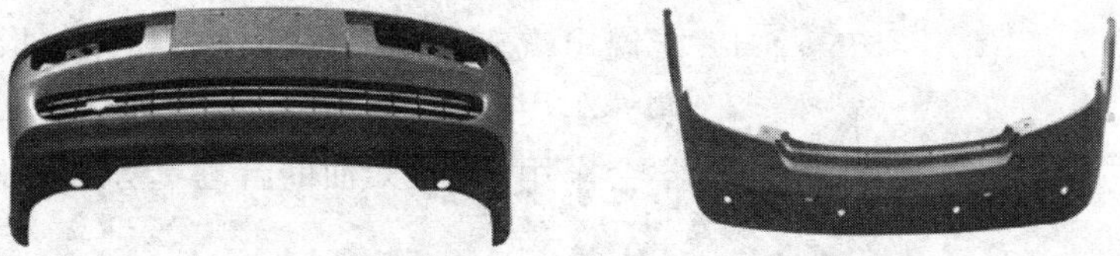

(a)前保险杠　　(b)后保险杠

图 5-20　保险杠

2. 其他外饰零部件

1) 标牌、铭牌

标牌和铭牌作为固定或贴在汽车表面的小件,也是外部工作件,原材料要求耐高温、低温,耐气候变化,耐化学腐蚀;有的需要电镀,以配合整车造型,故材料要有良好的电镀性。综合考虑一般选用电镀级 ABS、电镀级 PC＋ABS。

2) 行李架

行李架经常需要承重,要求材料强度高、耐冲击性强;作为外部工作件,需要耐气候变化;行李架细长,纵向收缩变形较大,要求有较好的尺寸稳定性,综合考虑行李架一般选用 PC＋ABS、PBT＋GF。

3) 扰流板

扰流板主要起扰流、减小汽车风阻系数和消除涡流噪声的作用,也是外部工作件,要求耐候性强;有的要求喷漆以求美观和消除工艺留下的缺陷,要求具有优良的喷涂性和可加工性,常用材料为 PP＋EPDM＋Talc、ABS、PC＋ABS。

4) 挡泥板

挡泥板工作条件非常恶劣,需要原材料有优良的耐候性、耐腐蚀性、耐冲击性、抗震抗拍打,常用材料为 PP＋EPDM、PP＋EPDM＋DM。

思考与练习

1. 塑料由哪些部分组成？有何特性？
2. 按合成树脂的热能性,塑料分为哪两类？各有什么特点？
3. 橡胶的主要组成是什么？橡胶制品为什么要硫化？

项目六
汽车用燃料

6

【学习目标】

1. 能说出汽车常用燃料的性能和评价指标；
2. 掌握车用汽油、柴油的牌号和规格；
3. 学会车用汽油、柴油的合理选择和正确使用。

【任务单】

1.汽油的牌号是根据什么来划分的？主要有哪些牌号？如何进行选用？

2.汽车新能源正在开发代用石油的燃料有（　　　）、（　　　）、（　　　）、混合动力汽车、电能、氢气、太阳能和合成燃料等。

3.柴油的牌号是根据什么来划分的？主要有哪些牌号？如何进行选用？

汽车的常用燃料大都来源于石油。不论是何产地的石油，都是主要含碳、氢、硫、氧和氮等元素。各种元素在石油中并不是以单质的结构存在，而是以相互结合的各种碳氢化合物（烃）的形式存在，这些碳氢分子按照性质不同可分为饱和烃和不饱和烃。饱和烃主要包含烷烃、环烷烃和芳香烃，这些成分化学安定性好、热值高，是组成汽油的良好成分，其中芳香烃辛烷值高，具有良好的抗爆性。不饱和烃主要是烯烃，它是汽油组成中的不良成分，化学安定性很差，使用不当极易氧化生成胶质。

由于石油中各种碳氢化合物的沸点不同，当对石油逐步加温时，在不同的温度范围内可蒸发出不同的馏分，其主要成分依次为汽油、轻柴油、润滑油原料和沥青等不同成分的石油产品。本项目重点介绍石油产品中的主要碳氢化合物——汽油和柴油，它们是目前世界上最主要的汽车燃料。

6.1 车用汽油

汽油是在石油中精炼出来的，主要由碳、氢元素组成的碳氢化合物，碳约占 85%，氢约占 15%。汽油是汽油发动机（点燃式发动机）的主要燃料，密度一般在 0.71～0.75 g/cm³之间，有特殊的汽油芳香气味，是一种密度小且易于挥发的液体燃料，自燃点为 415 ℃～530 ℃。汽油分为车用汽油、航空汽油、工业汽油和溶剂汽油。汽车所使用的为车用汽油。

6.1.1 车用汽油的使用性能

车用汽油的使用性能主要包括蒸发性（挥发性）、抗爆性、安定性（稳定性）、腐蚀性和清洁性等。

1. 蒸发性（挥发性）

汽油由液体状态转化为气体状态的性能，叫作汽油的蒸发性。汽油蒸发性是否良好，将直接影响汽油机中的燃烧是否正常，影响发动机的功率和经济性。

现代汽油发动机的转速都很高，燃烧过程短，要求燃料供给系统必须在极短的时间内（0.02～0.04 s）形成良好均匀的可燃混合气。若汽油蒸发性能不好，将有部分汽油以液态进入气缸，液态燃油在气缸不仅不能正常燃烧，还会造成点火不良、破坏润滑、有害排放物增加的情况出现，使得发动机功率下降，油耗增加。特别是在冬季，若使用蒸发性不好的汽油，容易导致发动机不能顺利启动和正常工作。

汽油的蒸发性越好就越容易汽化，与空气混合就越均匀；同时发动机容易启动，加速及时，工作平稳，输出功率就越大，而且还能减少机械磨损，降低汽油消耗。但如果蒸发性能过好的汽油在夏季使用，会使汽油在油管中产生大量的气泡，造成供油中断，形成“气阻”现象，从而导致发动机不易启动，怠速不稳，加速不良，甚至熄火。所以要求汽油的蒸发性能（挥发性）要适当。

评定汽油挥发性的指标有馏程和饱和蒸气压。

1）馏程

馏程是指在石油产品馏程测定仪上对 100 mL 油品蒸馏时，从初馏点到终馏点的温度范围，馏程的测定方法如图 6-1 所示。评定汽油蒸发性能的指标是汽油的初馏点、10%蒸发温度、50%

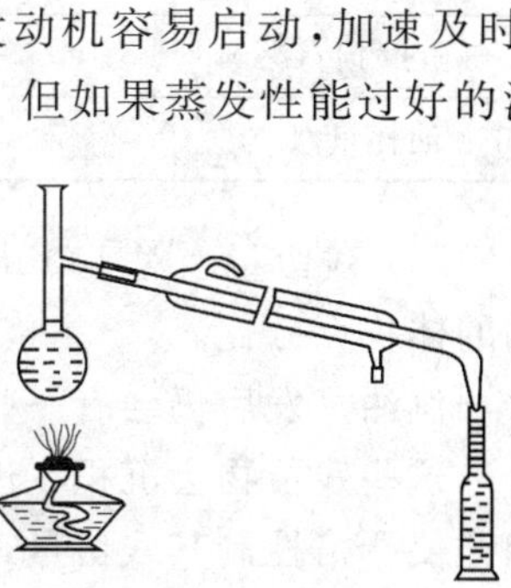

图 6-1 馏程的测定

蒸发温度、90%蒸发温度、终馏点和残留量。

(1) 初馏点　对 100 mL 汽油在规定条件下蒸馏时，流出第一滴汽油的气相温度，它是汽油的最低馏出温度，表示汽油中最轻组分的沸点。

(2) 10%蒸发温度　对 100 mL 汽油在规定条件下蒸馏时，流出 10 mL 汽油的气相温度。它表示汽油中轻质馏分的含量。它决定汽油机启动的难易，影响发动机供给系气阻的倾向。该温度对汽油机冬季启动的难易程度和夏季是否发生“气阻”有很大影响。该温度低，发动机容易启动，启动时间短，耗油少；但温度过低，则易在夏季或高原地区产生“气阻”。国标要求该温度不高于 70 ℃，一般以 60 ℃～65 ℃为宜。汽油的 10%蒸发温度与启动的关系如表 6-1 所示。

表 6-1　汽油的 10%蒸发温度与启动的关系表

大气温度/℃	−21	−17	−13	−9	−6	−2
直接启动的 10%最高蒸发温度/℃	54	60	66	71	77	82

(3) 50%蒸发温度　对 100 mL 汽油在规定条件下蒸馏时，流出 50 mL 汽油的气相温度。它表示汽油中质馏分的含量，代表汽油的平均蒸发能力，影响汽油机启动后到正常工作温度的预热时间、加速性能和工作稳定性。该温度低，可改善发动机的加速性、工作稳定性和启动后的暖车升温性能，所以国标要求该温度不能高于 120 ℃。汽油 50%蒸发温度与发动机预热时间的关系如表 6-2 所示。

表 6-2　汽油 50%蒸发温度与发动机预热时间的关系表

50%蒸发温度/℃	104	127	148
启动后到正常温度的预热时间/min	10	15	28 以上

(4) 90%蒸发温度　对 100 mL 汽油在规定条件下蒸馏时，流出 90 mL 汽油的气相温度。100 mL 汽油完全蒸馏时的温度称为终馏点。

90%蒸发温度和终馏点表示汽油中含重质馏分的含量。它们对汽油能否完全燃烧和发动机的磨损有影响。这两个温度过高，说明汽油中含重质馏分多，蒸发性差，汽油燃烧不完全，会冒黑烟，油耗量增大。同时残留的重质馏分还会破坏缸壁上的油膜，加剧气缸的磨损。因此国标要求汽油 90%蒸发温度不能高于 190 ℃，终馏点不能高于 205 ℃。终馏点与气缸磨损、油耗量的关系如表 6-3 所示。

表 6-3　终馏点与气缸磨损、油耗量的关系

终馏点温度/℃	175	200	225	250
气缸磨损/(%)	97	100	200	500
油耗量/L	98	100	107	140

(5) 残留量　对 100 mL 汽油在规定条件下蒸馏时，不能被蒸发的残留物质与 100 mL 汽油的体积百分比。

汽油蒸发后仍会有一些残留物，它是汽油在储存中氧化生成的胶状物和汽油中的重质馏分。这些残留物会沉积在进气门、化油器量孔或电喷汽油机的喷嘴上，破坏发动机的正常工作，因此要严格控制其残留量，国家标准规定车用汽油残留量应不大于 1.5%或 2%。

2) 饱和蒸气压

饱和蒸气压是指汽油蒸发液、气两相达到平衡时，汽油蒸气对容器壁产生的压力，用来评定汽油在使用中产生“气阻”倾向的大小。饱和蒸气压越高，说明汽油中含轻质成分越多，挥发性好、低温启动性好，但产生“气阻”的可能性越大，在储存中的蒸发损耗也越大，所以国标规定饱和蒸气压春夏季不大于 74 kPa，秋冬季不大于 88 kPa。

2. 抗爆性

汽油的抗爆性是指汽油在发动机燃烧室内燃烧时防止爆燃的能力。

汽油机正常工作时，火焰的传播速度为 30～40 m/s，火焰以火花塞为中心，迅速向燃烧室四周传播，使可燃混合气绝大部分燃烧并释放出热能。此时，气缸内的压力升高率每度曲轴转角不大于 200 kPa，温度上升均匀，汽油机工作柔和平稳，动力性能得到充分发挥。当使用了抗爆性不好的汽油时，就会发生爆燃。爆燃是指汽油在气缸内工作时不需点火而是靠自燃而燃烧的现象，是一种不正常的燃烧。它形成的多个火焰中心，使得火焰传播速度高达 1500～2500 m/s，燃烧压力在局部区域内瞬间可达 16 MPa 左右，撞击燃烧室壁、活塞顶和气缸壁，产生尖锐的敲击声，并引起发动机振动。发生爆燃时，汽油机功率降低，油耗增加，严重时会使活塞、活塞环、气门等部件烧毁，轴承和其他零部件受到损坏。

造成爆燃的主要原因有：进气温度过高，点火提前角过大，压缩比过高，汽油自身的原因，发动机的结构和工作的条件等。抗爆性能好的汽油可以用在压缩比较高的发动机上，从而大大地提高了发动机的动力性和经济性能。

汽油的抗爆性决定于碳氢化合物的结构及其含量，评定汽油抗爆性的指标是辛烷值。

辛烷值是表示点燃式发动机燃料抗爆性的一个约定数值。在规定条件下的标准发动机试验中，通过与标准燃料进行比较来测定，采用和被测定燃料具有相同抗爆性的标准燃料中异辛烷的体积百分数表示。辛烷值越大，说明抗爆性能越好。但是在发动机试验中，由于规定的额定条件不同，从而导致测定的辛烷值也随之改变。辛烷值按照试验测定的方法可分为研究法辛烷值(RON)和马达法辛烷值(MON)两种。

研究法辛烷值表示汽油机在中负荷、低转速运转条件下汽油的抗爆性。它是以较低的混合气温度(一般不加热)和较低的发动机转速(一般为 600 r/min)的中等苛刻条件为其特征的实验室标准发动机上测得的辛烷值，它模拟了轿车在城市道路条件下行驶的工况。马达法辛烷值则表示汽油机在重负荷、高速运转条件下汽油的抗爆性。它是以较高的混合气温度(一般加热至 140 ℃)和较高的发动机转速(一般为 900 r/min)的苛刻条件为其特征的实验室标准发动机上测得的辛烷值，它模拟了载货汽车在公路条件下行驶的工况。同一种汽油用研究法测定的辛烷值比马达法测定的辛烷值要高 6～10 个单位，其差值称为汽油的灵敏度，可用来反映汽油抗爆性随运转工况激烈程度的增加而降低的情况，汽油灵敏度越小越好。

驾驶员选择汽油时一定要注意：爆燃只发生在汽油机上，牌号高的汽油可以避免爆燃的发生，但不要相信汽油辛烷值越高越好的说法。如果你的汽车只需要 92 号的汽油，而你硬给它 95 号的汽油，也不会提高效率或动力，反而会造成经济损失。因此，建议你先查一查你的发动机所需要汽油的牌号是多少，按使用说明选择规定的牌号即可。

3. 化学安定性(稳定性)

汽油的化学安定性是指汽油在正常的储存和使用的条件下，避免氧化生胶而保持其性质不发生永久变化的能力。

汽油安定性的好坏直接影响发动机的工作能力。安定性好的汽油不会给发动机带来危害，而安定性较差的汽油，极容易发生氧化反应，从而生成胶状物质和酸性物质，使汽油的辛烷值降低，酸值增加、颜色变深。如果长期使用这种汽油，由于产生的胶质黏稠沉淀，而导致汽油滤清器、油管、电喷式发动机的喷嘴等部位堵塞；由于产生的黏稠物质黏结气门而导致关闭不严，压缩比降低，燃烧不彻底，从而使产生的积炭明显增加，导致压力升高，气缸的散热也较差；由于积炭的增加会使火花塞的间隙减小，而导致点火能力下降，等等。为此要求驾驶人员选用汽油时特别要注意，一定要选择安定性(稳定性)好的汽油。

评定汽油安定性的主要指标有实际胶质和诱导期。

1) 实际胶质

实际胶质指在规定条件下测得的发动机燃料的蒸发残留物，以 mg/100 mL 表示，测定标准是 GB/T 8019—2008《燃料胶质含量的测定 喷射蒸发法》或 GB/T 509—1988《发动机燃料实际胶质测定法》。测定方法是：使已知量的汽油在规定温度和空气流的条件下蒸发，再在残留物中加入一定量的正庚烷，并在轻轻转动后静止，按照规定小心地除去正庚烷溶液后剩余部分便为实际胶质，用 100 mL 试样中所含毫克数来表示。国家标准规定实际胶质不超过 5 mg/100 mL。

2) 诱导期

诱导期是指在规定的加速氧化条件下，油品处于稳定状态下所经历的时间周期，以 min 表示。诱导期越长，越不易氧化，生成胶质的倾向越小，其安定性越好，适宜长期储存。一般国产汽油出厂时诱导期在 600～800 min，在普通条件下储存 21 个月后，诱导期仍在 400～500 min。

4. 清洁性

汽油的清洁性是指汽油中含有机械杂质和水分的多少。

汽油在生产、储存、运输和使用过程中，受到外界环境的影响而混入机械杂质和水分。机械杂质能增大发动机的磨损，水分会加大氧化生胶。所以国家标准中规定汽油中不允许有机械杂质和水分。如果需要对汽油进行检测，最简单的办法就是将 100 mL 的汽油注入玻璃量筒中，静置一段时间(12～18 h)后，来观察玻璃管中的汽油，如果油色透明没有悬浮物、沉淀物以及水分，即为合格。

5. 腐蚀性

汽油对储油容器和机件应无腐蚀。但是汽油中所含的有害元素，如硫、活性或非活性硫化物、水溶性酸或碱等超过一定限制时，就会对金属产生直接或是间接腐蚀作用。为此国标规定车用无铅汽油的硫含量不大于 0.05%，硫醇硫含量不大于 0.001%。

评定汽油腐蚀性的指标是硫含量、酸度、铜片腐蚀试验、水溶性酸或碱。

6.1.2 汽油的选择及使用注意事项

1. 汽油的选择

选择汽油时一定要按照汽车使用说明书中发动机的压缩比和汽车生产厂家推荐的汽油牌号来选择相应牌号(即辛烷值)的汽油，这样不仅可以充分发挥发动机的动力性能和经济性能，还有利于延长发动机的使用寿命和降低成本，同时还可以预防或减少发动机在保证正常运行工作中不发生“爆燃”的现象。

我国车用汽油目前所使用的牌号有 89、92、95 和 98 四种。要想保证发动机在工作中不发生“爆燃”的现象，就必须合理选择相应牌号的汽油，主要是根据压缩比的高低来选择。当发动机压缩比较高，爆燃倾向较大时，应选用牌号较高的汽油；反之，压缩比较低的发动机，应选用牌号较低的汽油。

由于汽车排放控制标准的实施，我国从 2000 年 1 月起已禁用含铅汽油。最新国家标准为《车用汽油》(GB 17930—2016)。

汽油质量的好坏，可以根据一看、二嗅、三摸和四摇等方法来判定。

一看：主要是观察汽油的颜色，标准的 95 号汽油其颜色为翠绿色，而标准的 92 号汽油其颜色为浅黄色或浅黄红色，含铅汽油则为红色，如果汽油颜色太浅，甚至发白，则可能是伪劣产品，选择时应加以注意。

二嗅：主要是闻汽油的味道，加有 MTBE(甲基叔丁基醚)的汽油会有一股酸味，如果适当少量加入可以提高汽油的辛烷值，但如果超过 15%，氧的含量就超标。

三摸：主要检查汽油的蒸发性和黏度，如果将少许汽油放在手上很快蒸发掉，则说明汽油合格，如果很长时间还没有蒸发掉则说明汽油与柴油或润滑油在储存或使用中混合。

四摇：主要是观察汽油的黏度和泡沫性能，其检查的方法主要是根据以往的经验。

2. 汽油的使用注意事项

由于驾驶员自身的原因会长期使用含铅较高或牌号不当的汽油，长期使用后，会在燃烧室内产生大量的积炭，从而导致压缩比升高，爆燃的倾向加大，此时需要驾驶员及时维护发动机。为保证发动机正常工作必须注意以下事项。

(1) 需要更换汽油牌号时要注意，对于传统的蓄电池点火的发动机，当汽油由低牌号改换为高牌号时，可以把点火提前角适当提前，这样就可以充分发挥汽油的性能而不至于浪费；当汽油由高牌号改换为低牌号时，可以把点火提前角适当延迟，这样可以避免“爆燃”的发生。对电控发动机则由电控单元和爆震传感器自动调节。

(2) 当车辆在高原地区条件下使用时，由于大气压力小，空气稀薄，汽油机工作时爆燃倾向减小，可以适当降低汽油的辛烷值。一般海拔每上升 100 m，汽油辛烷值可降低约 0.1 个单位。

(3) 经常在大负荷、高转速下工作的汽油机，应选择较高辛烷值汽油。

(4) 发动机长期使用，由于燃烧室积炭、水套积垢等会使发动机缸压升高，导致爆震。因此，这类汽车在维护后应该燃用高一级的汽油。

(5) 不要使用长期储存或已经变质的汽油，这些汽油燃烧后会产生大量的积炭而影响发动机的工作，特别是电喷发动机影响会更大。

(6) 汽油易燃、易爆、易产生静电，使用时要注意安全。

6.1.3 汽油的清洁化趋势

为了实现车用汽油无铅化，车用汽油中增加了高辛烷值成分，如苯、芳香烃和含氧化合物，这些成分在提高汽油抗爆性方面发挥了很大的作用，但容易使汽车燃油系统中沉淀物增加，导致汽车排放的劣化和油耗的增加。

为了进一步降低汽油有害物的排放，节约能源和提高发动机功率，车用汽油在无铅化的基础上，又在向清洁化方向前进。目前广泛采用的燃油清洁剂对控制发动机沉积物生成十分有效，它的准确定义是“一种添加到车用无铅汽油中用以抑制或清除发动机进气系统和燃烧室沉积物的物质”，可以称之为发动机“清道夫”。世界汽油清洁剂的用量约为每年 350 万吨。

我国规定从 2000 年 7 月 1 日起，在北京、上海和广州销售的车用无铅汽油中必须加入有效的汽油清洁剂，以便对燃油系统的喷油器、进气阀进行保洁和清洗，并陆续在其他地区推广使用汽油清洁剂。

6.2 车用柴油

柴油是车用柴油发动机的主要燃料，在国民经济中占有重要的地位。柴油和汽油一样也是从石油中精炼出来的，由碳、氢元素组成的水白、浅黄或棕褐色的液体。柴油分为轻柴油和重柴油，轻柴油用于高速运转的发动机，重柴油用于低速运转的发动机。

柴油发动机的燃烧不是由火花塞直接点燃，而是柴油与被压缩的高温空气相遇后自行着火燃烧的，故又称为压燃式发动机。柴油发动机具有热效率高、耗油量低、燃料资源较汽油丰富、使用耐久可靠、燃料火灾危险性小等特点，因此柴油发动机广泛用于汽车、舰艇、坦克和工程机械，特别是一些大型重载汽车，大都使用柴油机。

6.2.1 柴油的使用性能

柴油的使用性能包括燃烧性、低温流动性、雾化和蒸发性、黏度、安定性、腐蚀性和清洁性等。

1. 燃烧性

柴油的燃烧性是指其自燃能力，用十六烷值表示(燃料中正十六烷的体积百分数)。车用柴油的十六烷值越高，燃烧性越好，其自燃点就越低。柴油喷入燃烧室，在高温高压下易于形成密集的过氧化物，成为着火中心，使得着火延迟期短，整个燃烧过程发热均匀，气缸压力平缓上升，最高压力也较低。

柴油机的转速越高，燃烧速度越快，对十六烷值的要求就越高，一般 1000 r/min 以下的柴油机，应使用十六烷值为 35～40 的柴油；1000～1500 r/min 的柴油机，应使用十六烷值为 40～45 的柴油；1500 r/min 以上的柴油机，应使用十六烷值为 45～60 的柴油。柴油的十六烷值越高，其燃烧性越好，汽车就越容易在较低气温下启动。但十六烷值也不宜过高，否则柴油的低温流动性、雾化和蒸发等性能均会受到影响，导致燃烧不完全，降低发动机功率，增加油耗，排气冒黑烟。一般十六烷值为 40～50 的柴油基本可满足工作要求。柴油十六烷值与启动最低温度的关系如表 6-4 所示。

表 6-4 柴油十六烷值与启动最低温度的关系

柴油十六烷值	30	40	50	60	70	80
可以启动的最低温度/℃	30	12	4	−4	−8	−11

2. 低温流动性

低温流动性是指柴油在低温的条件下也应具有一定的流动状态以供发动机燃烧，从而保证发动机正常工作的性能。柴油的密度和黏度都比汽油大，随着温度的降低，柴油的黏度会变得更大，流动性变差。如果柴油的低温流动性不好，在低温工作时会堵塞油管或滤清器，从而无法形成良好的混合气而导致发动机工作不正常或根本无法启动。所以，为能按发动机工况需求可靠地供给燃油，要求柴油应具有良好的低温流动性。

柴油在低温条件下流动性变差的原因是组成柴油的烃类中有一部分为石蜡。通常温度下，石蜡在柴油中呈溶解状态存在，但是在低温条件下，石蜡开始结晶析出，形成结晶晶体；随着温度的进一步降低，结晶现象加剧，且各结晶体间开始聚集，形成结晶网络。结晶网络的产生，使柴油的流动阻力增加，流动性变差。如果这种网络延展到全部柴油中，柴油就会失去流动性。为了改善柴油的低温流动性，通常在柴油中加入流动性能改进剂。

评定柴油低温流动性的指标有凝点、浊点和冷滤点。我国采用凝点和冷滤点，日本采用凝点，美国采用浊点，欧洲国家采用冷滤点。

1）凝点

凝点又称凝固点。将柴油装在规定的试管内，冷却到预期的温度，将试管倾斜45°，经过1 min液面不移动，此时的温度便是柴油的凝点。凝点是柴油储存、运输和油库收发作业的低温界限温度，同时与柴油低温使用性能有一定的关系。发动机使用凝点过高的柴油，停车后再启动将会非常困难。凝点越低的柴油，在柴油机燃料系统中供油性能越好，因此，在室外工作的发动机一般应使用凝点低于周围气温5～7 ℃以上的燃料，才能保证发动机的正常工作。

柴油的凝点是评定其性能的最重要的指标之一。我国轻柴油是按凝点来确定牌号的。例如0号柴油，它的凝固点是0 ℃，－10号柴油的凝固点是－10 ℃，－20号柴油的凝固点是－20 ℃。

2）浊点

轻柴油中开始出现浑浊的最高温度称为浊点。此时柴油虽仍可流动，但易造成油路堵塞而出现供油故障。浊点不是轻柴油使用的最低温度。另外，对加有流动性能改进剂的柴油的低温性能，浊点也不能准确表示，所以，用浊点作为柴油低温性能评价指标过于苛刻。

3）冷滤点

冷滤点是指在规定条件下，1 min内通过363目/in^2（1 in＝2.54 cm）过滤器的柴油不足20 mL的最高温度。试验证明，冷滤点与柴油实际使用的最低温度有较好的对应关系，近似于发动机的实际使用条件，所以冷滤点与浊点、凝点相比较，更具有实用性，可作为根据气温选用轻柴油的依据。一般冷滤点要高于凝点4～6 ℃，比浊点略低。

3. 雾化和蒸发性

雾化和蒸发性是指轻柴油在柴油机气缸内经喷油器喷出时分散成液体雾粒及液体雾粒汽化蒸发的能力。在既定燃烧室和喷油设备的前提下，柴油的雾化和蒸发性决定了可燃混合气形成的品质和速度。柴油的雾化和蒸发性能及蒸发的速度对发动机的工作有着重要的影响。雾化和蒸发性能好，柴油机启动性能就好，燃烧充分，耗油低，积炭少，排烟也较少；如果雾化和蒸发性不好，会给柴油机带来不好的影响，如混合气不易形成，燃烧不充分，耗油量增加，污染发动机的润滑油，导致排放污染增加等。但蒸发性过高，会影响储运及使用安全，发动机工作容易粗暴。

柴油的雾化和蒸发性主要用馏程、闪点等评定。柴油馏程测定方法与汽油基本相同，测定项目有50％蒸发温度、90％蒸发温度和95％蒸发温度。50％蒸发温度表示柴油中轻质馏分的含量，50％蒸发温度低，则轻质馏分多，易于启动。但50％蒸发温度过低时，柴油蒸发太快，易引起全部柴油迅速燃烧，缸内压力升高剧烈，发动机工作粗暴；90％蒸发温度与95％蒸发温度表示柴油中重质馏分的含量，90％蒸发温度与95％蒸发温度越低，柴油中重质馏分含量越低，柴油燃烧更加充分，可提高柴油机的动力性，降低油耗，减小机械磨损。闪点指柴油在一定条件下加热时，当油料蒸气与周围空气形成的混合气接近火焰，开始发出闪火时的温度。闪点低的柴油雾化和蒸发性好，但闪点太低会使柴油机工作粗暴，同时储运及使用中的安全性下降。

4. 黏度

黏度是表示柴油稀稠度的一项重要指标。黏度是随温度变化而变化的，温度高时油料变稀，黏度变小；温度低时油料变稠，黏度变大。轻柴油的黏度是指 20 ℃时的黏度。当黏度过大时，流动性能变差，影响供油量，同时，喷入气缸内的油粒较大，影响雾化，不易与空气均匀混合，这样燃烧不完全，燃油消耗量增加；当黏度过小时，在喷射时，因油粒细小，射程太短，同样不能很好地均匀分布，以致燃烧不完全，排气冒黑烟。因此，为了使标准发动机正常工作，要求柴油的黏度保持在适当范围内。

5. 安定性

安定性是指柴油在储存、运输和使用过程中保持外观颜色、组成和性能不变的能力。安定性好的柴油无论是在储存还是使用过程中其颜色和性能基本保持不变。而安定性差的柴油在一段时间后其颜色和性能都会发生明显的变化，会使油中的实际胶质明显增多。经常使用安定性不好的柴油会使滤清器、油管、喷油器堵塞，燃烧室积炭快速增多。

影响柴油安定性的主要因素是内部的化学成分，其次是外部的环境因素。柴油的化学成分主要是指碳氢化合物和非碳氢化合物两大部分，其中碳氢化合物中的烯烃是影响安定性的主要原因；而非碳氢化合物中的硫化物和氮化物是影响安定性的次要原因。外部环境主要是指储油容器、空气中的氧含量、光线以及温度等。金属的储存容器储油会对柴油的氧化有一定的催化作用，空气中氧的含量大会使柴油与氧的接触机会增多，光线强、温度高会加快柴油变质的速度，这些外部环境会使柴油的安定性变差。所以为保证发动机正常工作，充分发挥其动力性能，要求驾驶员在选用柴油或储存柴油时，注意在合理的储存条件下进行柴油选择和使用，这样才能使发动机工作可靠，减少机件的磨损，延长发动机的使用寿命。

柴油安定性的评价指标有色度、氧化安定性和10%蒸余物残炭。

6. 腐蚀性

腐蚀性是指柴油在储存和使用的过程中不腐蚀零件的能力。腐蚀性主要是因为柴油中含有硫化物、有机酸和碱等有害物质，这些有害物都会影响发动机的正常工作。其中硫和硫醇硫对发动机的影响更大，因为它们燃烧完都会生成二氧化硫和三氧化硫等酸性有害物质，不仅会对发动机零部件进行强烈的腐蚀，如果硫的含量过多还会使发动机的润滑油变稀、变质，使零部件磨损加剧。使用硫含量过大的柴油由于燃烧不彻底会使燃烧室、活塞顶、喷油器、进排气门等部位产生大量的积炭，加大气缸的磨损，从而影响发动机的使用寿命。正因为这些有害物质的存在会给发动机带来种种不良后果，为此要对柴油中的有害物质进行严格控制。国标强制规定柴油中的硫含量不得大于 0.2%，硫醇硫含量不得大于 0.01%。

7. 清洁性

柴油的清洁性用灰分、机械杂质和水分等指标评定。灰分是指柴油中不能燃烧的矿物质，呈颗粒状，坚硬，它是造成气缸壁与活塞环磨损的重要原因之一。为保证发动机具有较高的动力性，要严格控制灰分在柴油中的含量，国家标准规定灰分在柴油中的含量不得高于 0.01%。机械杂质和水分是柴油在储存和运输的过程中不慎混入的杂质。机械杂质会使柴油发动机中的精密偶件卡死、喷油器喷孔堵塞而影响供油；水分会降低柴油发热量，冬季或低温下易结冰而堵塞油路，还有可能溶解可溶性的盐类使灰分增大，如果水分和有机酸混合在一起还会加快零件的腐蚀。所以国标严格控制柴油中机械杂质和水分的含量，其中水分不得高于 0.03%的体积分数。

6.2.2 柴油的选择及使用注意事项

1. 车用柴油的选择

我国柴油牌号是按照凝点来划分的，分为5、0、−10、−20、−35和−50六种牌号。车用柴油应根据地区和季节的气温高低来选用。

为了保证发动机燃料在低温下正常供应，不发生凝固而失去流动性，造成油路堵塞，所选柴油牌号的凝点要比当地、当月最低气温低5 ℃～7 ℃。当地区温度较低时，选用较低牌号的柴油；地区温度较高时，选择较高牌号的柴油。在气候温度允许的情况下应尽量选用高牌号的柴油，否则会造成使用成本升高，因为低牌号柴油价格较高。最新国家标准为《车用柴油》(GB 19147—2016)。推荐选用的柴油牌号如表6-5所示。

表6-5 推荐选用的柴油牌号表

牌号	适用地区、季节	适用最低气温/℃
5号	全国各地6～8月和长江以南4～9月	8
0号	全国各地4～9月和长江以南冬季	3
−10号	长江以南地区冬季和长江以南地区严冬	−7
−20号	长城以北地区冬季和长城以南、黄河以北地区严冬	−17
−35号	东北和西北地区严冬	−32
−50号	东北的漠河(黑龙江北部)和新疆的阿尔泰地区严冬	−45

2. 车用柴油的使用注意事项

(1) 为保证柴油的清洁，柴油加入油箱前，要充分沉淀，沉淀时间不少于48 h，然后用鹿皮、绸布或细布仔细过滤，除去杂质。

(2) 柴油与汽油不能混合使用，因为汽油的发火性差，如果混用会使发动机启动困难，甚至不能启动。

(3) 在冬季或低温启动时，可以采用一定的预热措施，如对油底壳进行预热以降低启动阻力，还可以相应地提高蓄电池电解液的密度以防止在低温地区发生结冰的现象，而影响发动机的启动。

(4) 在寒冷地区，缺乏低凝点柴油时，可以向高凝点柴油中掺入10%～40%的裂化煤油以降低柴油的凝点，但要注意掺入后必须搅拌均匀。

6.3 汽车新能源

目前，世界范围内石油供应日趋紧张，加之人类面临解决生态环保问题的需要，传统的车用燃料(汽油、柴油)在未来的100年内必将退出历史舞台。因此，针对环境和能源形势的日趋恶化，降低汽车油耗和开发汽车新能源迫在眉睫，这已成为现代汽车技术发展的重要课题。

这里主要介绍几种技术上已经基本成熟，并已经得到一定程度的应用，且试验性能良好的车用新能源，它们主要包括天然气、醇类燃料、氢气、电能。

6.3.1 汽车新能源的特点与应用现状

新能源汽车是指除汽油、柴油发动机之外的所有其他能源汽车，主要包括电动汽车、混合动力汽车、氢能源动力汽车和太阳能汽车等。其特点是废气排放量比较低。据不完全统计，全世界现有超过400万辆液化石油气汽车、100多万辆燃气汽车。中国市场上在售的新能源汽车以混合动力汽车和电动汽车为主。

汽车新能源必须能够替代目前汽车使用的汽油和柴油，因此应符合以下要求。

(1) 能量密度要大，热值高，只需携带少量的燃料就能使汽车有足够的续航里程。由于汽车行驶的道路和地区不同，以及车载重量的增加，对新能源的要求也就不同，必须能满足发动机的功率要求才能克服种种阻力。

(2) 安全性能要好，无毒或低毒，对环境污染小。在使用的过程中对发动机无害，能充分燃烧，不挥发，燃烧后对环境的污染小。

(3) 资源必须丰富，价格便宜。由于汽车的保有量不断增加，新能源必须来源广泛，才能满足汽车数量不断增加的需求，价格便宜才能满足大众的需求。

(4) 运输、储存和使用方便，不影响发动机的可靠性。

(5) 汽车新能源最好能与现代汽车的供给系兼容，如果需要改进，尽量改进一些简单的装置，以便大众使用。

汽车新能源有着广阔的开发前景，目前正在开发代用石油产品的燃料有醇类燃料、混合动力、天然气、液化石油气、电能、氢气、太阳能、乳化燃料和合成燃料等。这些作为汽车新能源的燃料，也有不同之处，有的能源可以单独使用，而有的能源可以和柴油或汽油混合使用。各类新能源的特点及应用现状如表6-6所示。

表6-6 各类新能源的特点及应用现状

新能源	优　点	缺　点	现状及前景
电能	1.电来源方式多； 2.直接污染及噪声小； 3.结构简单，维修方便	1.蓄电池能量密度小，汽车驾驶里程短，动力性差； 2.电池质量大，使用寿命短，价格高； 3.蓄电池充电时间长； 4.电池制造和处理存在污染	从总体看仍处于试验研究阶段，推广使用还需一定时间，但有希望成为未来汽车主要能源
氢燃料	1.不产生有害气体； 2.氢的热值高； 3.资源极其丰富	1.氢气制取成本高； 2.气态氢能量密度小，且储运不便，液态氢技术难度大，成本高； 3.需要开发专用的发动机	仍处于基础研究阶段，目前多采用混合动力，即燃料电池与发动机并联使用。但有希望成为未来汽车燃料的重要组成部分，前景难以预测
醇类燃料	1.甲醇、乙醇可以利用植物、天然气、煤炭制取，来源有长期保障； 2.储运方便； 3.辛烷值较高	1.甲醇毒性大，而且对金属和橡胶件有腐蚀； 2.污染较大，与汽油相当； 3.单独使用时，需要对发动机做一些改进； 4.成本高	目前世界上有相当数量的汽车燃烧甲(乙)醇和汽油的混合燃料，发展缓慢，可以作为能源的补充，在某些国家和地区可保持较大的比例

续表

新能源	优　点	缺　点	现状及前景
天然气	1. 资源丰富，在今后相当长时间内有充足的保障； 2. 污染很小； 3. 辛烷值高； 4. 价格低廉； 5. 技术成熟	1. 天然气储运不便； 2. 天然气是非再生资源； 3. 新建加气站网络投资大； 4. 气态天然气能量密度小； 5. 汽车采用天然气会降低动力性； 6. 单烧天然气时须设计专门发动机	在许多国家已获得广泛使用并大力推广，世界上已有约511万辆天然气汽车，在21世纪将成为汽车燃料的主流之一

6.3.2 天然气

天然气是各种替代燃料中最早被广泛使用的一种。天然气汽车自20世纪30年代起就开始在意大利使用，我国的天然气汽车工业发展始于20世纪80年代。目前天然气汽车已受到各国政府的普遍重视，21世纪将是天然气汽车大发展的时代。

1. 天然气的资源及主要成分

天然气的主要成分是甲烷（CH_4），其体积一般占天然气的80%～99%。另外，天然气中还含有乙烷、丙烷、丁烷、戊烷等气体化合物和氢气、氮气、二氧化碳、硫化氢等气体，它们在天然气中的含量一般都比较低。天然气分气田气和油田气，由于气田和油田的地理位置和地质结构不同，所以，气田气和油田气的组分存在一定差异。表6-7所示为不同产地的天然气的组分构成。

表6-7　不同产地的天然气的组分构成/（%）（体积分数）

名　称	CH_4	C_2H_6	C_3H_8	C_4H_{10}	C_mH_n	H_2	N_2	CO_2	H_2S
气田天然气（四川）	97.20	0.70	0.20	—	—	0.10	0.70	1.0	0.10
油田天然气（四川）	88.59	6.06	2.02	1.54	0.06	0.07	1.46	0.2	—
大庆天然气	91.05	1.64	2.70	2.23	1.09	—	—	—	—

天然气的资源非常丰富，已探明的可采储量达1.4×10^{14} m^3，待探明的储量潜力仍然很大，并且近年来的年产量增长速度大大高于石油和煤的增长速度。据国际权威机构预测，2010—2020年间天然气在能源结构中的比例，将达到35%～40%，其地位也将超过石油成为第一能源。

2. 天然气的主要物化特性

天然气的主要物化特性如表6-8所示。

表6-8　天然气的主要物化特性

物化特性参数	数值	物化特性参数	数值
H/C原子比	4	理论空燃比（质量比）	17.25
密度（液相）/（kg/m^3）	424	理论空燃比（体积比）	9.52
密度①（气相）/（kg/m^3）	0.715	高热值/（MJ/kg）	55.54

续表

物化特性参数	数值	物化特性参数	数值
相对分子质量	16.043	低热值/(MJ/kg)	50.05
沸点/℃	−161.5	混合气热值/(MJ/m³)	3.39
凝点/℃	−182.5	混合气热值/(MJ/kg)	2.75
临界温度/℃	−82.6	低热值(液态)/(MJ/L)	21.22
临界压力/MPa	4.62	辛烷值 RON	130
汽化热/(kJ/kg)	510	着火极限(体积分数)/(%)	5～15
比热容(液体,沸点)/(kJ/(kg·K))	3.87	着火温度(常压下)/℃	537
比热容(气体,25 ℃)/(kJ/(kg·K))	2.23	火焰传播速度/(cm/s)	33.8
气/液容积比(15 ℃)	624	火焰温度/℃	1918

①标准状态下的密度。

3. 天然气的特点

与其他燃料相比,天然气具有如下比较突出的特点。

1) 着火界限宽

天然气与空气的混合气具有很宽的着火界限。其过量空气系数的变化范围为 0.6～1.8,可在大范围内改变混合比以提供不同成分的混合气。所以,使用天然气可以实现稀薄燃烧,能有效降低发动机在部分负荷时的能量消耗与排放污染。

2) 与空气的理论混合气热值低

虽然天然气的理论空燃比(质量比)和理论空燃比(体积比)都比汽油略高,但与空气的理论混合气热值却比汽油略低,只有 3.39 MJ/m³,比汽油低 10%左右,这就使得天然气发动机的功率要比燃用汽油的发动机功率低一些。

3) 火焰传播速度低

天然气燃烧的火焰传播速度为 33.8 cm/s,比汽油的火焰传播速度稍慢。

4) 点火能量高

天然气着火温度为 537 ℃,比汽油着火温度高得多,并且天然气的火焰传播速度比汽油低,所以,要想天然气能及时、迅速燃烧,必须有较高的点火能量。

5) 抗爆性能好

天然气的研究法辛烷值为 130,比汽油高得多,其抗爆性能非常好。在这种情况下,为充分发挥其抗爆能力,可适当提高发动机的压缩比,进而可提高发动机的热效率,增大汽车的动力性。对燃用天然气的专用发动机,比较合理的压缩比为 12。

6) 密度小

天然气的液相密度为 424 kg/m³,汽油密度为 740 kg/m³。天然气的密度低于汽油,使吸入发动机的新鲜空气质量减少,将导致发动机的输出功率降低。

7) 排放污染小

天然气的燃烧温度低,会降低 NO_x 的生成量;天然气常温常压下呈气态,与空气同相,所以形成的混合气均匀,燃烧完全,会减少 CO、HC 等的排放量;排放物中的 HC 成分多为甲烷,性质稳定,所以在大气中也不会形成光化学烟雾,避免造成进一步污染。

8）携带性较差

天然气常温常压下为气体，携带不方便。为此对其进行液化，但需要较低的温度和较高的压力，其技术要求很高。

9）使用天然气可使发动机的磨损减小

天然气燃料使燃烧室积炭少，且燃烧产物中不含液体燃料成分，对润滑油破坏小。

4. 天然气燃料在汽车上的使用

1）天然气的存在形式

作为车用燃料的替代品，天然气根据其存在形式分为压缩天然气（CNG）和液化天然气（LNG）两种。

(1) 压缩天然气（CNG）。

压缩天然气是将天然气经过脱水、脱硫净化处理后，经多级压缩至 20 MPa 左右存储在气瓶中，使用时经减压器减压后供给发动机燃烧即可。

(2)液化天然气（LNG）。

液化天然气是经过一定工艺，将天然气在 −162 ℃左右变为液态，存储在高压气瓶中。与压缩天然气相比，液化天然气工作压力降低，储气瓶体积减小，续驶里程延长。但它对低温储存技术要求较高。

2）天然气汽车类型

根据天然气的储存形式，天然气汽车分为压缩天然气汽车和液化天然气汽车。

(1) 压缩天然气汽车

目前国内外发展较快的是压缩天然气汽车。为保证压缩天然气的质量能满足汽车的使用需求，我国车用压缩天然气的技术指标如表 6-9 所示。

表 6-9 车用压缩天然气的技术指标

项　目	技术指标
高位发热量/（MJ/m^3）	>31.4
总硫（以硫计）/（mg/m^3）	≤200
硫化氢/（mg/m^3）	≤15
二氧化碳（体积分数）/（%）	≤3.0
氧气（体积分数）/（%）	≤0.5
水露点/℃	在汽车驾驶的特定地理区域内，在高操作压力下，水露点不应高于−13 ℃；当最低气温低于−8 ℃时，水露点应比最低气温低 5 ℃

注：气体体积为在 101.325 kPa、20 ℃状态下的体积。

压缩天然气汽车按燃料供给系统不同，又可分为专用压缩天然气汽车、压缩天然气与汽油两用燃料汽车、压缩天然气与柴油双燃料汽车。

专用压缩天然气汽车以 CNG 作为唯一燃料，其发动机的燃料供给系统专为 CNG 燃料设计，能充分发挥 CNG 燃料的优点。

压缩天然气与汽油两用燃料汽车是根据现成汽油车改装而成的，有两套燃料供给系统，一套为保留的原车供油系统，另一套为增加的 CNG 供给装置。发动机可以分别使用 CNG 和汽油作为燃料，两种燃料的转换利用选择开关实现。由于发动机结构未做改动，当使用天然气燃料时，往往不能充分发挥其优点，导致汽车功率下降。

压缩天然气与柴油双燃料汽车是根据现成柴油车改装而成的，其燃料供给系统可根据发动机的运行工况按一定比例同时供给 CNG 和柴油两种燃料。其中，柴油只做引燃燃料，CNG 是主要燃料。

(2) 液化天然气汽车。

由于液化天然气对储存技术要求较高，使得储存容器的成本高，这从一定程度上限制了液化天然气汽车的发展。但由于液化天然气在储存能量密度、汽车续驶里程、储存容器压力等方面均优于压缩天然气，能解决压缩天然气汽车所存在的一些问题，所以液化天然气作为天然气的使用方式之一，是今后的重点发展方向。

3) 天然气汽车技术

所谓天然气汽车技术是指汽车用天然气储存、加注，以及合理运用等方面的技术，主要包括以下几方面。

(1) 加气站技术。

无论是压缩天然气还是液化天然气，它们向汽车上加注时，所需加气设备都比汽油、柴油等传统燃料的加注设备复杂一些，必须保证压缩天然气的压力和液化天然气的低温，这需要较高的技术水平。

(2) 发动机技术。

天然气燃料的性质不同于汽、柴油，因此天然气发动机的结构也不同于汽油机和柴油机，应对其燃料混合、发动机燃烧室结构、点火系统等方面的独特之处进行研究与开发。

(3) 气瓶技术。

由于汽车具有流动性，燃料必须时刻携带，携带天然气的气瓶需保证储存压力和绝热能力，并尽量降低制造成本，这需要较高技术水平。

6.3.3 醇类燃料

醇类燃料主要是指甲醇和乙醇。目前，它们作为汽车替代能源已被使用，在技术和成本方面已经达到实用阶段。醇类燃料的资源比较丰富，可从多种原料中进行提取。如甲醇可从天然气、煤、油页岩、重质燃料、木材和垃圾等物质中制取。乙醇可从甜菜、甘蔗、草秆、薯类、玉米等农作物中制取。

在我国，煤炭作为制取甲醇燃料的物质之一，其储藏量非常丰富，比其他能源的储藏量均多，因此，这就决定了今后一段时间内我国的能源消费结构仍以煤为主。所以，立足国内丰富的煤炭资源，以甲醇为替代燃料，弥补石油供应量不足是非常重要的措施。

我国作为农业国家，随着粮食的丰收，已出现了陈化粮长期库存积压的情况，仅玉米库存就有几千亿斤，尤以黑龙江、吉林、河南等产粮大省库存积压量大。因此，以农作物为原料生产乙醇，作为替代能源，缓解我国石油紧缺的矛盾，也是非常可行的举措。

醇类燃料的特点如下。

(1) 辛烷值高。

醇类燃料的辛烷值与汽油的辛烷值比较如表 6-10 所示。

从表 6-10 可以看出，醇类燃料的辛烷值比汽油高，所以使用醇类燃料的发动机可以通过增大压缩比来提高其热效率，从而提高其动力性和经济性。因此，醇类是汽油车良好的替代燃料。另外，醇类燃料也可以作为高辛烷值组分调入汽油中，进而提高汽油的抗爆能力。

表 6-10 醇类燃料的辛烷值与汽油的辛烷值比较

燃料种类		MON	RON	灵敏度
甲醇		92	112	20
乙醇		92	111	19
汽油	90 号	85	90	5
	93 号	88	93	5
	97 号	92	97	5

通过表 6-10 醇类燃料和汽油的比较，还可以看出，醇类燃料的灵敏度非常大。灵敏度是利用研究法测定的辛烷值与利用马达法测定的辛烷值之差值，即灵敏度＝RON－MON。灵敏度反映的是汽油机燃料的抗爆性能随汽油机运转工况（如转速提高等）激烈程度增加而降低的情况。对汽油机来说，灵敏度越小越好。醇类燃料的灵敏度大，说明它们在低速时的抗爆性能比中、高速时要好。

(2) 蒸发潜热大。

蒸发潜热是指在常压沸点下，单位质量的纯物质由液体状态变为气体状态需吸收的热量或者由气体状态变为液体状态需放出的热量。

醇类燃料的蒸发潜热大，意味着醇类燃料在发动机内由液体状态变为气体状态形成可燃混合气时需要吸收的热量较多，所以醇类燃料在低温条件下往往会由于汽化所需热量不足，使形成的混合气浓度较低，从而使发动机启动困难。因此，燃烧醇类燃料的发动机需加装进气预热系统，以保证其低温启动性能。但是在汽油中混合低比例的醇，由燃烧室壁供给液体醇以蒸发热，蒸发潜热大这一特点可成为提高发动机热效率和冷却发动机的有利因素。

(3) 可燃界限宽。

可燃界限是指混合气体可以着火的最小浓度和最大浓度之间的范围，浓度是以空气中可燃气的体积分数表示的。

醇类燃料的可燃界限比汽油宽得多，可实现稀薄燃烧，能有效降低发动机在部分负荷时的能量消耗与排放污染。

(4) 热值低。

醇类燃料的热值比汽油低，甲醇热值约为汽油的 48%，乙醇热值约为汽油的 64%。但由于醇类燃料存在自供氧效应，理论空燃比比汽油低，甲醇理论空燃比约为汽油的 43%，乙醇理论空燃比约为汽油的 60%。所以，在同样的过量空气系数下混合气的热值与汽油相当，汽车使用醇类燃料时的动力性不会降低。

(5) 腐蚀性大。

醇类燃料的化学活性较强，对铜、锌、铝等金属具有较强的腐蚀能力，对橡胶和塑料等非金属材料也具有较大的溶胀作用。

(6) 易产生气阻。

醇类燃料的沸点低，有助于形成燃料与空气的混合气，但温度高时，容易在燃油供给系统产生气阻现象，严重时会使供油中断，发动机熄火。

(7) 储存和使用方便。

醇类燃料在常温下为液体状态，和传统燃料的汽油、柴油相似，所以其储存和使用比较方便。

（8）排放污染低。

醇类燃料的蒸发潜热大，甲醇的蒸发潜热约为汽油的3.7倍，乙醇的蒸发潜热约为汽油的2.9倍，所以使用醇类燃料的燃烧温度较低，对NO_x的生成有抑制作用；醇类燃料分子中没有C—C键结构，燃烧中不会有多环芳香烃通过缩合形成炭烟粒子的现象，因此排气中基本没有炭烟；醇类燃料含氧量高，且C/H值较汽油小，混合气燃烧较完全，因而排气中未燃烃类与CO含量也相应降低。但醇类燃料的排气中未燃醇类和相应醛类较多。

（9）与传统的发动机技术有继承性，特别是使用汽油-醇类混合燃料时，发动机结构变化不大。

（10）醇混合燃料容易分层。醇的吸水性强，混合燃料进入水分后易分离为两相，因此，醇混合燃料要加助溶剂。

6.3.4 氢气

氢气可以直接作为车用燃料，氢燃烧后生成的物质是水，车用氢气燃料具有无可比拟的环保性能。氢气的主要来源是从水中通过裂解制得，并且氢气燃烧后又生成水，这种快速的资源循环，使得氢能源取之不尽、用之不竭。所以，目前世界上各国都纷纷投入大量人力、物力和财力从事这方面研究。

1. 氢气资源

在自然状态下，大气中只含有极微量的氢气，因此，要想利用氢气必须依靠制取。制取氢气的资源很多，如煤、石油、天然气、水等，都可用来制取氢气。尤其是水，在地球上的储量极其丰富，并且可快速循环使用。所以，尽管氢气不像煤、石油、天然气等有较大的自然储量，但作为氢气来源的资源还是非常丰富的。这为氢气的广泛研究和使用提供了有力保障。

2. 氢气的特点

氢气作为燃料，有以下比较突出的特点：

1）可燃界限宽

氢气在空气中燃烧的界限非常宽，为4.1%～75%，比汽油和柴油的可燃界限大很多。所以，氢气可以实现稀薄燃烧，可以降低发动机在部分负荷时的能量消耗与排放污染。

2）点火能量低

氢气最小点火能量为1.34×10^{-5} J，比一般烃类低一个数量级以上。所以，氢气点火能量低，比汽油小得多，当掺入到汽油后，可降低汽油的点火能量，并改善汽油机的性能。

3）火焰传播速度高

氢气燃烧的火焰传播速度高达291 cm/s，是汽油的7倍。说明氢气在汽油机中燃烧时的抗爆性能很好。

4）与空气的理论混合气热值低

虽然氢气的质量热值在所有的化学燃料里面是最大的，低热值为120.1 MJ/kg，约为汽油的3倍。但由于氢气的相对分子质量小，质量轻，使得其标态体积低热值只有10.80 MJ/m^3，其与空气的理论混合气热值也只有3.186 MJ/m^3，比汽油低15%，发热量仅相当于汽油的85%，所以使得燃氢发动机的功率要比燃用汽油的发动机功率低15%。

5）自燃温度高

氢气的自燃温度比较高，为580 ℃，而柴油为350 ℃，这就决定了燃氢发动机难以压燃，比较适合于点燃。故而汽油机易于改为氢发动机，这就为将来氢气发动机的开发运用提供了一个有利的条件。

6）燃烧排污低

氢气是一种无色、无臭、无毒的干净燃料，同时也是一种无碳燃料，完全不产生汽油等烃类燃料燃烧时所排放的CO、CO_2、CH等化合物，燃烧只生成水和NO_x，并且NO_x的排放也比目前的汽油机低得多，即使有一定的排放量，作为比较单一的排放物也非常容易控制。先进的氢燃料电池和催化燃氢技术，排放中只有水，如果利用这些氢能开动车辆，则可以真正实现零排放。故而，氢气作为发动机动力有利于环境保护。

7）提高发动机的热效率

氢气的自燃温度比较高，其辛烷值比异辛烷（辛烷值为100）高，其抗爆性高于汽油，因此，用氢气做燃料时，可以通过提高发动机压缩比来提高其热效率。并且氢气在空气中的火焰传播速度非常快，这也使得发动机的热效率有较大的提高。

8）发动机的磨损量减小

氢气燃烧的产物比较单纯，使得它对发动机润滑油的污染比较小。同时，由于氢气的沸点比较低，仅为－253 ℃，在发动机上使用液氢发生汽化时，可较好地降低发动机的机体温度，使得发动机润滑油的高温氧化程度低，这些都有利于保证发动机的正常润滑，减小机械磨损。

3. 氢气在发动机上的使用

氢气既可以单独作为内燃机燃料用于发动机，也可与汽油作为混合燃料用于发动机。

1）氢气单独作为内燃机燃料

氢气单独作为内燃机燃料在发动机上使用时，其供氢方式有缸内直接供氢法、预燃室喷氢法、进气道间歇喷射-电磁控制法、进气道间歇喷射-进气门座工作面吸入法、进气管连续喷射-空气导流法和进气管连续喷射-混合器法等几种。

为提高发动机的功率，一般采用内部混合气形成的氢发动机，即缸内直接供氢法。这种缸内喷射的氢混合气的热值比汽油混合气高20%，比外部混合气形成的氢发动机的功率约高41%。在进气门关闭后，将氢直接喷入缸内形成混合气的喷射由于喷射压力的不同有低压喷射型和高压喷射型两种喷射形式。

（1）低压喷射型。

低压喷射型的喷射压力比较低，约为1 MPa。它是在发动机压缩行程的前半行程将氢喷入缸内。其优点是可提高发动机的功率，不发生回火现象。

（2）高压喷射型。

高压喷射型的喷射压力比较高，须大于8 MPa。它是在发动机压缩行程末上止点附近将氢喷入缸内。其优点是可增大发动机的压缩比，提高其热效率，且也不会发生回火、爆燃及早燃等现象。

但随着氢喷射压力的提高，对发动机的技术要求更高，如为保证喷射系统的密封性，必须采用非常精密的零件；为保证混合气燃烧充分，应使发动机燃烧室形状与氢喷束相适应等。

2）氢与汽油混合作为燃料

目前，氢燃料在汽车上的使用多为氢与汽油混合作为燃料用于发动机。由于氢气具有点火能量低、火焰传播速度快、燃烧界限宽等特点，所以向汽油中掺入一部分氢气后，可使汽油发动机燃烧着火延迟期大大缩短，火焰传播速度加快，燃烧持续期缩短。再加上氢在燃烧时释放出OH、H、O等活性中心，可大大地加快燃烧速度，抑制爆燃。这样一来便可提高发动机的压缩比，从而提高热效率和改善汽油机的性能。

汽油掺氢后燃烧，也可以改善排放污染，如 CO 和 NO_x 等的排放率都会明显降低。

4. 氢气的储存

氢气的储存常用金属氢化物、高压容器、液氢等三种方式。

金属及合金的氢化物吸附氢就像海绵吸水一样，效率很高，但金属氢化物储氢方式的装置重量大，且氢压太低，使得氢很难直接喷入气缸。

高压容器是将氢压缩后存储其中，这种储氢方式能提供较高的压力，但高压容器储氢方式的装置重量也比较大，与金属氢化物储氢方式相当。

液氢是把氢气液化后存储在绝热容器中，这种储氢方式的装置重量轻，并且借助小型液氢泵还可获得 8～10 MPa 的高压，以满足高压喷射方式的需要。但这种储氢方式需使用绝热容器，价格昂贵，并且还容易发生蒸发泄漏等。

5. 氢气的安全性

由于氢气的自燃温度高，若无明火，一般不会着火，使用比较安全；另外，氢气的密度比较小，质量轻，如在储存过程中发生泄漏，也会很快扩散到空气中，不会发生爆炸或着火。因此氢气的使用安全性比较好。

但是，氢气在储存、使用过程中，也存有一定的危险，如泄漏能力强、易被高温炽热点点燃等。

6. 氢气使用存在的问题

氢气作为内燃机替代燃料，在使用和推广应用过程中还存在一系列技术问题。

(1) 在汽车上安全方便的储运方法。

因为液氢采用低温储运，其液化保温是技术难题，另外，还要避免氢气在储存过程中的蒸发损失等。

(2) 大量生产廉价氢气的方法。

目前，如采用电解水，其耗电费用甚至高于汽油价格。

(3) 氢气燃料的供给系统。

由于氢气本身的物理和化学特性，以及燃烧特性，氢气燃料的供给系统需要专门的结构，以保证燃料的供应量。

但是，从长远和发展的观点来看，氢气是最有前途的替代燃料。

6.3.5 电能

电能是二次能源。原则上讲，它可以来源于任何一种其他能源。以电能作为动力的汽车就是电动汽车。电动汽车有蓄电池式、燃料电池式和太阳能电池式三种形式。

(1) 车用蓄电池主要有铅酸电池、镉镍电池、镍氢电池、锂电池等。目前铅酸电池是使用最广的电池，大部分的电动汽车仍然使用铅酸电池。铅酸电池的技术比较成熟，功率较大，寿命在 800～1000 次，成本较低。目前影响电动汽车发展的最主要问题是电池。电池充电时间长，行驶里程短，需要较多的充电站，电池对环境有污染等。要想实现电动汽车通用化，就必须研究一种容量大、循环次数多、使用价格便宜、适合大众使用的全能电池。

(2) 车用燃料电池可将氢气、天然气、煤炭、燃油及甲烷的化学能直接转变为电能。应用最多的燃料电池是质子交换膜和磷酸燃料电池。质子交换膜(PEM)燃料电池的电化学反应温度要求低，有利于在环境温度下启动，不会产生二氧化氮。用甲醇或石油类作为燃料的质子交换膜燃料电池，产生的 HC 和 CO 非常低，可以控制到 0，因此具有排放优势。磷酸燃料电池(PAFC)的两极是用贵金属铂(催化剂)制作的，将其插入到装有磷酸电解质的碳化硅容器中，供给的燃料一般是甲醇或甲醇的混合物。为了启动磷酸燃料电池，需要用辅助燃烧器加热，使其温度超过 130 ℃。130 ℃以下时磷酸燃料电池不发生反应。

燃料电池具有很多优点，各国也在积极进行研究。目前存在的主要问题是成本高、燃料在车上携带不方便、转换效率不理想等。因此，在解决了成本和使用方便性问题后才能广泛用于电动汽车上。

(3) 太阳能电池能够将太阳的辐射能直接转变为电能。太阳能电池的应用有许多优点：它是由太阳能转变为电能的各种装置中效率最高的，具有易于制造、工作寿命长、功率质量比大等优点。目前太阳能电池的最高效率为 20%左右。

美国通用汽车公司所研制的太阳能汽车由 7200 个太阳能电池组成供电系统，电池效率实测为 16.5%。这些电池在汽车表面的覆盖面积为 8.37 m^2。在阳光充足的白天，能以 72.4 km/h的速度行驶。太阳能电池目前存在的主要问题是效率低及成本过高。

此外，正在研究开发的汽车新能源还有合成燃料、水、空气、植物油等，因尚处于研究阶段，许多技术问题还有待解决，所以目前还无法在汽车上应用。

思考与练习

1. 汽油机对汽油的使用性能有什么要求？
2. 什么叫柴油机的工作粗暴？它和汽油机的爆震有何区别？
3. 柴油的黏度对发动机有何影响？

项目七

汽车用润滑材料

【学习目标】

1. 了解发动机润滑油、车辆齿轮油和润滑脂的使用性能；

2. 掌握发动机润滑油、车辆齿轮油和润滑脂的分类、牌号和规格；

3. 学会发动机润滑油、车辆齿轮油和润滑脂的合理选择、正确使用。

【任务单】

1. 发动机润滑油如何选用？

2. 按 SAE 黏度分类法将润滑油分为冬季用油和非冬季用油。冬季发动机润滑油共有 0 W、5 W、10 W、15 W、20 W、25 W 六个等级，其数字越小，说明其低温黏度越（　　），低温流动性越（　　），适应的温度越（　　）。非冬季用油共有 20、30、40、50 和 60 五个等级，其数字越大，适用的最高温度越（　　）。

3. 车辆齿轮油应具备哪些使用性能？如何选用车辆齿轮油？

7.1 发动机润滑油

发动机润滑油的使用性能对于发动机润滑系的工作状况影响很大。一方面由于发动机润滑油在发动机工作过程中温度变化大、压力高，机件的相对运动速度快等原因，发动机润滑油的工作条件非常苛刻，容易老化变质。另一方面有些零部件远离油底壳，泵送距离远，阻力大，特别是发动机净化装置的采用，使发动机润滑油工作条件进一步恶化。如果发动机零部件摩擦表面得不到良好的润滑，就会产生异常磨损或擦伤。为保证发动机润滑油的作用，应对发动机润滑油的成分及使用性能提出严格的要求。

7.1.1 发动机润滑油的成分

汽车发动机润滑油一般由基础油和添加剂两部分组成。单靠基础油不能满足发动机润滑油诸多的性能要求，基础油是从石油中提炼的精选成分，具有最基本的黏度特征，而添加剂是化学物质，用以改善和提高发动机润滑油的品质。基础油是润滑油的主要成分，决定着润滑油的基本性质，添加剂则可弥补和改善基础油性能方面的不足，赋予某些新的性能，是润滑油的重要组成部分。

1. 基础油

润滑基础油主要分矿物基础油和合成基础油两大类。矿物基础油应用广泛，用量很大(约95%以上)，但有些应用场合必须使用合成基础油调配的产品，因而使合成基础油得到了迅速发展。所谓矿物油，即是直接从石油精炼的用于制作润滑油的物质。而合成油是利用原油或煤炭中较轻的乙烷、丙烷等裂解成乙烯，再经过复杂的化学变化将它们重组而成的物质，物理化学性能稳定，不含杂质，比矿物油具有许多天然的优点。

2. 添加剂

配置添加剂的时候，不能片面强调某些单项性能。事实上，优质润滑油表现的是一种综合性能。

添加剂是近代高级润滑油的精髓，正确选用、合理加入，可改善其物理化学性能，对润滑油赋予新的特殊性能，或加强其原来具有的某种性能，满足更高的要求。根据润滑油的质量和性能，对添加剂精心选择，仔细平衡，进行合理调配，是保证润滑油质量的关键。一般常用的添加剂有倾点下降剂、黏度指数改进剂、清净分散剂、抗氧化剂、摩擦缓和剂、极压剂、防腐剂、抗泡沫剂、油性剂、防锈剂、金属钝化剂等。

7.1.2 发动机润滑油的工作条件

发动机润滑油是在高温、高压、高速以及润滑困难的恶劣条件下进行工作的，所以润滑油极易变质，而导致零件摩擦表面难以形成良好的油膜，最终导致零件因磨损而报废。

(1) 高温、高压。

发动机工作时，许多机件处于较高的温度，如活塞头部为205 ℃～300 ℃，气缸上部为180 ℃～270 ℃，曲轴箱中温度为85 ℃～95 ℃；同时，发动机的主轴瓦、连杆瓦、凸轮轴轴瓦等部位必须采用一定的压力给予润滑。润滑油在这样的高温、高压下工作，极易氧化变质。

(2) 高速。

发动机正常工作时，润滑油在发动机内的循环次数为 100 次/h 以上，高速循环的润滑油膜容易破坏，加速零部件的磨损。

(3) 燃烧废气和燃料的侵蚀。

发动机工作中，燃烧的废气和未完全燃烧的混合气，在气缸密封不良时会窜入曲轴箱，这些气体冷凝后将形成水和酸性物质，稀释、腐蚀润滑油。

(4) 杂质的污染。

发动机运转中，空气中的尘埃、机件磨损产生的金属屑以及燃烧生成的积炭等都会进入润滑油，对润滑油造成严重污染。

(5) 发动机废气再循环等净化装置的采用使得发动机润滑油工作条件恶化

当代汽车为适应日趋严格的汽车排放法规，在传统发动机结构中增加了排气净化装置，这些装置使发动机润滑油的工作条件恶化，并对发动机润滑油使用性能级别提出了更高的要求。

7.1.3 发动机润滑油的作用

发动机润滑油的主要作用就是给发动机进行润滑、清洗、冷却、密封、防锈和减震。

1. 润滑

润滑是发动机润滑油的主要作用。发动机在高速运转时，润滑油被发动机润滑系统送到各摩擦表面形成油膜，使金属间的干摩擦变成润滑油层间的液体摩擦，从而减少机件间的磨损，保证机件正常运行。

2. 清洗

发动机润滑油在循环过程中，能把附着在摩擦表面的金属磨屑、杂质、脏物等带走，并把它们送到机油盘中沉淀或由滤清器滤除，使发动机机件表面保持清洁。

3. 冷却

润滑油流过各个摩擦表面时，能将摩擦表面生成的热量带走，使机件保持正常的工作温度。

4. 密封

发动机润滑油工作时会填满活塞与缸壁的间隙，形成油封，起到良好的密封作用，防止气体泄漏，从而保证了发动机正常的输出功率。

5. 防锈

润滑油能吸附在金属表面形成油膜，避免了水及腐蚀介质和金属的直接接触，从而起到防止或减少它们对金属的锈蚀。

6. 减震

当机件受到冲击载荷时，载荷需通过机件间隙中的润滑油膜才能传递，由此起到缓冲和消振作用。

7.1.4 发动机润滑油的主要使用性能

由于发动机润滑油的工作条件非常恶劣，为保证发动机正常润滑，发动机润滑油的主要使用性能包括良好的润滑性、良好的低温操作性、良好的黏温性、较强的抗氧化安定性、良好的清净分散性、较好的抗腐蚀性和良好的抗磨性等。

1. 良好的润滑性

1）概念

发动机的润滑性是指在各种条件下，发动机润滑油降低摩擦、减缓磨损和防止金属烧结的能力。发动机润滑油应具有良好的润滑性。

润滑油的黏度和化学性质对发动机零部件在不同润滑状态下的润滑作用有重要影响。在液体润滑过程中，油膜厚度比运动副表面结构要求大得多。润滑油具有一定的黏度是形成液体润滑的基本条件之一。而黏度是液体流动时内摩擦力的量度，在液体润滑区域，摩擦系数随润滑油黏度降低而减小。当润滑油黏度低到一定程度时，油膜厚度降低到近似等于运动副的表面结构要求时，该区域为混合润滑状态，这时润滑油的黏度和化学性质对摩擦系数都有影响。

当油膜厚度小于运动副表面结构要求时，便称为边界润滑状态，此时起润滑作用的不再是润滑油的黏度，而完全取决于润滑油的化学性质，即润滑油的油性和极压性。油性是润滑油在摩擦金属表面上的吸附性。润滑油中极性分子定向排列吸附在金属表面上，形成吸附膜，这种吸附膜只能在中温、中速、中负荷或更低情况下才能保持边界润滑。当高温、高速、高压时，吸附膜脱附，油性失效。极压性是润滑油在摩擦表面的化学反应性质，当润滑油中加入含硫、磷等化合物添加剂时，高温下这些化合物分解生成的活性元素与金属形成化学反应膜，该反应膜的熔点和剪切强度比较低，能降低摩擦和磨损。

2）评定指标

发动机润滑性的评定指标是发动机润滑油黏度。黏度是指润滑油在外力作用下当液体发生流动时分子间的内摩擦力。黏度是评价发动机润滑油的一项重要指标，是润滑油分类和使用的主要依据。对于汽车发动机来说，润滑油的黏度直接影响到发动机的启动性能、机件的磨损、燃料和油料的消耗以及功率的损失等。

黏度过小，就不易在摩擦表面形成足够厚的油膜，使机件得不到正常的润滑，以致加剧机件的磨损；同时由于润滑油黏度过小，会导致密封不良，气缸漏气，发动机功率下降，还会使混合气窜入曲轴箱使油底壳内的润滑油变稀变质从而失去原有的性能。黏度小的润滑油其蒸发性能就好，当润滑缸壁时润滑油有可能参与燃烧，这样不仅增加润滑油的消耗还会使发动机工作不稳。

黏度过大，消耗在润滑油之间的摩擦功率较多，造成发动机低温启动困难，降低了发动机的有效功率，增加了燃料的消耗。此外，由于润滑油的黏度过大，油的流动性就差，润滑油循环速度减慢，单位时间内流过摩擦表面的油量减少，从而降低了润滑油的冷却和清洗效果。所以，要求润滑油的黏度要适当，以免带来不必要的故障。

表示油料黏度的方法主要有动力黏度、运动黏度和条件黏度。我国润滑油规格中采用动力黏度和运动黏度表示。发动机使用的润滑油，其 100 ℃运动黏度以 100 mm^2/s 左右为宜，黏度指数应在 90 以上。润滑油的黏度受温度影响很大，所以在使用中应考虑其工作环境温度，以便选用适当黏度的品种。

2. 良好的低温操作性

1）概念

发动机润滑油低温操作性是指从润滑油方面保证发动机在低温条件下容易启动和可靠供油的性能。发动机润滑油应具有良好的低温操作性能。

发动机润滑油黏度随气温降低而增大，其低温操作性包括有利于低温启动和降低启动磨损两个方面。一方面，低温启动时发动机转动曲轴的阻力矩增加，曲轴转速下降，从而造成发动机启动困难。另一方面，发动机润滑油黏度增加后，流动困难，供油不足，造成磨损严重。

2）评定指标

评定发动机润滑油低温操作性的指标主要是低温动力黏度、边界泵送温度和倾点等。

（1）低温动力黏度。

低温动力黏度是划分冬用发动机润滑油黏度级别的依据之一，它是预示发动机在低温条件下能否顺利启动的黏度指标。在同一种低温条件下，该黏度值越小，说明发动机润滑油的冷启动性能越好，对车辆低温启动时的润滑效果越好。

（2）边界泵送温度。

发动机润滑油的边界泵送温度是指能将发动机润滑油连续地、充分地供给发动机机油泵入口的最低温度。

边界泵送温度是衡量发动机在启动阶段发动机润滑油是否易于流到机油泵入口并提供足够压力的性能。边界泵送温度也是划分冬用发动机润滑油黏度级别的依据之一。它是预测发动机润滑油能维持正常泵送的最低温度，在高于此温度的条件下，发动机润滑油能及时、连续、充分地被泵送到各润滑部位，避免发动机启动磨损。边界泵送温度越低，汽车低温启动性能越好。

（3）倾点。

倾点是指试油在规定的条件下冷却时，能够流动的最低温度。

同一试油的凝点比倾点略低。现行发动机润滑油规格均采用倾点作为发动机润滑油低温操作性的评价指标之一。倾点越低，发动机润滑油冷启动性能越好。

3. 良好的黏温性

1）概念

润滑油的黏度是随温度的变化而变化的。当温度升高时，润滑油的黏度变小；温度降低时，黏度变大。润滑油的黏度随温度变化而变化的特性即为润滑油的黏温性。润滑油的工作温度范围很宽，发动机冬季启动时曲轴箱及摩擦表面的油温与气温相近，而发动机长时间运行后活塞区油温可达 300 ℃左右。如果润滑油的黏温性差，即低温时黏度过大，而高温时黏度过小，会造成机件磨损和损坏。因此，为保证润滑油在高温和低温时都有适宜的黏度，要求润滑油必须具有良好的黏温性。

2）评定指标

润滑油黏温性可以用黏度指数来表示，它是发动机润滑油的一项重要指标。黏度指数越大，表明黏度受温度影响越小，黏温性越好。

为了提高润滑油的黏温性，通常在低黏度润滑油中添加黏度指数改进剂（增稠剂），使之能适应较宽温度范围的使用要求，这种油称为多级油。

4. 较强的抗氧化安定性

1）概念

安定性是指润滑油在储存和使用过程中，抵抗氧化反应的能力。润滑油一旦和空气中的氧接触，就会发生氧化反应，而引起润滑油变质，并腐蚀零件或影响发动机正常工作。常温下润滑油的氧化速度比较慢，但在高温时，氧化速度明显加快，尤其是在曲轴强烈搅拌下，飞溅的油滴蒸发成油雾，增大了与氧接触的面积，在金属催化作用下使氧化反应非常激烈，并生成氧化物。氧化物不仅会使油的外观和理化性能发生变化（颜色变暗、黏度增加、酸度增大），同时还会引起机件磨损、破坏发动机正常工作、加速润滑油的老化变质。因此，要求润滑油具有良好的抗氧化能力，特别是在高温下的抗氧化能力。

发动机润滑油的氧化过程大体分为两个阶段：

(1) 轻度氧化阶段：烃类化合物被氧化生成不同类别的酸性物质。

(2) 深度氧化阶段：某些酸性产物再度缩合沉淀形成胶质和油焦质物质。

发动机润滑油氧化的两种基本形式如下：

(1) 厚油层氧化：油底壳中的发动机润滑油处在厚油层和低压、低温的情况下，轻度氧化，生成各种酸性物质。

(2) 薄油层氧化：在活塞与气缸壁部位，发动机润滑油处在薄油层，在高温、高压和金属催化作用的影响下深度氧化，反应生成的物质是胶质沉淀物。

2）评定指标

为减少润滑油的氧化变质，延长使用寿命，通常在油中添加各种性能良好的抗氧化添加剂。

5. 良好的清净分散性

1）概念

清净分散性是指发动机润滑油能抑制积炭、漆膜和油泥的生成或将已经生成的沉淀物给予清除的性能。

2）评定指标

发动机在使用过程中，因受到废气、燃气、高温和金属催化作用，会生成各种氧化物，它们与金属磨屑等机械杂质混合在一起，在油中形成胶状沉积物附在活塞、活塞环槽上，形成积炭和漆膜，或沉积下来形成油泥，堵塞油孔等，从而使发动机散热不良，机件磨损加剧，油耗增加，功率下降等。清净分散性能良好的润滑油能使这些氧化物浮在油中，通过发动机滤清器将其过滤掉，从而减少以上不良因素的产生。因此，润滑油中通常加入清净分散剂，使润滑油具有良好的清净分散性。

6. 较好的抗腐蚀性

腐蚀性表示润滑油长期使用后对发动机机件的腐蚀程度。无论润滑油的品质多么高级，在发动机高温、高压和有水分的工作条件下，也会逐渐老化。润滑油中的抗氧化剂也只能抑制、延缓油料的氧化过程，减少氧化物，但不能从根本上消除润滑油的老化。造成润滑油老化的主要原因是润滑油老化后产生的弱酸性物质，这些物质在高温、高压和有水分的条件下对金属起到腐蚀作用，特别是滑动轴承的耐腐蚀性较差，易被酸性物质腐蚀，产生麻点、凹坑、剥落等现象。为此要提高润滑油的提炼精度，减小酸值；或是添加防腐剂，使润滑油具有较好的抗腐蚀性。

此外，发动机润滑油还应有良好的抗磨性和抗起泡性等。

7.1.5 发动机润滑油的分类及规格

1. 发动机润滑油的分类

目前国际上广泛采用的发动机润滑油分类方法是美国汽车工程师学会（SAE）的黏度分类

法和美国石油协会(API)的使用性能分类法两种。

1) SAE 黏度分类法

黏度分类法是根据所测定的黏度将润滑油分为冬季用油(W 级)和不含 W 的非冬季用油。冬季发动机润滑油的分类,规定用在-18 ℃所测定的黏度来划分,共有 0W、5W、10W、15W、20W、25W 六个等级,其数字越小,说明其低温黏度越小,低温流动性越好,适应的温度越低。如 0W 适合在−35 ℃地区使用,5W 适合在−30 ℃地区使用,10W 适合在−25 ℃地区使用,15W适合在−20 ℃地区使用,20W 适合在−15 ℃地区使用,25W 适合在−10 ℃地区使用。非冬季用油按 100 ℃时的运动黏度分级,共有 20、30、40、50 和 60 五个等级,其数字越大,适用的最高温度越高。

另外,为增大润滑油对季节和气温的适应范围,国家标准还规定了多级油的黏度级号,如 5W/30、5W/40、10W/30、20W/40 等多级油,其分子表示低温黏度等级,分母表示 100 ℃时的运动黏度等级。多级油在油中添加了黏度指数改进剂,能同时满足某一 W 级油和非 W 级油的黏度要求,有较宽的温度使用范围。例如,5W/40 既符合 5W 级油黏度要求,又符合 40 级油黏度要求,在全国冬季均可使用。

2) API 使用性能分类法

使用性能分类法是根据使用场合和使用对象将润滑油分为汽油发动机润滑油(S 系列)和柴油发动机润滑油(C 系列)两类。每一系列又按油品特性和使用场合不同,分为若干等级。目前,汽油发动机润滑油系列分为 SA、SB、SC、SD、SE、SF、SG 和 SH 等级别,其中 SA、SB、SC 和 SD 级润滑油已经不再使用;柴油发动机润滑油系列分为 CA、CB、CC、CD、CD-Ⅱ、CE 和 CF-4 等级别,其中 CA 和 CB 级润滑油已不再使用。各类油品的级号越靠后,其使用性能越好,适用的机型越新,或者说使用的工作条件就更加苛刻。发动机润滑油的级别、特性和使用场合如表 7-1所示。

表 7-1 发动机润滑油的级别、特性和使用场合

应用范围	级别代号	特性和使用场合
汽油发动机润滑油	SE	适合 1972 年以后生产的轿车和汽油机货车。抗氧化性、抗高温吸附性、抗锈抗腐蚀性都要比 SD 好
	SF	适合 1980 年以后生产的轿车和汽油机货车。抗氧化性和抗磨性都比 SE 好
	SG	由发动机生产厂家推荐使用于 1989 年以后生产的汽油机轿车、轻型客车、轻型货车。它包含 CC 级的性能,抗吸附性、抗氧化性、耐磨性、抗腐抗锈性都比 SF 好
	SH	由发动机生产厂家推荐使用于 1993 年以后生产的汽油机车辆。拥有 SG 的最低性能,抗吸附性、抗氧化性、耐磨性、抗腐抗锈性都比 SG 好
	SJ	由发动机生产厂家推荐使用于 1996 年以后生产的汽油机车辆。与 SH 具有相同的抗吸附性、抗氧化性、耐磨性、抗腐抗锈性,增加抗低温性、油分子耐蒸发性、高温耐泡沫性。尾气排放有改善(轻微节约燃料)
	SL	适合 2002 年以后生产的车辆。能节约燃料,高温具有抑制吸附能力
	SM	适合 2004 年以后生产的车辆。性能比 SL 好,以降低添加剂中的磷含量实现环保要求,抗氧化性、高温耐磨性、高温抑制吸附性和泵送性有提高

续表

应用范围	级别代号	特性和使用场合
柴油发动机润滑油	CC	适用于高负荷条件下运行的非增压及低增压柴油机,并包括一些重负荷汽油机。具有抑制高温沉积及轴承腐蚀的性能,也能抑制汽油机的低温沉积
	CD	用于使用各种质量燃料的高增压柴油机,包括高硫燃料非增压和增压柴油机。具有控制轴承腐蚀和高温沉积的性能,并可取代CC级
	CD-Ⅱ	用于重负荷二冲程柴油机,具有优良的磨损和沉积控制性能,也适用于所有CD级油的汽车
	CE	适用于低速高负荷和高速高负荷条件操作的大功率、高增压柴油机,主要包括1983年后生产的重负荷增压柴油机。它改进了CD级油的油耗、油的增稠、活塞沉积
	CF	适用于间接喷射柴油机,对燃料的要求较松,如硫含量可以超过1.5%。具有很强的控制磨损、沉积物和铜轴承腐蚀的能力。可用于1993年以来制造的自然吸气涡轮增压式柴油机,也可满足要求使用CD级油的发动机
	CF-2	用于要求高效控制气缸磨损、活塞环积炭和沉积物的重负荷二冲程柴油机,以及要求使用CD-Ⅱ级油和CD级油的发动机
	CF-4	用于高速四冲程柴油机。在油耗和活塞沉积物控制方面性能优于CE并可替代CE。特别适合高速公路行驶的重负荷货车
	CG-2	用于二冲程大功率、重负荷的柴油机。节省燃料、排放低
	CG-4	用于高速公路行驶的大功率、重负荷增压直喷式柴油机,燃料宜用低硫、低芳香烃柴油,对环保方面排放要求更严格。更有效地防止发动机关键部件表面沉积物的形成

2. 发动机润滑油的规格

发动机润滑油的产品规格是由品种(使用等级)与牌号(黏度等级)两部分构成的。每一特定品种都附有规定的牌号,国产发动机润滑油的品种与牌号如表7-2所示。产品按统一的方法命名,例如:SD30是指使用等级为SD级,黏度等级为SAE30的汽油机油;SJ5W/40为使用等级为SJ级,并且既符合SAE5W级油黏度要求,又符合SAE40级油黏度要求的多级汽油机油;SF/CD5W/30则为多级汽油机/柴油机通用油,它符合SF级汽油机油和CD级柴油机油使用性能,并且既符合SAE5W级油黏度要求,又符合SAE30级油黏度要求。

表7-2 国产发动机润滑油的品种与牌号

品　种	黏度牌号					
SC	5W/20	10W/30	15W/40	30	40	
SD(SD/CC)	5W/30	10W/30	15W/40	30	40	
SE(SE/CC)	5W/30	10W/30	15W/40	20/20W	30	40
SF(SF/CC)	5W/30	10W/30	15W/40	30	40	

续表

品　种	黏度牌号
CC	5W/30　5W/40　10W/30　10W/40　15W/40　20W/40　30　40　50
CD	5W/30　5W/40　10W/30　10W/40　15W/40　20W/40　30　40

7.1.6 发动机润滑油的选择及使用注意事项

1. 发动机润滑油的选择

选择合适的发动机润滑油是保证发动机正常工作、延长其使用寿命的重要条件。发动机润滑油的选择应遵循一定的原则，即应兼顾使用性能级别和黏度级别两个方面。首先应根据发动机结构特点、发动机工况和技术状况，确定其合适的使用性能级别，然后再根据发动机使用的外部环境温度，选择该质量等级中的黏度等级。

1）使用性能级别的选择

发动机润滑油使用性能级别，主要根据发动机的结构特性、工作条件和燃料品质来选择。选择汽油发动机润滑油的使用性能级别时，应注意汽油发动机工况的苛刻程度和进排气系统中的附加装置及生产年代。

汽油发动机润滑油使用性能级别的选择一般应考虑如下具体因素：

(1) 选择发动机润滑油压缩比、排量、最大功率、最大扭矩。

(2) 发动机润滑油负荷，即发动机润滑油功率(kW)与曲轴箱机油容量(L)之比。

(3) 曲轴箱强制通风、废气再循环等排气净化装置的采用对发动机润滑油的影响。

(4) 城市汽车时开时停等运行工况对生成沉积物和发动机润滑油氧化的影响等。

柴油发动机润滑油使用性能级别的选择主要依据发动机润滑油的平均有效压力、活塞平均速度、机油负荷、使用条件和柴油含硫量等因素。强化系数与柴油发动机润滑油使用等级之间的关系如表 7-3 所示。

表 7-3　强化系数与柴油发动机润滑油使用等级之间的关系

发动机的强化系数	柴油机油使用等级	应用机型
35～50	CC	玉柴，扬柴，朝柴 4102、4105、6102，锡柴，大柴 6110，日野 ZM400、五十铃 4BD1/4BG1 等
50～80	CD	康明斯、斯太尔、依维柯、索菲姆等增压柴油机
＞80	CE 以上	用于在低速高负荷和高速高负荷条件下运行的低增压和增压式重负荷柴油机

2）黏度级别的选择

选择发动机润滑油的黏度级别主要是根据气温、工况和发动机润滑油的技术状况。黏度是评价发动机润滑油品质的一个重要指标。它的大小直接影响发动机润滑油的减磨、降温、清洁、除锈、防尘、吸收振动和密封等作用。发动机润滑油黏度选用要适当，一般要遵循以下原则：

(1) 机油黏度的选择主要是根据工作地区的环境温度、发动机工况和发动机的技术状况选用适宜黏度等级的发动机润滑油，以保证零件正常润滑。

(2) 机油的黏度要保证发动机在低温条件下容易启动，在热状态下又能维持足够的黏度以保证正常润滑。

(3) 机油黏度的选择与发动机的技术状况有关。新发动机应选择黏度较小的机油；磨损严重的发动机应选择黏度较大的机油。

(4) 从工况方面考虑，重载低速和高温下应选择黏度较大的发动机润滑油；轻载高速应选择黏度较小的发动机润滑油。

(5) 应尽量选用黏温特性好、黏度指数高的多级油。多级油使用温度范围比单级油宽，具有低温黏度油和高温黏度油的双重特性。如 5W/30 多级油同时具有 5W、30 两种单级油的特性，其使用温度区间由 5W 级油的 −30～−10 ℃和 30 级油的 0～30 ℃组合成 −30～30 ℃。我国北方地区冬季气温低，应选用低黏度机油，以保证发动机易于启动，减少零部件磨损。

从工况方面考虑，重载低速和高温下应选择黏度较大的发动机润滑油；轻载高速应选择黏度较小的发动机润滑油。发动机润滑油黏度级别选择可参考表 7-4。

表 7-4　常用发动机润滑油黏度等级与适用温度范围

黏度等级	适用温度/℃	黏度等级	适用温度/℃
5W/20	−30～20	20W/40	−15～40
5W/30	−30～30	10W	−25～−5
10W/30	−25～30	20	−10～30
10W/40	−25～40	30	0～30
15W/40	−20～40	40	10～50

2. 发动机润滑油的使用注意事项

对发动机润滑油做出合理选择后，必须依据规定对其加以正确使用。为此，在使用中应注意以下几个方面：

(1) 使用中要注意润滑油颜色、气味的变化，有条件者可以定期检查润滑油的各项性能指标，一旦发现颜色、气味以及性能指标有较大变化，应及时更换，不应教条地照搬换油期限。

(2) 换油时应采用热机放油方法。

(3) 加注发动机润滑油要注意适量。

(4) 要定期检查清洗发动机润滑油滤清器，清理油底壳中的脏杂物。

(5) 要避免不同牌号的发动机润滑油混用，以免相互起化学反应。

(6) 选购时，应尽可能地购买有影响、有知名度的正规厂家的发动机润滑油，要特别注意辨别真假，确保润滑油的品质。

另外，对发动机润滑油使用中存在的主要问题归纳出了使用八忌：

(1) 忌选用黏度偏高的润滑油；

(2) 忌随意选择代用油品；

(3) 忌使用中只添不换；

(4) 忌把润滑油颜色变黑作为更换润滑油的主要依据；

(5) 忌润滑油加注量过多；

(6) 忌不了解发动机的结构特点选择润滑油；

(7) 忌储存、使用中混入水分;

(8) 忌选用劣质冒牌润滑油。

7.2 车辆齿轮油

7.2.1 车辆齿轮油的工作条件与性能要求

车辆齿轮油是用于汽车、拖拉机和工程机械等车辆的变速器、驱动桥和齿轮传动机构的润滑油。它和发动机润滑油一样,具有润滑、防锈、密封、清洗、冷却和降噪的作用,但齿轮油的工作条件和润滑油不同,因此对车辆齿轮油的性能要求也有所不同。

1. 车辆齿轮油的工作条件

1) 承受压力大

齿轮在啮合过程中,啮合部分接触面积小,单位接触压力很高。一般汽车齿轮单位接触压力可达 2000～3000 MPa,而双曲线齿轮可达 3000～4000 MPa,因此齿轮啮合部位的油膜极易破裂,导致摩擦和磨损,甚至引起擦伤和胶合。齿轮传动不仅有线接触,还有滑动接触,特别是双曲线齿轮,齿轮间具有较高的相对滑动速度,一般可达 8 m/s 左右,在这样高速大负荷条件下,会使油膜变薄甚至局部破裂,导致摩擦和磨损加剧。

2) 工作温度不高

齿轮油的工作温度要比发动机润滑油低,其油温的升高主要是由于传动机构摩擦产生的热量引起的,并随外界环境温度和行驶中外部空气冷却强度的变化而变化,齿轮油的工作温度一般不超过 100 ℃。现代轿车采用双曲线齿轮,因其轴线偏置量较大,在车速高时,会使齿轮齿面间的相对滑动速度很高,使油温达到 160 ℃～180 ℃。

2. 对车辆齿轮油的性能要求

根据车辆齿轮油的工作条件,对齿轮油的主要性能要求是:具有良好的极压抗磨性,适宜的黏度和良好的黏温性,良好的低温流动性、氧化安定性和抗泡沫性等。此外还应该具备以下功能:

(1) 减少摩擦,提高机械设备的效率。

(2) 减少磨损、擦伤以及金属的表面疲劳。

(3) 使热量散失。

(4) 减少齿轮间的振动、冲击和噪声。

(5) 从金属接触区域去掉污染物质。

(6) 防止腐蚀。

7.2.2 车辆齿轮油的主要使用性能

1. 良好的极压抗磨性

车辆齿轮油具有合适的运动黏度,保证形成油膜,实现液体润滑状态。黏度是齿轮油的重要使用性能之一,对油膜的形成影响很大。

车辆齿轮油的极压性指齿轮油中的极压抗磨剂在高压、高速、高温的苛刻工作条件下,能在齿面上与金属发生化学反应生成反应膜，防止齿面发生擦伤或烧结的性质，有时也叫承载能力或抗胶合性。

车辆齿轮油的润滑性和极压性的评定，除了运动黏度之外，还要通过四球极压试验机或台架试验来评定。

2. 适宜的黏度及良好的黏温性

黏度与黏温性也是齿轮油的重要使用性能之一。一般而言，高黏度的齿轮油，可以有效防止齿轮和轴承损伤，减少机械运转噪声和漏油现象；而低黏度的齿轮油，可以提高传动效率，加强散热和清洗的作用。因此，适宜的黏度应该既能保证发动机在低温不经预热便可以顺利启动又能使齿轮和轴承得到良好的润滑。

齿轮油的黏度是随温度的变化而变化的，其变化幅度越小，证明齿轮油的黏温性能就越好。汽车传动机构温度变化较大，如汽车减速器在冬季启动时温度可能在 0 ℃以下，而工作温度却在 80 ℃～100 ℃之间，有时高达 150 ℃～170 ℃。若齿轮油的黏温性不好，则启动时由于黏度太大就会增加启动阻力，而当温度上升时，又使黏度下降而削弱了润滑性，因此，齿轮油应具有良好的黏温性。

3. 良好的低温流动性

低温流动性是指齿轮油在低温下或冬季仍能保持最佳流动性的能力。车辆启动时，齿轮油的温度与外界温度几乎保持一致，尤其是在温度较低或冬季启动时齿轮油流动性的好坏对发动机启动是非常重要的，所以齿轮油应具有良好的低温流动性。

4. 良好的氧化安定性

氧化安定性是指齿轮油在高温条件下抵抗氧化的能力。如果氧化安定性不好，就会使齿轮油的黏度增加并降低齿轮油的流动性，还会生成油泥，并使齿轮油早期变质。同时氧化产生的腐蚀性物质，会加快金属零部件的腐蚀和磨损。在齿轮油中加入抗氧化添加剂是提高齿轮油氧化安定性的最佳途径。

5. 良好的抗泡沫性

抗泡沫性是指齿轮油在强烈搅动的条件下，抵抗泡沫生成和使泡沫及时消失的能力。如果齿轮油生成的泡沫能及时消除就不会影响正常工作；如果形成较多的泡沫并且不能及时消失则会发生溢流或磨损等现象。因此齿轮油应具有良好的抗泡沫性能。

7.2.3 车辆齿轮油的分类及规格

1. 车辆齿轮油的分类

车辆齿轮油的分类依然采用的是美国汽车工程师学会（SAE）的黏度分类法和美国石油协会（API）的使用性能分类法两种方法。

1) SAE 黏度分类法

该标准采用含有尾缀字母 W 和不含尾缀字母 W 两种黏度等级系列。黏度等级代号由一组数字和字母 W（70W、75W、80W、85W）或一组数字（90、140、250）组成，共 7 种。含有尾缀字母 W 的是冬用齿轮油，是根据齿轮油黏度达到 150 Pa・s 的最高温度和 100 ℃时的最小运动黏度划分的；不带尾缀 W 的是夏用齿轮油，以 100 ℃的运动黏度范围划分，如表 7-5 所示。

表 7-5　车辆齿轮油的黏度分类

SAE 黏度牌号	黏度为 1.5×10^5 mPa·s 时的最高温度/℃	100 ℃时的运动黏度/(mm^2/s)	
		最小	最大
70W	−55	4.1	—
75W	−40	4.1	—
80W	−26	7.0	—
85W	−12	11.0	—
90	—	13.5	小于 24.0
140	—	24.0	小于 41.0
250	—	41.0	—

车辆齿轮油也有多级油，常见的多级齿轮油有 75W/90、80W/90、85W/90 和 85W/140 等黏度等级。例如，80W/90 表示这种油在冬季使用时相当于 80W，其−26 ℃表面黏度不大于 1.5×10^5 mPa·s；在夏季使用时相当于 90 号，其 100 ℃运动黏度控制在 13.5～24.0 mm^2/s。由于多级齿轮油具有良好的低温启动性和良好的高温润滑性，能够同时满足不同地区、不同季节温度下齿轮润滑的要求，因此许多汽车用户使用多级齿轮油。

2）API 使用性能分类法

使用性能分类法是根据齿轮的承载能力和使用条件不同，将齿轮油分为 GL-1、GL-2、GL-3、GL-4、GL-5 和 GL-6 六个等级，级别中的数字越大，代表齿轮油的承载能力越强，适应的工作条件也就越苛刻。其适用的范围如表 7-6 所示。

表 7-6　车辆齿轮油的使用性能分类

分类级别	适用范围
GL-1	低齿面压力、低滑动速度下运行的汽车螺旋伞齿轮、蜗轮后轴和各种手动变速器。直馏矿油能满足这级油的要求
GL-2	汽车蜗轮后轴，其负荷、温度及润滑速度的状况用 GL-1 级齿轮油不能满足要求时
GL-3	中等速度及负荷运转的汽车手动变速器和后桥螺旋伞齿轮规定用 GL-3 级齿轮油，其承载能力比 GL-2 高，比 GL-4 低
GL-4	在高速低转矩及低速高转矩下运行的轿车和其他车辆的各种齿轮，特别是准双曲线齿轮
GL-5	在高速冲击负荷、高速低转矩、低速高转矩条件下运行的轿车和其他车辆的各种齿轮，特别是准双曲线齿轮
GL-6	高速冲击负荷下运转的轿车和其他车辆的各种齿轮，特别是高偏置双曲线齿轮，偏置大于 5 cm或接近大齿圈直径的 25%

2. 车辆齿轮油的规格

我国参照API分类法将车辆齿轮油分为普通车辆齿轮油、中等负荷车辆齿轮油和重负荷车辆齿轮油三个品种，分别相当于API GL-3、GL-4和GL-5。

1）普通车辆齿轮油

普通车辆齿轮油由石油润滑油、合成润滑油及它们的混合组分为原料，并加入抗氧化剂、防锈剂、抗泡沫剂和少量的极压剂制成。适用于中等速度和负荷比较苛刻的手动变速器和螺旋锥齿轮的驱动桥。按石化行业标准SH/T 0350—1992规定，普通车辆齿轮油有80W/90、85W/90和90等三个黏度牌号。

2）中等负荷车辆齿轮油

中等负荷车辆齿轮油是由精制矿物油加抗氧化剂、防锈剂、抗泡沫剂和极压剂等制成的。适用于高速低转矩、低速高转矩条件下工作的各种齿轮和使用条件不太苛刻的双曲线齿轮。我国还没有制定中等负荷车辆齿轮油的国家标准，目前国产中等负荷车辆齿轮油采用的是中国石油化工总公司暂定技术条件，有75W、80W/90、85W/90、90和85W/140等五个黏度牌号。

3）重负荷车辆齿轮油

重负荷车辆齿轮油是由精制矿物油加抗氧化剂、防锈剂、抗泡沫剂和极压剂等制成的，与中等负荷车辆齿轮油相比，添加剂品种一样，但剂量要增加一倍。适用于高速冲击负荷、高速低转矩和低速高转矩条件下工作的各种齿轮，特别是客车和其他车辆的双曲线齿轮。按照国家标准GB 13895—1992规定，重负荷车辆齿轮油有75W、80W/90、85W/90、85W/140、90和140等六个黏度牌号。

近年来，由于进口品牌的齿轮油在国内大量生产并销售，国内市场出售的齿轮油，基本上都使用国际标准的级别，即SAE黏度分级级别和API质量分级级别。按照国际标准为汽车选用齿轮油，就可以保证汽车使用的要求。旧牌号国产齿轮油与SAE规格、API规格齿轮油的对应关系及使用范围如表7-7所示。

表7-7 旧牌号国产齿轮油与SAE规格、API规格齿轮油的对应关系及使用范围

国产齿轮油	使用范围	相对应的SAE规格（按黏度分类）	相对应的API规格（按使用性能分类）
20号普通齿轮油	冬季使用于一般汽车的齿轮传动装置上	SAE90	GL-2
30号普通齿轮油	长江以南地区全年，长江以北地区夏季，使用于一般汽车的齿轮传动装置	SAE140	GL-2
22号渣油型双曲线齿轮油	冬季使用于具有准双曲线齿轮传动装置的汽车上	SAE90	GL-3
28号渣油型双曲线齿轮油	夏季使用于具有准双曲线齿轮传动装置的汽车上	SAE140	GL-3

续表

国产齿轮油	使用范围	相对应的 SAE 规格（按黏度分类）	相对应的 API 规格（按使用性能分类）
18 号馏分型双曲线齿轮油	用于气温在 $-30\sim-10$ ℃地区，具有准双曲线齿轮传动装置的汽车上	SAE90	GL-4
26 号馏分型双曲线齿轮油	用于气温在 32 ℃以上地区，具有准双曲线齿轮传动装置的汽车上	SAE140	GL-4
13 号馏分型双曲线齿轮油	用于气温在 $-35\sim-10$ ℃严寒地区，具有准双曲线齿轮传动装置的汽车上	SAE85 W	GL-5

7.2.4 车辆齿轮油的选择及使用注意事项

1. 车辆齿轮油的选择

车辆齿轮油主要根据汽车生产厂家的使用说明书要求来选择。如果没有使用说明书，可以按照工作条件选择品种，按照当地气温选择牌号；也可以根据齿轮传动的种类和承载能力及使用条件和工作温度来确定齿轮油的使用等级和黏度等级。

1）使用性能等级的选择

使用性能等级根据齿轮工作条件的苛刻程度来选择。齿轮工作条件的苛刻程度是由齿轮的类型及其工作时的负荷和运动速度决定的。比如中外合资生产的轿车、载货汽车和工程车辆驱动桥中的双曲线齿轮，其齿轮的接触压力可达 3000 MPa 以上，相对运动速度可达 10 m/s，齿轮油的温度可高达 120 ℃～130 ℃，在高负荷下运转时主要靠齿轮油内的极压抗磨剂的作用来减小磨损，所以双曲线齿轮或其他工作条件苛刻的齿轮，必须使用重负荷的齿轮油(GL-5)。

而车辆变速器的负荷一般较轻，转速又比较快，所以很容易形成良好的油膜给予润滑以降低磨损。因此普通的齿轮油就能够满足其润滑的要求。但通常为了简便省工，并在性能级别要求相差不大的情况下，通常转向机构的齿轮传动部分和变速器可以使用同一种润滑油。有的车辆要求驱动桥使用中、重负荷齿轮油，而变速器则要求使用普通齿轮油即可。

2）黏度等级的选择

主要以当地季节气温和齿轮油温度为依据来选择适当牌号的齿轮油。

车辆齿轮油应具有良好的黏温性，既能保证在低温下顺利启动，还必须保证在高温时能形成良好的油膜。车辆齿轮油的黏度达到 150 000 mPa・s 时的最高温度，决定其适用的最低温度。黏度为 75W、80W 和 85W 的齿轮油牌号适用的最低温度分别为 -40 ℃、-26 ℃和 -12 ℃。

通常长江流域及冬季气温不低于 -10 ℃的地区，全年可使用 90 号的齿轮油；长江以北及冬季气温不低于 -12 ℃的地区，一般车辆全年可使用 85W/90 号的齿轮油；负荷特别重的车辆，可全年使用 85W/140 号的齿轮油；长城以北及冬季气温不低于 -26 ℃的寒冷地区，可以全年使用 80W/90 号的齿轮油；黑龙江、内蒙古、新疆等冬季最低温度在 -26 ℃以下的严寒地区，冬季应使用75W号的齿轮油，而夏季应换用90号的齿轮油；而在我国北方地区，可以选用四季通用的多级齿轮油。车辆齿轮油适用的环境温度及地域如表7-8所示。

表7-8 车辆齿轮油适用的环境温度及地域

黏度级别	适用的环境温度/℃	适用地域
75W/90	−40～30	尤其适合特寒区冬季使用，与合成油类机油及防冻液配合使用效果更佳
80W/90 80W/140	−26～40 −26～50	华东、华北、华中、华南地区冬夏通用
85W/90 85W/140	−12～40 −12～50	华东、华北、华中地区冬夏通用；华南、西南地区冬季使用
90、140	−5～50	全国各地夏季通用；华南地区冬季可用

2. 车辆齿轮油的使用注意事项

(1) 使用齿轮油时，不能将使用等级较低的齿轮油用在要求较高的车辆上，如将普通齿轮油加在准双曲线齿轮驱动桥中，将使齿轮很快磨损和损坏。使用等级较高的齿轮油可以用在要求较低的车辆上，但成本增加。

(2) 在保证润滑的条件下，尽量使用黏度合适的齿轮油。如果使用黏度较高的齿轮油，将会使燃料消耗明显增加，所以尽可能使用合适的多级齿轮油。

(3) 按照规定的指标换油或按期换油。由于齿轮油中加有各种性能优异的添加剂，其质量变化缓慢，国外汽车厂推荐的换油周期是5万千米～12万千米，我国汽车运输企业多在4万千米～6万千米，结合车辆定期维护换油，SH/T 0475—1992推荐的换油里程为4.5万千米，换油时应趁热放出旧油，并清洗齿轮箱。

(4) 等级不同的齿轮油不能混合使用，即使是同类、同级别牌号的齿轮油也不能混合使用，否则会降低齿轮油的使用效果。

(5) 齿轮箱的油面要适当，既不可过高也不可过低。加注齿轮油时油面应与加油口下缘平齐。同时应经常检查各齿轮箱是否漏油并保持油面干净、不混入杂质等。

7.3 汽车润滑脂

润滑脂又称黄油，它是由基础油、稠化剂和液体润滑剂组成的润滑材料，是一种稠化了的润滑油。常温下呈黏稠的半固体油膏状态，颜色一般为深黄色。润滑脂具有许多优良的性能，它是汽车中不可缺少的润滑材料。

7.3.1 润滑脂的特点及其组成

1. 润滑脂的组成

润滑脂主要由基础油、稠化剂、稳定剂、添加剂和填料四部分组成。一般润滑脂中基础油占

80%～90%，稠化剂占10%～20%，其余为稳定剂、添加剂和填料。

1）基础油

基础油是润滑脂中起润滑作用的主要成分，它对润滑脂的使用性能有较大的影响。润滑脂一般都使用精制的矿物润滑油馏分或采用中等黏度和高黏度的润滑油作为基础油。为能适应机械设备在苛刻工作条件下的润滑和密封的需要，通常采用合成润滑油（酯类油、硅油等）作为基础油。

2）稠化剂

稠化剂也是润滑脂的重要组成部分，它的性质和含量决定了润滑脂的黏稠程度以及抗水性和耐热性。稠化剂可分为皂基稠化剂和非皂基稠化剂，90%的润滑脂采用皂基稠化剂，它是用动、植物油或脂肪酸与氢氧化物反应制成的，常用的有钙皂、钠皂和锂皂等。

3）稳定剂、添加剂和填料

稳定剂是润滑脂所特有的，称胶溶剂，常用的有甘油和水，它能使油皂结合更加稳定。钙基润滑脂中一旦失去水，其结构就会完全破坏，不能成脂，而甘油在钠基润滑脂中则可以调节脂的稠度。添加剂和润滑油中的一样，如抗氧剂、抗磨剂和防锈剂等，但其用量一般较润滑油中的多。为了进一步提高润滑脂的润滑能力，还可以加入石墨、二硫化钼和炭黑等固体润滑剂作为填料。

2. 润滑脂的特点

（1）润滑脂在金属零件表面具有良好的黏附性能，不易流失，在不容易密封的部位使用，可以简化润滑系统的结构。

（2）润滑使用周期长，不需要经常添加，可以减少维护工作量，降低维护作业的费用。

（3）具有较强的承压抗磨性能，在高负荷和冲击负荷下，仍能保持良好的润滑能力。

（4）具有较好的密封作用和对金属部件的防腐蚀能力。

（5）由于润滑脂适应的温度范围广，适应的工作条件也较宽，所以汽车或各种机械上不宜用液体润滑剂的部位，如轴承、传动轴花键、发电机、水泵和离合器轴承等部位均使用润滑脂。

润滑脂的主要缺点是黏性大，流动性差，运动时阻力大，功率损失也较大，冷却和清洗作用差，杂质混入后不易清除，所以润滑脂在使用范围上受到一定限制。

7.3.2 润滑脂的主要使用性能

润滑脂的使用范围很广，工作条件差别也很大，不同车辆或机械设备对润滑脂使用性能的要求也有所不同。根据车辆或机械设备的工作条件，对其使用性能的基本要求是适当的稠度，良好的高温性能、低温性能、抗磨性、抗水性、防腐蚀性和安定性等。

1. 稠度

在规定的剪力或剪速下，测定润滑脂结构体系变形程度以表达体系的结构性，即为稠度的概念。

润滑脂的稠度等级可用锥入度来表示。润滑脂的锥入度是指在规定时间、温度条件下，规定重量的标准锥体穿入润滑脂试样的深度，以0.1 mm表示。

测定时按GB/T 269—1991《润滑脂和石油脂锥入度测定法》进行。在25 ℃条件下将锥体组合件从锥入计上释放，根据锥体沉入试样5 s的深度来确定润滑脂的锥入度。锥入度反映润滑脂在低剪切速率下变形和流动阻力的性能。锥入度越大，脂越软，即稠度越小，越易变形和流动；锥入度越小，则脂越硬，即稠度越大，越不易变形和流动。

我国用锥入度划分润滑脂的稠度牌号，是润滑脂选用的重要依据。润滑脂的稠度等级和相应的锥入度范围如表 7-9 所示。

表 7-9 润滑脂的稠度等级和相应的锥入度范围

稠度等级	锥入度范围（工作 60 次，0.1 mm）
000	445～475
00	400～430
0	355～385
1	310～340
2	265～295
3	220～250
4	175～205
5	130～160
6	85～115

2. 高温性能

高温性能是指润滑脂在较高使用温度条件下，仍能保持其附着性，并具有抵抗氧化变质的能力。温度对润滑脂的流动性有很大影响，温度升高，润滑脂变软，黏附在摩擦表面上的润滑脂会自动流失而失去润滑作用。同时高温下还会使润滑脂的蒸发损失增大，氧化变质和凝缩分油现象加重等。

润滑脂的高温性能可用滴点、蒸发损失和漏失量等性能指标评定。

3. 低温性能

低温性能是指在低温条件下，仍能保持良好润滑能力的性能。车辆或工程机械设备在启动时润滑脂的温度几乎和外界环境温度相等，当环境温度较低时其黏度会较大，所以要求润滑脂在寒冷的地区或冬季使用时仍然能保持良好的润滑性能。它主要取决于润滑脂的相似黏度及黏温性能。相似黏度是指在一定的温度和一定的剪切速率下所测得的黏度。相似黏度对启动阻力、功率损失以及润滑脂进入摩擦面间隙时的难易程度都有影响，因此润滑脂的相似黏度是评定润滑脂低温性能的重要依据。

4. 抗磨性

抗磨性是指润滑脂通过保持在运动部件表面间的油膜，防止摩擦的能力。润滑脂与润滑油的抗磨性几乎是一样的，润滑脂的稠化剂本身就是油性剂，因此润滑脂的抗磨性能一般要比基础油好。为了使润滑脂具有更好的润滑性能，通常在润滑脂中添加二硫化钼等减磨剂和极压剂，使之在较为苛刻的润滑条件下要比普通润滑油的润滑效果更好，这种润滑脂称为极压型润滑脂。

5. 抗水性

抗水性是指润滑脂遇水后不改变其结构和稠度的能力。抗水性差的润滑脂遇水后稠度下降，甚至造成乳化而流失。汽车在雨天和涉水行驶时，底盘各摩擦点可能与水接触，所以要求润滑脂应具有良好的抗水性能。测定润滑脂抗水性采用抗水淋性能测定法(SH/T 0109)，是在规定条件下，将已知量的润滑脂加入试验机的轴承中，在运转时受水喷淋，根据试验前后轴承中润滑脂的重量差值，得出因受水喷淋而损失的润滑脂量。

6. 防腐蚀性

防腐蚀性是指润滑脂抵抗与其相接触的金属被腐蚀的能力。润滑脂本身如果含有过量的游离酸、碱或活性硫化物，或在储存、使用过程中因氧化产生有机酸，都可能腐蚀金属，因此润滑脂中不能含有过量的游离酸、水、碱等。

7. 氧化安定性

氧化安定性是指润滑脂在储存和使用过程中抵抗因氧化而变质的能力。润滑脂中的基础油和稠化剂与空气接触时，在不同程度上会被氧化，使其酸值增加，稠度变低，易腐蚀金属，而使其寿命缩短。因此通常在润滑脂中加入抗氧化添加剂，以提高润滑脂的抗氧化能力。

7.3.3 润滑脂的分类、品种与规格

1. 润滑脂的分类

(1) 按基础油分为矿物油脂和合成油脂。

(2) 按用途分为减摩润滑脂、防护润滑脂、密封润滑脂。

(3) 按特性分为高温润滑脂、耐寒润滑脂、极压润滑脂。

(4) 按稠化剂的类别分为皂基润滑脂和非皂基润滑脂。皂基润滑脂又分为单皂基润滑脂（如钠基、锂基、钙基润滑脂等）、混合皂基润滑脂（如钙钠基润滑脂）和复合基润滑脂（如复合钙、复合锂、复合铝基润滑脂等）；非皂基润滑脂分为烃基润滑脂、无机润滑脂、有机润滑脂等。

2. 润滑脂的品种与规格

汽车常用润滑脂有钙基润滑脂、钠基润滑脂、汽车通用锂基润滑脂等品种。

1) 钙基润滑脂

钙基润滑脂是由动、植物脂肪与石灰制成的钙皂稠化矿物润滑油，并以水作为胶溶剂。钙基润滑脂按锥入度分为 1 号、2 号、3 号、4 号四个牌号，号数越大，脂越硬，滴点也越高。钙基润滑脂的特点是不溶于水，抗水性较强，且润滑、防护性能较好，但其耐热性较差，在高温、高速部位润滑时易造成油皂分离，所以钙基润滑脂最高使用温度一般不高于 60 ℃，且使用寿命较短。

钙基润滑脂在汽车上主要用于底盘的摩擦部位、水泵轴承、分电器凸轮、变速器前球轴承、底盘拉杆球节等部位。钙基润滑脂的规格如表 7-10 所示。

表 7-10　钙基润滑脂的规格

项　目	质量指标				试验方法
	1 号	2 号	3 号	4 号	
外观	淡黄色至暗褐色均匀油膏				目测
工作锥入度/0.1 mm	310～340	265～295	220～250	175～205	GB/T 269
滴点/℃(不低于)	80	85	90	95	GB/T 4929
腐蚀(T2 铜片，24 h)	铜片上没有绿色或黑色变化				GB 7326
水分/(%)(不大于)	1.5	2.0	2.5	3.0	GB/T 512
灰分/(%)(不大于)	3.0	3.5	4.0	4.5	SH/T 0327

续表

项目	质量指标				试验方法
	1号	2号	3号	4号	
分油量(60 ℃,24 h)/(%)(不大于)	—	12	8	6	SH/T 0324
延长工作锥入度,一万次与工作锥入度差值/0.1 mm(不大于)	—	30	35	40	GB/T 269
水淋流失量(38 ℃,1 h)(不大于)	—	10	10	10	SH/T 0109
矿物油黏度(40 ℃)/(mm^2/s)	28.8～74.8				GB/T 265

2）钠基润滑脂

钠基润滑脂是以动、植物脂肪加烧碱制成的纳皂稠化矿物润滑油，外观为深黄色至暗褐色的纤维状均匀油膏，按锥入度有2号和3号两个牌号。钠基润滑脂的特点是滴点很高(可达160 ℃)，耐热性好，可在120 ℃下较长时间工作，并有较好的承压抗磨性能，可适应较大的负荷。但它的耐水性很差，遇水易乳化变质，因此不能用于潮湿和易于与水接触的摩擦部位，适合用于离发动机很近、温度较高的风扇离合器等部位。钠基润滑脂的规格如表7-11所示。

表7-11 钠基润滑脂的规格

项目	质量指标		试验方法
	2号	3号	
滴点/℃(不低于)	160	160	GB/T 4929
锥入度/0.1 mm	265～295	220～250	GB/T 269
延长工作锥入度(10万次)(不大于)	375	375	
腐蚀试验(T2铜片,室温,24 h)	铜片无绿色或黑色变化		GB 7326 乙法
蒸发量(99 ℃,22 h)/(%)(m/m)	2.0	2.0	GB 7325

3. 汽车通用锂基润滑脂

汽车通用锂基润滑脂是由天然脂肪酸锂皂稠化低凝点润滑油加入抗氧化剂、防锈剂制成。稠度牌号为2号，滴点达180 ℃。它具有良好的胶体安定性、氧化安定性、防锈性和抗水性，适用于－30 ℃～120 ℃下，汽车轮毂轴承、底盘、水泵和发电机等各摩擦部位润滑，进口车辆和国产新车普遍推荐使用这种润滑脂，其规格如表7-12所示。

表 7-12　通用锂基润滑脂的规格

项　　目	质量指标	试验方式
锥入度(25 ℃,60 次)/0.1 mm	265～295	GB/T 269
滴点/℃(不低于)	180	GB/T 4929
分油量(100 ℃,30 h)/(%)(不大于)	5	SH/T 0324
相对黏度(−20 ℃,10 s^{-1})/(Pa·s)(不大于)	1500	SH/T 0048
腐蚀(100 ℃,3 h,紫铜片)	合格	GB/T 7326
蒸发量(100 ℃,22 h)/(%)(不大于)	2.0	GB 7325
漏失量(104 ℃,6 h)/g(不大于)	5.0	SH/T 0326
抗水性(加水 10%,10 万次工作锥入度)(不大于)	375	GB/T 269
剪切安定性(10 万次工作与 60 次工作锥入度差值)	50	GB/T 269
氧化安定性(100 ℃,0.8 MPa,100 h)(不大于)	0.3	SH/T 0325
防腐蚀性(52 ℃,48 h,相对湿度 100%)	1 级	GB/T 5018

此外,汽车常用润滑脂还有极压锂基润滑脂和石墨钙基润滑脂等。极压锂基润滑脂适用于高负荷齿轮和轴承的润滑,高性能的进口轿车推荐使用这种润滑脂;而石墨钙基润滑脂均具有良好的抗水性和抗压性,适用于汽车钢板弹簧、半挂车转盘等承压部位的润滑。常见润滑脂的性能比较如表 7-13 所示。

表 7-13　常见润滑脂的性能比较

润滑脂	耐热性	机械安定性	抗水性	防锈性	极压性	使用寿命	最高使用温度/℃	价格
钙基脂	差	—	好	—	—	—	65	低
钠基脂	一般	—	极差	一般	—	—	80	低
铝基脂	差	—	差	好	—	—	50	低
通用锂基脂	好	—	好	好	—	—	120	适中
极压锂基脂	好	—	好	好	好	—	120	适中
二硫化钼极压锂基脂	好	—	好	好	好	—	120	适中
膨润土润滑脂	好	—	好	差	—	—	130	较高
复合钙基脂	好	—	好	好	—	—	130	较高
极压复合锂基脂	好	好	好	好	好	—	160	较高
聚脲脂	好	好	好	—	好	长	—	高

7.3.4 润滑脂的选择及使择注意事项

1. 润滑脂的选择

选择润滑脂时主要根据车辆或机械设备使用说明书的规定，选用与用脂部位操作条件相适应的润滑脂品种和稠度牌号。在没有使用说明书的条件下，根据工作温度、运动速度、承载负荷和工作环境等条件来选择。

1）工作温度

润滑部位温度的高低对润滑脂的使用效果和使用寿命影响很大，一般轴承温度升高 10 ℃～15 ℃，润滑脂的寿命下降 1/2。若对润滑脂影响最大的是工作温度，就应选用合适滴点的润滑脂。工作温度越高，选用的滴点也越高；工作温度低，可选用滴点低的润滑脂。温度高的部位一定要选用抗氧化安定性好、热蒸发损失少、滴点高、分油量少的润滑脂；温度较低的部位，一定要选用低温启动性能好、相似黏度小的润滑脂。例如水泵轴承、离合器分离轴承、轮毂轴承、发电机轴承等均可选用复合钙基润滑脂。

2）运动速度

若对润滑脂影响最大的是运动速度，就应该选用合适的黏度指标。速度越大，选用的黏度越大；反之应选用低黏度的润滑脂。

3）承载负荷

对重负荷机械，应选用稠度大的润滑脂。若承载负荷对润滑脂的影响最大，就应选用合适锥入度指标的润滑脂。承载负荷较大、速度较低的摩擦件选用锥入度较小的润滑脂；承载负荷较小的摩擦件，选用锥入度较大的润滑脂。

4）工作环境

选用润滑脂时还应考虑润滑部位的湿度、灰尘、腐蚀性等因素，特殊环境选用特殊性能的润滑脂。若润滑部位直接与水接触，就应选用耐水性强的润滑脂，如汽车钢板弹簧可选用石墨钙基润滑脂。传动轴中间支承轴承和十字轴承的工作温度虽不高，但容易与水接触，应选用钙钠基润滑脂和汽车通用锂基润滑脂。

2. 润滑脂的使用注意事项

(1) 润滑脂的选用要合理，否则会造成很大的浪费。轮毂轴承是主要用脂部位，我国南方地区可四季通用 2 号润滑脂；我国北方地区冬季可使用 1 号润滑脂，夏季可使用 2 号润滑脂。但不少用户习惯常年使用 3 号润滑脂，该润滑脂稠度较大，会增加轮毂轴承的传动阻力。试验表明，用 2 号润滑脂比用 3 号润滑脂节能，3 号润滑脂只适合在热带重负荷车辆上使用。

(2) 润滑脂的填充量要适当。油脂填充量大，工作时搅动阻力大，轴承温升高，燃料消耗量相应增加。因此更换轮毂轴承润滑脂时，只需在轴承的滚珠（或滚柱）之间塞满润滑脂，而轮毂内腔采用“空毂润滑”，即在轮毂内腔仅薄薄地涂上一层润滑脂，起防锈作用即可。这样既利于散热，又可节约润滑脂。电动机轴承在添加润滑脂时，一般只添加 1/2 或 1/3 即可。如果添加过多，会增加摩擦阻力，使轴承易发热，而导致电量消耗过大。

(3) 钙基润滑脂的耐热性较差，因为它是以水为稳定剂的钙皂水化物，温度在 100 ℃左右便开始水解，当超过 100 ℃时便丧失润滑脂的稠度。所以在使用时不要超过规定温度，以免失水并破坏结构而引起油皂分离，失去润滑作用。

(4) 要保持润滑脂的清洁性。润滑脂混入杂质后不易清除，所以在储存和使用过程中要尽量避免灰尘、水分等杂质混入其中。在加注润滑脂时必须保证场所干燥清洁，尽可能减少与空气的接触。

(5) 润滑脂不能混合使用,否则会破坏原有结构而失去润滑的作用。钙基润滑脂要避免放在阳光直射处,最好放在阴凉干燥的地方。

思考与练习

1. 发动机润滑油的作用是什么?其使用性能有哪些?
2. 我国发动机润滑油是如何分类的?其品种和牌号有哪些?
3. 润滑脂的作用是什么?车辆对润滑脂的要求有哪些?
4. 齿轮油的作用是什么?如何选用齿轮油?

项目八
汽车用工作液

8

【学习目标】

1. 了解汽车制动液、防冻液和液力传动油的使用性能；

2. 掌握汽车制动液、防冻液和液力传动油的分类、牌号和规格；

3. 学会汽车制动液、防冻液和液力传动油的合理选择、正确使用。

【任务单】

1. 各种制动液能否混合使用，为什么？

2. 汽车工作液主要包括(　　　)、(　　　)、(　　　)、减震器油和液压油等。

3. 汽车制动液、汽车防冻液、液力传动油分别有哪些主要性能要求？

8.1 汽车制动液

制动液又称刹车油或刹车液，是车辆液压制动系统中传递压力的工作介质。当驾驶员踩刹车时，从脚踏板传力至刹车总泵的活塞，通过制动液传递能量到车轮各分泵，使摩擦片张开，达到停车的目的。汽车制动液质量的好坏直接影响到汽车的行驶安全，使用质量低劣的制动液，会发生高温气阻、低温制动迟缓等故障，导致车辆制动失灵而引起交通事故。

8.1.1 汽车制动液的性能要求

为保证在严寒、酷暑的气温条件和高速、重负荷、大功率及频繁刹车的操作条件下，有效、可靠地使汽车刹车灵活，确保行车安全，要求汽车制动液具有良好的高温抗气阻性、低温流动性和黏温性、与橡胶的配伍性、抗腐蚀性、溶水性和抗氧化性等。

1. 高温抗气阻性

高温抗气阻性是指制动液在高温时抵抗气阻产生的能力。车辆在行驶时经常频繁制动，在制动过程中由于摩擦而产生的热会使制动液的温度显著增加，有时可达 150 ℃以上。如果制动液的沸点低，会在高温作用下蒸发成蒸气，使制动系统产生气阻，从而导致制动失灵。为保证车辆行车安全可靠，要求制动液必须具有较高的沸点。

2. 低温流动性和黏温性

制动液的工作温度很宽，冬季接近最低气温，而在制动时由于摩擦发热可使制动系统工作温度达 70 ℃～90 ℃，有时高达 150 ℃。为保证制动液在低温下制动油缸活塞能随踏板的动作灵活移动，在高温时又有适宜的黏度，不影响油缸的润滑和密封，要求制动液有良好的低温流动性和黏温性。为此，在制动液的使用技术条件中规定了各级制动液在－40 ℃和 100 ℃时的运动黏度。

3. 与橡胶配伍性

与橡胶配伍性是指制动液对橡胶零件不会造成显著的溶胀、软化和硬化等不良影响的现象。在汽车制动系统中采用了许多橡胶零部件，如皮碗、油管和油封等，这些橡胶件经常泡在制动液中，如果制动液对这些橡胶制品有溶胀作用，则其体积和质量就会发生变化，出现渗漏、制动压力下降，严重时导致制动失灵，因此要求制动液与橡胶有良好的配伍性。

制动液与橡胶配伍性是通过皮碗试验测定的。测试时要求温度在 120 ℃下经过 70 h 和温度在 70 ℃下经过 120 h 的浸泡后，取出皮碗，观察皮碗外观无发黏、无鼓泡、不析出黑炭，皮碗根径增值能控制在规定范围内。

4. 抗腐蚀性

抗腐蚀性是指制动液对金属零部件不产生腐蚀的性能。制动系统中传动装置多数采用铸铁、铜、铝等金属制成，长期与制动液接触，极易产生腐蚀，使制动失灵。为减少对金属的腐蚀，在制动液使用技术条件中，要求制动液能通过金属腐蚀试验。其方法是将镀锡铁皮、铸铁、黄铜、纯铜、钢和铝等金属片，置于温度在 100 ℃的制动液中浸泡 120 h 后，观察其质量变化，要求不超过各自的规定值。

5. 溶水性

溶水性是指制动液吸水后还能与水相溶，不产生分离和沉淀。车辆在频繁制动时制动液难免与空气接触，这样空气中的水分就会被制动液所吸收，如果这些水分不被制动液溶解，将会对金属零部件产生一定的腐蚀，并且这些水分还会随工作温度的变化而变化，在较低的温度下会结冰，而在高温下会蒸发形成蒸汽从而导致制动性能差，所以要求制动液能将这些水分给予溶解。

6. 安定性

制动液在常温下是比较稳定的，但在受高温和金属催化等因素影响时，会使其氧化而变质，所以要求制动液具有良好的抗氧化性能。抗氧化性能决定制动液在储存和使用的过程中是否容易因氧化而变质，抗氧化性能越好，则制动液就越不容易变质，储存和使用期就会越长。

8.1.2 国产制动液的品种及牌号

1. 汽车制动液的分类

根据制动液的组成和特性不同，可将制动液分为醇型、矿油型和合成型制动液三类。其中合成型制动液是目前应用的主要品种。

1）醇型制动液

醇型制动液是用精制的蓖麻油与醇类按一定的比例调和，经过沉淀和过滤制成的制动液，外观为浅绿或浅黄透明体，按醇类的不同，分为1号和3号两个牌号。1号醇型制动液中含有45%～55%的乙醇，3号制动液中含有48%～54%的丁醇，由于乙醇的沸点比丁醇的沸点低，所以3号制动液可在稍高的温度条件下工作。但是与合成型制动液相比，适用的温度仍较低，且容易分层，性能不稳定，易发生交通事故，故逐步被合成型制动液取代。

2）矿油型制动液

矿油型制动液是用精制轻柴油馏分为原料，加入稠化剂和其他多种添加剂调和而成的。其特点是工作温度范围广，一般在－50 ℃～150 ℃，具有良好的润滑性，对金属无腐蚀作用，但其与水混合后易产生气阻，对天然橡胶有溶胀作用，必须使用耐油橡胶密封件，以免导致制动失灵。因此在我国也未推广使用。

3）合成型制动液

合成型制动液是由基础液、润滑剂和添加剂组成的。其工作温度范围宽，黏温性好，对橡胶和金属的腐蚀作用均很小，故适合于高转速、大功率、重负荷和制动频繁的车辆使用，是目前使用最多、最广的一种制动液。按其基础液不同，常用的有醇醚制动液、酯制动液和硅油制动液三种。

（1）醇醚制动液。醇醚制动液基础液主要有乙二醚类、甘醇醚类化合物或聚醚等。常用的润滑剂有聚乙二醇、聚丙二醇、环氧乙烷和环氧丙烷共聚物等，润滑剂约占总量的20%。添加剂主要有抗氧化剂、抗腐蚀剂、抗橡胶溶胀剂和pH值调整剂等。醇醚制动液平衡回流沸点较高、性能稳定、成本低，是目前用量最大的一种制动液。但其缺点是吸湿性强，湿沸点较低。

（2）酯制动液。酯制动液是为克服醇醚制动液吸湿性强的缺点而生产的一种制动液，其基础液通常采用乙二醇醚酯、乙二醇酯或硼酸酯等。这类制动液能保持醇醚的高沸点，同时吸湿性小或基本不吸湿，适合在湿热环境下使用。

（3）硅油制动液。硅油制动液的高温稳定性、氧化安定性、高低温润滑性均高于其他制动液。缺点是具有过分的疏水性，只有少量水混入制动系统，在低温下就有可能结成冰，对制动系统会造成不利的影响。另外，硅油制动液的原材料成本高，因此该制动液并未普及，只在军车等车辆中使用。

2. 汽车制动液的规格

1）国外汽车制动液规格

国外汽车制动液典型规格有三个系列：①美国联邦公路运输安全局标准（FMVSS），具体规格是 FMVSS 116 DOT3、DOT4、DOT5，这是世界公认的通用标准；②美国汽车工程师学会（SAE）标准，具体规格是 SAE J1703e、SAE J1703f、SAE J1705 等；③国际标准化组织（ISO）标准，具体规格是 ISO 4925《道路车辆——非石油基制动液规范》，它是参照 FMVSS 116 DOT3 制定的，100 ℃的运动黏度不小于 1.5 mm^2/s，平衡回流沸点不低于 205 ℃，湿平衡回流沸点不低于 140 ℃。

2）国内汽车制动液规格

2012 年我国颁布了《机动车辆制动液》（GB 12981—2012）标准，该标准参照国际通行的 SAE、DOT 和 ISO 分类规格，按产品使用工况温度和黏度要求的不同，分为 HZY3、HZY4、HZY5、HZY6 四级，并规定各级制动液应达到的规格要求和使用范围。H、Z、Y 分别为“合成”“制动”“液体”三个汉语词组第一个汉字的汉语拼音首字母，数字表示级号。

8.1.3 汽车制动液的选用及注意事项

1. 汽车制动液的选用

(1) 尽可能购买长期为汽车厂提供配套制动液的生产厂家的产品，确保质量可靠，性能稳定。

(2) 尽量到资质合格的大型销售场所购买，以防伪劣产品；最好使用专业设备进行更换，这样更换才更彻底，不至于残留杂质，同时避免出现气阻。

(3) 在种类选择上，最好考虑选合成制动液，不要购买已淘汰的醇型制动液。

(4) 制动液具有吸水特性，会出现沸点降低、污染及不同程度的氧化变质，长时间不更换会腐蚀制动系统，给行车带来隐患。建议制动液一般两年或者 4 万千米更换一次。

(5) 制动液级别越高越好。制动液级别越高，安全保障性越好。一般情况下，微型、中低档汽车适宜选取符合 HZY3 标准的制动液，而中高档车建议选择 HZY4 标准的制动液。当然，微型、中低档汽车选择 HZY4 也没有任何问题，而且更好。

2. 汽车制动液的使用注意事项

(1) 如果不小心将汽油、柴油、机油或者玻璃水混入制动液，会大大影响制动效果，应该及时更换。

(2) 车辆正常行驶 4 万千米或制动液连续使用超过 2 年，制动液很容易由于使用时间长而变质，所以要注意及时更换。

(3) 装有制动液液面报警装置的车辆，应该随时观察报警指示灯是否闪亮，报警传感器性能是否良好，当制动液不足的时候应及时添加，储存的制动液应该保持在标定的最低容量刻度和最高容量刻度之间。

(4) 车辆制动出现跑偏时，应选择质量比较好的制动液予以更换，同时更换皮碗。

(5) 换季时，尤其在冬季，要是发现制动效果下降，则有可能是制动液的级别不适应冬季气候，此时更换新制动液，就要选择在低温下黏度偏小的制动液。

(6) 不同类型和不同品牌的制动液不要混合使用，对有特殊要求的制动系统，应加注特定牌号的制动液。由于不同品牌和不同类型的制动液的配方不同，混合制动液会造成制动液性能指标下降。即使是那些互溶性比较好、标明能混用或可替代的品牌，使用中也不尽如人意，因此也不要长期使用。

(7) 当制动液中混入或吸入水分，或者是发现制动液有杂质或沉淀物时，应该及时更换或者认真过滤，否则会造成制动压力不足，从而影响制动效果。

(8) 更换制动液，一定要把原来的制动液清洗干净，再加入新换的制动液。

8.2 汽车用发动机冷却液

汽车发动机在工作过程中，气缸内的气体温度可达 1700～2500 ℃。为了保证发动机能够正常工作，就必须对在高温条件下工作的零部件进行冷却。目前汽车发动机广泛采用强制循环水冷冷却系统，冷却液(防冻液)就是冷却系统中带走高温零部件热量的工作介质。

随着发动机性能的不断强化，车速不断提高，对汽车冷却系统的冷却作业提出了更高的要求，包括防冻、防沸、防腐、防垢、防锈等。发动机冷却液与润滑油一样，是发动机正常工作必不可少的物质。

8.2.1 冷却液的作用

1. 冷却作用

冷却是冷却液的基本作用，也是其最主要的作用。发动机工作时，由于燃料的燃烧以及各运动部件之间的摩擦产生大量的热量，使零件受热。发动机工作过程中的热效率只有 30%～40%，其余能量通过废气和发动机以热的形式散失掉，而发动机散热有 40%左右通过润滑油带走，其余 60%的热量要通过冷却系统带走。

发动机的温度取决于发动机的结构和发动机的工作条件，水冷发动机的温度可用冷却液的出口温度来表示，一般发动机正常的工作温度范围为 90～105 ℃，冷却液过冷和过热的现象都应避免发生。

发动机过热容易降低充气系数，减少充气量，引起“爆燃”，造成发动机转矩和功率的损失，而且还会由于零部件受热膨胀，使零件间的正常配合间隙被破坏，引起轴承和其他运动部件的损坏。同时发动机过热也会使润滑油的勃度减少，甚至会使润滑油氧化变质或烧焦。

发动机过冷对发动机同样很危险。过冷会使吸入气缸的空气温度较低，使燃料蒸发和燃烧困难，从而造成发动机工作粗暴、功率下降、油耗增加等；另外会使润滑油的黏度增大，造成润滑不良，加剧零件的磨损，增大功率消耗。

2. 防腐作用

发动机冷却系统的散热器、水泵、缸体及缸盖、分水管等部件是由钢、铸铁、铝、黄铜等不同金属制成的，如果冷却液对金属有腐蚀，容易使发动机散热器、缸体上下水室、冷却管道、接头及散热器排水管等处出现故障。同时如果腐蚀产物堆积堵塞管道，造成冷却液循环不畅，会引起发动机过热甚至毁坏；若腐蚀穿孔，易使冷却液泄漏渗入燃烧室或曲轴箱而对发动机产生严重的破坏。因此在发动机冷却液中都加入了一定量的防腐蚀添加剂，以防对冷却系统产生腐蚀。

3. 防冻作用

水具有良好的导热性能和吸热性能，是发动机冷却液的理想组分。但是水的冰点较高，在0 ℃以下就开始结冰并且伴随着体积膨胀。汽车发动机在冬天露天停放或长时间停车，发动机温度在降至0 ℃以下时，容易使散热器冻结甚至开裂，因此要求冷却液应具有一定的防冻性能。一般发动机冷却液中均加入了一些能够降低水的冰点的物质作为防冻剂，以保持冷却系统在低温天气时不冻结。

4. 防垢作用

冷却系统中的水垢来源于水中的钙、镁离子，这些金属阳离子在较高温度条件下，容易与水中的硅酸根离子、碳酸根离子、硫酸根离子、磷酸根离子等阴离子反应生成水垢。

水垢能磨损水泵密封件并且覆盖在气缸体水套内壁，使金属的导热性能降低，在结垢严重时甚至会使缸盖高温区温度剧增而引起缸盖开裂。因此要求冷却液应具有减少水垢生成的作用。一般冷却液在生产和加注过程中均要求使用经过软化处理的去离子水或蒸馏水。为了提高冷却液对不同水质环境的适应性能，方便加注，有的冷却液中还特意加入了对硬水中的无机盐离子具有配合作用的有机聚合物以抑制水垢的生成。

8.2.2 冷却液的使用性能

为保证汽车发动机正常工作和延长发动机使用寿命，要求发动机冷却液应具备以下特点：

1. 黏度小、流动性好

汽车发动机冷却液的黏度越小，越有利于冷却液在冷却系统中流动，这样冷却系统散热的效果就越好。

2. 冰点低，沸点高

冰点就是在不过冷情况下冷却液开始结晶时的温度；或者在有过冷情况下结晶开始，短时间内停留不变的最高温度。若汽车在低温条件下停放时间过长，而发动机冷却液的冰点又达不到应有温度，则发动机冷却液就会结冰，同时体积膨胀变大，发动机的冷却水套和散热器就会被冻裂。因此，要求发动机冷却液的冰点要低。

沸点是发动机冷却系统的压力与外界大气压力相平衡的条件下，冷却液开始沸腾时的温度。发动机冷却液在较高温度下不沸腾，可保证汽车在满载、高负荷、高速或在山区、热带、夏季正常行车，同时沸点高则冷却液蒸发损失也少。因此，要求发动机冷却液应具有较高的沸点。

3. 防腐性好，不损坏汽车有机涂料

发动机冷却液在工作中要接触多种金属材料，如果它对金属有腐蚀性，就会影响发动机的正常工作。为了使发动机冷却液有良好的防腐性，要保持冷却液呈碱性状态，要求冷却液的pH值在7.5～11.0之间，如果超出该范围将对冷却系统中的金属材料产生不利影响。

发动机冷却液是一种化学物质的调和物，在加注中很容易接触到汽车的有机涂料层，这就要求发动机冷却液对汽车有机涂料不能有不良影响，例如剥落、鼓泡和褪色等。

4. 不易产生水垢，抗泡沫性好

水垢严重影响冷却系的散热强度。试验证明水垢的传热系数为铸铁的十几分之一，为铝合金的1/300～1/100。据有关资料介绍，在发动机维修工作中，约有6%是发动机冷却系出现的故障，而故障常常是由于水垢或腐蚀造成的。

冷却液在工作时由于是在水泵的高速推动下强制循环，通常会产生泡沫。发动机冷却液如果产生过多的泡沫，不仅会降低传热系数，加剧气蚀，同时还会使冷却液溢流。因此要求冷却液的抗泡沫性要好。

另外，汽车冷却液还应有传热效果好、蒸发损失少、不易损坏橡胶制品、热化学安定性好、热容量大等性能。

8.2.3 乙二醇型汽车防冻剂冷却液

1. 汽车防冻剂冷却液的类型

发动机冷却系统最早使用水作为冷却液，它来源广泛、经济、比热容大、流动性好、冷却效果好。但在一般水中含有大量的盐类，容易对发动机冷却系统的金属产生腐蚀，同时容易形成水垢。更严重的是，由于水的冰点较高，在结冰时体积膨胀，会使发动机冷却系统部件冻裂。因此需要在水中加入一种能够降低水冰点的物质，使冷却液具有防冻作用，能全年在汽车发动机中使用。常用的降低水冰点的物质主要有酒精、甘油和乙二醇等。

(1) 酒精-水冷却液。流动性好、散热快、配制简单，其配制时酒精含量与冰点的关系是酒精含量越多，冰点越低。但是酒精-水冷却液沸点低，蒸发损失大，同时闪点低，容易着火，所以目前已被淘汰。

(2) 甘油-水冷却液。沸点较高，不易蒸发和着火，对金属的腐蚀较小。但甘油-水冷却液降低冰点的效率低，需要较多的甘油，不够经济，成本较高，且甘油的吸水性很强，使其保存密封要求很严等。

(3) 乙二醇-水冷却液。因为具有冰点低、沸点高、高闪点、不起泡、很好的流动性和化学稳定性，并且在腐蚀抑制剂存在下能长期防腐防垢，其性能远优于水。因而乙二醇型冷却液被广泛使用。其缺点是有毒性，对金属有腐蚀作用，并对橡胶零件有轻度侵蚀作用。

2. 乙二醇的特性

乙二醇俗称甘醇，由两个碳原子、六个氢原子和两个氧原子组成，分子式为 $C_2H_4(OH)_2$，其相对分子质量为62.07。在常温下乙二醇是无色透明黏稠状液体，稍有甜味。乙二醇具有一定的毒性，挥发性小，闪点和沸点高，其主要的物理性质如表8-1所示。

表8-1 乙二醇的物理特性

密度(20 ℃)/(mg/L)	1.113
沸点(101 325 Pa)/℃	197.2
冰点/℃	−11.5
比热容/(kJ/(kg·℃))	2.40
蒸气压(20 ℃)/Pa	0.027
闪点(开口)/℃	115.6
着火点/℃	121.0
黏度(20 ℃)/(Pa·s)	0.021
热导率/(J·cm/(s·cm^2·℃))	0.002 89
自燃温度/℃	412.8

乙二醇比较突出的特性是能够与水以任意比例互溶，沸点为 197.2 ℃，相对密度为 1.113，冰点为－11.5 ℃，但在与水混合后，混合液的冰点可显著降低，最低可达－68 ℃。乙二醇冷却液的冰点与乙二醇含量的关系如表 8-2 所示。

表 8-2　乙二醇冷却液的冰点与乙二醇含量的关系

冰点/℃	乙二醇含量/(%)	相对密度(20/4 ℃)
－10	28.4	1.0340
－15	32.8	1.0426
－20	38.5	1.0506
－25	45.3	1.0586
－30	47.8	1.0627
－35	50	1.0671
－40	54	1.0713
－45	57	1.0746
－50	59	1.0786
－11.5	100	1.1130

乙二醇有微毒，所以在保管、配制和使用时不能吸入体内。乙二醇也具有较强的吸水性，其储存容器应密封，以防吸入水分后溢出，造成损失。

冷却液可以制成浓缩液，由用户自行加蒸馏水或去离子水稀释后使用；也可以以表 8-2 所示的浓度比例制成一定冰点的产品直接加注使用。

3. 乙二醇型冷却液及其标准

1）国外标准

欧美各国和日本等工业发达国家都制定了各自的汽车发动机冷却液标准。最早做出规定的是美国，现在许多国家制定的发动机冷却液标准都是以美国材料与试验协会（ASTM）所制定的标准为依据的。

日本的冷却液工业规范为 JIS K 2234—2006《发动机防冻冷却剂》，使用的浓度为 30%～50%（体积分数）。日本在该规范内将汽车冷却液分为两类：第一类是只在冬天使用的防冻型冷却液，即普通冷却液（AF）；第二类是全年均可使用的冷却液，即长寿冷却液（LLC）。第一类冷却液具有一定的碱性，对发动机冷却系机件有轻微的腐蚀性，故只能短期使用（主要是冬季使用）。

该规范中的发泡性是常温下的发泡性，试验方法是在 100 mL 的量筒中加入 50 mL 30%（体积分数）的冷却液，常温下放置 30 min 后，用手上下摇动 100 次（约 30 s），静置 10 s 后记录泡沫的体积，如果 10 s 后在量筒内壁上还有一层环形泡沫，但量筒中部没有泡沫，则泡沫的体积记为零。

美国使用的冷却液规范主要有美国材料与试验协会（ASTM）的行业规范和美国汽车工程师学会（SAE）的行业规范。ASTM 成立了专门的 D15 委员会负责冷却液的标准和规范的制定。

2）我国标准

我国汽车发动机冷却液现行标准是 GB 29743—2013《机动车发动机冷却液》，将产品分为浓缩液和稀释液。浓缩液是由乙二醇、适量的防腐添加剂、消泡剂和适量的水组成。浓缩液中的水用于溶解添加剂并保证产品在−18 ℃时能从包装容器中倒出。在产品性能满足技术要求的情况下,可含有其他的醇类,如丙二醇和二乙二醇,但含量不得超过15%(体积分数)。在对浓缩液进行稀释时,应使用去离子水或蒸馏水。

8.2.4 丙二醇型冷却液

丙二醇由三个碳原子、八个氢原子和两个氧原子组成,其分子式为$C_3H_6(OH)_2$,相对分子质量为76.10。常温下丙二醇为无色透明黏稠状液体,微有辛辣味,对人体无刺激性作用,化学稳定性好,与乙二醇一样能与水以任意比例互溶。

丙二醇由于毒性低,降解性能好,对人体和环境危害较小,同时还具有良好的防冻和其他性能,作为冷却液的基础液,可以获得与乙二醇相似的效果。因此,近年来丙二醇在冷却液中使用逐渐增多,特别是在注重环保的国家应用较广,但是由于丙二醇的原材料价格较高,加工和使用成本较高,目前在我国应用很少。

8.2.5 冷却液的选择与使用

1. 汽车发动机冷却液的选择

针对目前使用的乙二醇水基型发动机冷却液,汽车发动机冷却液的选择主要包括发动机冷却液防冻性的选择和产品质量的选择。

发动机冷却液防冻性的选择原则是汽车发动机冷却液的冰点要比车辆运行地区的最低气温低10 ℃左右,以确保在特殊情况下冷却液不冻结。

汽车发动机冷却液产品质量的选择应以汽车制造厂家推荐为准。轿车与载货汽车、汽油车与柴油车以及不同型号的同类汽车,发动机的技术特性、热负荷情况、冷却系的材料均有所不同。正因如此对冷却液产品质量的要求也有所不同。目前国内外的发动机冷却液的产品配方很多,所以汽车发动机冷却液的选择要区别发动机的类型、性能的强化程度和冷却系统材料的种类,除了要保证发动机冷却液能降温、防冻外,还要考虑防沸、防腐蚀和防水垢等问题。

汽车发动机冷却液推荐的使用范围如表8-3所示。

表8-3 防冻液的推荐使用范围

牌号	推荐使用范围
−25号	在我国一般地区,如长江以北、华北等环境最低气温在−15 ℃以上地区均可使用
−35号	在东北、西北大部分地区及华北等环境最低气温在−25 ℃以上的寒冷地区使用
−45号	在东北、西北及华北等环境最低气温在−35 ℃以上的严寒地区使用

2. 汽车发动机冷却液的使用

发动机冷却液在使用过程中应注意以下事项:

(1) 加注冷却液之前应对发动机冷却系统进行清洗,最简单的方法是打开散热器放水阀,用自来水从加水口冲洗。

(2) 稀释浓缩液时要使用蒸馏水或去离子水。

(3) 注意检查冷却液液面高度,视情况正确补充。

(4) 不同厂家、不同牌号的发动机冷却液不能混用。

(5) 冷却液在使用一段时间后,应及时更换。

(6) 在使用乙二醇冷却液时,应注意乙二醇有毒,切勿用口吸。

8.3 液力传动油

液力传动油又称汽车自动变速器油(ATF),通用型液力传动油呈紫红色,有些呈淡黄色,它是汽车自动变速器和助力转向系中的工作介质。它不仅对液力变矩器、液力耦合器和机械变速器所构成的自动变速器起到传递动力的作用,而且还对齿轮、轴承等摩擦副起润滑和冷却的作用,同时在伺服机构中起着液压自动控制的作用。

8.3.1 对液力传动油的性能要求

液力传动油的主要使用性能要求有适宜的黏度及良好的黏温性、良好的热氧化安定性、良好的抗泡沫性和抗磨性能等。

1. 适宜的黏度及良好的黏温性

作为传动介质,液力传动油的黏度对变矩器的传动效率影响很大,一般黏度越小,其传动效率越高。但黏度过小会导致液压系统的泄漏增加和换挡迟缓等故障;黏度过高,则会降低其传动效率,而且低温启动困难。为了兼顾上述两方面对液力传动油黏度的不同要求,液力传动油在 100 ℃时的运动黏度在 7 mm^2/s 左右较为适宜。同时,由于液力传动油的工作范围很宽,一般在 −40 ℃～150 ℃之间,为适应自动变速器使用条件比较复杂的特点,保证良好的润滑和使用效率,液力传动油应有良好的黏温性。

2. 良好的热氧化安定性

由于液力传动油使用温度较高,高速行驶的轿车其液力传动油的温度为 80 ℃～90 ℃,在苛刻条件下运行时最高油温可达 150 ℃～170 ℃,此时若液力传动油的热氧化安定性不好,当油温升高时则会形成油泥、漆膜和沉淀物等,影响自动变速器的性能,甚至会堵塞滤清器、油路等,造成摩擦片打滑和控制系统失灵等严重后果。因此,在液力传动油中加入性能良好的抗氧化剂,以提高液力传动油的热氧化安定性。

3. 良好的抗泡沫性

液力传动油在高速流动中极易产生泡沫,泡沫会使油压降低,影响控制的准确性,破坏正常润滑,导致离合器打滑和烧坏等故障。泡沫主要是气体的掺入以及油液中的少量水分蒸发造成的,为了防止泡沫的产生,油中要加入抗泡沫添加剂,以降低油品表面张力,使气泡迅速从油液中逸出。

4. 良好的抗磨性

液力传动油的抗磨性是为了满足润滑的需要,为确保自动变速器的行星齿轮机构、轴承、垫圈和油泵等长期正常工作,要求液力传动油要有相匹配的静摩擦和动摩擦系数,从而适应离合器在换挡时对摩擦系数的不同要求。为了提高液力传动油的抗磨性通常都会加入抗磨添加剂。

此外,还要求液力传动油具有良好的与橡胶配伍性和防腐蚀、防锈性能等。

8.3.2 液力传动油的分类及规格

1. 国外液力传动油的分类

国外液力传动油的分类多采用美国材料与试验协会(ASTM)和美国石油协会(API)共同提出的PTF(power transmission fluid)分类法，将其分为PTF-1、PTF-2和PTF-3三类。

1) PTF-1类传动油

PTF-1类传动油主要适用于轿车或轻型卡车的液力传动系统，其特点是低温启动性能好，对传动油的低温黏度及黏温性有很高的要求。

2) PTF-2类传动油

PTF-2类传动油主要适用于重负荷的液力传动系统，如客车、越野车和工程机械车等。由于在重负荷下工作，对其极压抗磨性要求高，通常加极压抗磨添加剂。

3) PTF-3类传动油

PTF-3类传动油主要适用于农业及建筑机械的液力传动系统和齿轮箱。其特点是适用范围广，例如用于传动装置、差速器和驱动齿轮的润滑，以及液压转向、制动和悬挂等装置的工作介质，其极压抗磨性能和负荷承载能力比PTF-2类传动油要求更严格。

2. 我国液力传动油的分类

我国液力传动油的分类是按照中国石油化工总公司的标准，将其分为6号、8号和8D号三种，其规格如表8-4所示。

表8-4 液力传动油规格

项目	质量指标			试验方法
	6号	8号	8D号	
运动黏度/(mm^2/s)100 ℃	5.0～7.0	7.5～9.0	7.5～9.0	GB/T 265
运动黏度比(100 ℃/50 ℃)	—	3.6	3.6	
黏度指数(不小于)	100	200	—	GB/T 2541
闪点(开口)/℃(不低于)	180	150	150	GB/T 267
腐蚀试验(铜片,100 ℃,3 h)	合格			SH/T 0195
水溶性酸或碱	无			GB/T 259
机械杂质/(%)	无			GB/T 511
水分/(%)	无			GB/T 260
泡沫性(93 ℃)/(mL/mL)	报告			GB/T 12579
凝点/℃	−20	−25	−50	GB/T 510
最大无卡咬负荷 P_B/N	784.5	784.5	784.5	GB/T 3142

1) 6号液力传动油

6号液力传动油是以精制的石油馏分，加入抗氧化剂、抗磨剂等调制而成。它的抗磨性好，但黏温性稍差，适用于内燃机车和重型货车的多级变矩器和液力耦合器，这种油接近于PTF-2

级油。

2）8 号液力传动油

8 号液力传动油是以润滑油馏分，经脱蜡、深度精制并加入增黏、抗氧化、抗腐蚀等多种添加剂调制而成。这种传动油具有良好的黏温性、抗磨性和较低的摩擦系数，适用于轿车和轻型货车的自动变速系统，这种油接近于 PTF-1 级油，外观为红色的透明体。

8D 号传动油的各项技术指标除凝点外，其他均与 8 号油相同。因其凝点较低，专用于严寒地区液力传动系统的润滑。

8.3.3 液力传动油的选择及使用注意事项

1. 液力传动油的选择

液力传动油应严格按使用说明书的规定选用。轿车和轻型货车应选用 8 号传动油；进口轿车要求使用 GM-A 型、A-A 型或 Dexron 型自动变速器油的都可以用 8 号油来代替。重型货车、工程机械的液力传动系统应选用 6 号传动油。严寒地区应选用 8D 号液力传动油。

2. 液力传动油的使用注意事项

(1) 应保持正常的工作油温。因为油温过高会加速液力传动油的氧化变质，引起故障。

(2) 要经常检查液力传动油的油面高度。通常车辆每行驶 1 万千米应检查一次。检查时，使车辆停放在平坦路面上，并使发动机保持运转状态，此时油平面应在自动变速器油尺的上下刻度线之间，过低时应及时补给。若发现油面下降过快，则可能漏油，应及时予以检查排除。

(3) 应按使用说明书的规定期限，及时更换液力传动油和滤清器或清洗滤网，同时拆洗自动变速器油底壳，并更换密封垫。无说明书的车辆，通常每行驶 3 万千米时更换一次液力传动油以延长传动系统的使用寿命。

(4) 检查液力传动油质量时，可直接通过油的外观和气味进行检查，液力传动油外观检查及出现的相应问题如表 8-5 所示。

表 8-5 液力传动油外观检查及出现的相应问题

液力传动油的外观变化	出现的相应问题
清澈并带有红色	此现象正常
颜色发白、浑浊	油水混合，水进入油中
颜色清淡、气泡多	油面过高、内部空气泄漏
油中有固体残渣	离合器或轴承有损伤
油尺上有胶状物	油液温度过高

8.4 其他汽车工作介质

除了汽车制动液、防冻液和液力传动油以外，在汽车上还会用到减震器油、液压油、制冷剂等工作介质。

8.4.1 减震器油

减震器油适用于轿车前减震器和摩托车前叉，具有低倾点，保证油品具有优异的低温流动性、高黏度指数，保证其在宽温度范围内可靠工作。

1. 具有抗磨液压油的主要性能

抗磨、抗氧、抗泡沫、防锈及对密封弹性物的相容性等。

2. 强抗氧性能

有时其工作温度能达到150 ℃以上，它不断地升温、降温，工作环境较为苛刻，在长时间的使用中要求老化慢。

3. 低温流动性好

车辆从南方开到北方，在北方的冬天也要正常工作，且在室外放置时间长。

4. 优秀的黏温特性

不能出现温度升高时黏度降低，温度降低时黏度升高，这样会造成减震器油在减震时油通过小孔的阻力也忽高忽低，减震不平稳，所以，减震器油必须有良好的黏温特性。

目前多数国产汽车推荐使用克拉玛依炼油厂生产的减震器油和按上海石油公司企业标准推荐生产的减震器油。前者的特点是凝点很低，有良好的黏温性，适合在寒冷地区使用；后者的特点是凝点不高于−8 ℃，适合在温暖地区使用。

减震器油也可自行配制，如可用25号变压器油和22号汽轮机油各50%（质量分数）配制而成；也可用体积比为70%的10W/30（或30)号汽油机油和30%的−35号柴油配制；还可用10号机械油代替。使用减震器油注意减震器应密封良好，无渗漏现象。定期维护拆检减速器时，按规定更换减震器油，油量要适中，不能过多或过少。

8.4.2 液压油

随着汽车工业的发展，现代汽车上的许多机构广泛采用了液压和液力传动。除液压制动系、液压减震器、自动变速器以外，离合器液压操纵系统、液力转向系、自动倾斜机构等均采用了液压传动系统。另外，在汽车维修机械中也广泛应用了液压传动，如各种作业装置、平台回转机构、提升及夹紧机构等。

液压油就是用于液压传动系统中的工作介质。为保证液压系统的正常工作，液压油必须保证其不可压缩性和良好的流体状态。对液压油的主要性能要求有：适宜的黏度和良好的黏温性，良好的抗磨性、抗乳化性、抗泡沫性和抗氧化性等。

1. 液压油的分类

按国标规定，液压油属于L类（润滑剂和有关产品）中H组（液压系统），并统一命名。汽车及其维修机械液压系统常用L-HL液压油、L-HM液压油（抗磨型）、L-HV液压油（低温抗磨型）、L-HR液压油（高黏度指数）等品种。

1) L-HL液压油（通用工业机床润滑油）

L-HL液压油是一种精制矿物油，具有良好的抗氧、防锈性能，常用于低压液压系统和传动装置，在0 ℃以上环境下使用，适用于机床和其他设备的低压齿轮泵，也可以使用于其他抗氧防锈型润滑油的机械设备（如轴承和齿轮等）。L-HL液压油按照40 ℃时的运动黏度可分为15、

22、32、46、68 和 100 六个黏度牌号。

2) L-HM 液压油(抗磨液压油)

L-HM 液压油是在 L-HL 油的基础上通过改善其抗磨性能而得来的。适用于低、中和高压的叶片泵、柱塞泵和齿轮泵的液压系统,也可以用于中、高压的工程机械(如数控机床、起重机和挖掘机等中重型机械)或车辆上的液压系统和中等负荷机械上的润滑部位,其适应的温度范围为−5 ℃~60 ℃。L-HM 液压油按照 40 ℃时的运动黏度可分为 15、22、32、46、68、100 和 150 七个黏度牌号。

3) L-HV 液压油(低温抗磨液压油)

L-HV 液压油是在 L-HM 油的基础上通过改善其黏温性能而得来的液压油。L-HV 液压油属于宽温度变化范围下使用的液压油,适用于环境温度变化较大和工作条件恶劣的(野外作业的工程车辆、军车等)低、中和高压液压系统和其他中等负荷机械的润滑部位,其适用温度在−30 ℃以上。按其基础油可将其分为矿油型和合成油型两种;按照 40 ℃时的运动黏度又可以将其分为 15、22、32、46、68 和 100 六个黏度牌号。

4) L-HR 液压油(低温液压油)

L-HR 液压油是在 L-HL 油的基础上通过改善其黏温性能而得来的液压油。它具有良好的防锈、抗氧性和黏温性。适用于环境温度变化较大和工作条件恶劣的中、低压液压系统和其他轻负荷机械的润滑部位。L-HR 液压油分为 15、32 和 46 等三个黏度牌号。

2. 液压油的选择及使用注意事项

液压油应根据工作环境温度和液压泵的类型进行选择。汽车举升机和轮胎起重机液压系统采用 21 MPa 以上的高压泵,应选用黏温性好的 L-HR 液压油、抗磨性好的 L-HM 液压油,或抗磨性和黏温性都好的 L-HV 液压油。L-HL 普通液压油适用于环境温度为 0 ℃~40 ℃下操作的各类液压泵(6.3~21 MPa)。各种液压泵液压油的选择如表 8-6 所示。

表 8-6 各种液压泵液压油的选择

泵的类型	系统压力	温度	液压油品种	黏度级别
齿轮泵	>7 MPa	5 ℃~40 ℃	L-HL 液压油,中高压以上用 L-HM 液压油	32,46,68
	—	40 ℃~80 ℃	L-HL 液压油,中高压以上用 L-HM 液压油	100,150
径向柱塞泵	—	5 ℃~40 ℃	L-HL 液压油,中高压以上用 L-HM 液压油	32,46
	—	40 ℃~80 ℃	L-HL 液压油,中高压以上用 L-HM 液压油	68,100,150
轴向柱塞泵	—	5 ℃~40 ℃	L-HL 液压油,中高压以上用 L-HM 液压油	32,46
	—	40 ℃~80 ℃	L-HL 液压油,中高压以上用 L-HM 液压油	68,100,150

续表

泵的类型	系统压力	温度	液压油品种	黏度级别
叶片泵	<7 MPa	5 ℃～40 ℃	L-HM 液压油	32,46
		40 ℃～80 ℃	L-HM 液压油	46,68
	>7 MPa	5 ℃～40 ℃	L-HM 液压油	46,68
		40 ℃～80 ℃	L-HM 液压油	68,100

使用液压油时应注意：

(1) 不同品种、不同牌号的液压油不得混合使用。

(2) 液压油在储存或使用过程中应确保其清洁，否则会缩短液压系统的寿命。

(3) 应按使用说明书规定的换油标准及时换油，一般条件下汽车和工程机械在高级维护时更换液压油。

8.4.3 空调制冷剂

空调制冷剂是汽车空调制冷系统中循环流动的工作介质。由于受到压缩机所做压缩功的作用，它在系统的各个部件之间循环流动，进行能量的转换和传递，完成制冷剂向高温热源放热和从低温热源吸热的过程，从而实现制冷的目的。

制冷剂的性质直接关系到制冷装置的制冷效果、经济性、安全性及运输管理，因而汽车空调制冷剂应满足以下性能要求：

(1) 无毒、无异味；

(2) 不易燃、不易爆；

(3) 易于改变吸热和散热状态；

(4) 化学性质稳定，无腐蚀性；

(5) 与润滑油无亲和作用，可与冷冻机油以任意比例相溶；

(6) 有利于环境保护。

1. 制冷剂的分类

目前汽车空调制冷系统使用的制冷剂主要有 R134a，其中 R 是英文 refrigrant(制冷剂)的第一个字母。R134a 是氟利昂制冷剂。

汽车空调制冷剂早期广泛使用的是 R12，R12 属于氟利昂系制冷剂，其特点是蒸发潜热大、易液化，对金属、橡胶的腐蚀性小，无毒且不易燃烧，但遇火会产生有毒物质。由于 R12 制冷剂会严重破坏大气臭氧层，引起严重的环保问题，目前世界各国都已禁止使用，取而代之的是 R134a 制冷剂。

R134a 制冷剂的特点是沸点较低、蒸发潜热高于 R12 制冷剂、传热性能好，但其中水分含量高，管路压力高、温度及负荷大。用 R134a 制冷剂代替 R12 制冷剂后，空调系统的输入功率和制冷量都有明显的提高，而且占用面积也有所减少，从而证明 R134a 制冷剂是一种最为理想的代用品。

2. 制冷剂的使用注意事项

(1) 在储存和使用过程中应尽量避热。制冷剂极易蒸发，在储存时应尽量避开阳光直射、火炉及其他热源，添加制冷剂应在低温下进行。

(2) 应尽量避免与皮肤接触。因为制冷剂在大气压力下会急剧蒸发制冷，极易冻伤皮肤，在加注制冷剂时，要避免接触皮肤和进入眼睛。

(3) 加注制冷剂时要选择通风良好的环境。因为制冷剂排到大气中会造成氧气浓度急剧下降，严重时会使人窒息，因此在检查及填充时要在通风良好的环境下进行。

(4) 不得混合使用制冷剂，因为不同的制冷剂对空调系统结构的要求不一致。

8.4.4 汽车风窗玻璃清洗液

汽车在行驶过程中，自身或其他车辆溅起的泥土、废气中含有的未完全燃烧的油气和道路沥青与雨水的混合物、抛光剂的蜡与雨水的混合物等会附着在汽车的风窗玻璃上，这些物质的存在严重影响了驾驶人的视野。汽车风窗玻璃清洗液就是用来清洗这些妨碍视野、危害行车安全的物质的。

1. 汽车风窗玻璃清洗液的性能

汽车风窗玻璃清洗液要求对附着在风窗玻璃上的各种物质具有浸透、乳化分散、可溶解的作用，以便将其清洗干净。其性能要求主要有：

(1) 汽车风窗玻璃清洗液对车辆刮水机构的材料如铝、锌、橡胶、塑料和油漆等不应产生腐蚀或其他影响。

(2) 在冬季使用的汽车风窗玻璃清洗液，应具有较低的凝点，以防在低温时结冰而不可使用。一般要求风窗玻璃清洗液的凝点为－20 ℃，对于特别严寒地区可特殊配制。

(3) 要求风窗玻璃清洗液在低温和高温交变时没有分离和沉淀。汽车风窗玻璃清洗液多用于雨天，平时存放于发动机舱内，时而加热，时而冷却，如果易发生分离、沉淀，则容易造成机构内部堵塞，影响其正常喷射。

所以，一种优质的汽车风窗玻璃清洗液应在一定浓度范围内对金属不腐蚀，对非金属的性能不产生影响，又能有效地去除各种污垢，确保风窗玻璃保持良好的视野，在冷热交变下稳定性好，还要对人的皮肤和嗅觉无刺激及不使人产生不适反应。

2. 汽车风窗玻璃清洗液的配方

为了满足汽车风窗玻璃清洗液的性能要求，在汽车风窗玻璃清洗液中常常添加活化剂、防雾剂、阻凝剂、无机助洗剂、有机助洗剂等。汽车风窗玻璃清洗液配方如表 8-7 所示。

表 8-7 汽车风窗玻璃清洗液的配方

组成	配方 1/(%)	配方 2/(%)
活化剂	4.0	5.0
防雾剂	1.0	
阻凝剂	3.5	
无机助洗剂	6.0	
有机助洗剂	1.5	22.0
水分	余量	余量

将表 8-7 所述溶液，根据不同季节需要，按 5%～10%稀释即可获得不同凝点的汽车风窗玻璃清洗液。该清洗液去污性好，不损坏金属、非金属表面。

思考与练习

1. 汽车制动液有哪些分类？如何选择汽车制动液？
2. 对汽车防冻液有何要求？如何选用汽车防冻液？
3. 汽车制动液在使用过程中应该注意哪些问题？

参考文献 CANKAOWENXIAN

[1] 熊建武,易杰,赵北辰.汽车材料[M].青岛:中国海洋大学出版社,2014.

[2] 郎全栋,董元虎.汽车运行材料[M].北京:人民交通出版社,2002.

[3] 韩维建.汽车材料及轻量化趋势[M].北京:机械工业出版社,2017.

[4] 高卫明.汽车材料[M].2版.北京:北京航空航天大学出版社,2015.

[5] 王文强.汽车材料[M].南京:江苏凤凰科学技术出版社,2016.

[6] 王海峰,罗小敏.汽车材料[M].北京:兵器工业出版社,2015.

[7] 王宏雁,陈君毅.汽车车身轻量化结构与轻质材料[M].北京:北京大学出版社,2009.

[8] 朱凯,张存良.汽车材料[M].郑州:黄河水利出版社,2012.

[9] 范海燕.汽车运行材料[M].北京:机械工业出版社,2011.

[10] 苏铁熊,吕彩琴.车辆工程材料[M].北京:国防工业出版社,2011.